C·H·Beck
PAPERBACK

Die biblischen Propheten gehören zu den markantesten Repräsentanten der jüdischen Religion und nehmen auch im Christentum und auf seine Weise im Islam eine zentrale Stellung ein. Ihre Geschichte reicht zurück in den Alten Orient und das Alte Israel, als es die biblischen Schriften und die sich darauf gründende jüdische Religion noch nicht gab. In dieser Zeit haben Propheten keine Bücher geschrieben, und auch in ihrem Auftreten und in ihrer Botschaft unterscheiden sie sich sehr von den Propheten der Hebräischen Bibel. Das macht eine historische und literarische Beschäftigung mit den Quellen nötig. Dieses Buch beschreibt die außerbiblischen Zeugnisse der Prophetie und unterscheidet in der biblischen Überlieferung selbst zwischen den historischen und den literarischen Propheten. Es bietet so einen umfassenden Überblick über die Erscheinungsformen und die Geschichte der Prophetie von der altorientalischen Mantik bis zur jüdischen Apokalyptik mit einem Ausblick auf die Rezeption im Neuen Testament und die Rolle der Propheten in den drei abrahamitischen Religionen.

Reinhard G. Kratz, geboren 1957, ist Professor für Altes Testament an der Georg-August-Universität Göttingen, Leiter der dortigen Qumran-Forschungsstelle sowie Mitglied der Akademie der Wissenschaften zu Göttingen. Fellowships in Berlin, Oxford, Cambridge und Rufe nach Kiel, Heidelberg, Berlin und Oxford belegen sein internationales Renommee. Bei C.H.Beck erschien von ihm außerdem «Qumran. Die Texte vom Toten Meer und die Entstehung des biblischen Judentums» (2022).

Reinhard Gregor Kratz

Die Propheten der Bibel

Geschichte und Wirkung

C.H.Beck

Mit 10 Abbildungen und 2 Karten

Originalausgabe

www.chbeck.de
Umschlaggestaltung: geviert.com, Christian Otto
Umschlagabbildung: Der Prophet Jona und der Wal,
Fresko in der Kapelle Agios Dimítrios des Klosters Kanalou,
Leptokaria/Thessalien, © akg-images/Tristan Lafranchis;
Hintergrund: © Shutterstock
Satz: C.H.Beck.Media.Solutions, Nördlingen
Druck und Bindung: Druckerei C.H.Beck, Nördlingen
Printed in Germany
ISBN 978 3 406 78190 2

klimaneutral produziert
www.chbeck.de/nachhaltig

Inhalt

Einführung 9

I. Das Gesetz und die Propheten:
Stationen der Auslegungsgeschichte 13
1. Schriftsteller der heiligen Geschichte 14
2. Lehrer des Gesetzes 17
3. Verkündiger des Christus 19
4. Männer des ewig Neuen 21
5. Begründer der jüdischen Tradition 24

II. Mantik und Magie:
Propheten im Alten Orient 27
1. Königliche Archive 28
2. Charisma und Amt 34
3. Politik und Propaganda 35
4. Medien der Kommunikation 36

III. Königsmacher und Wundertäter:
Propheten in Israel und Juda 40
1. «Wahre» und «falsche» Propheten 41
2. Prophetie und Königtum 44
3. Die Wundertaten der Propheten 47
4. Die biblischen Prophetenerzählungen 51

IV. Inspiration und Interpretation:
Die Bücher der Propheten 54
1. Wort und Schrift 55
2. Die Schriften 56
3. Prophetische Fortschreibung 61
4. Schriftgelehrte Propheten 64
5. Schriftprophetie und Offenbarung 65

V. «Das Ende ist gekommen»:
Die Anfänge der prophetischen Überlieferung 68
1. Das Ende des Reiches Israel 69
2. Das Buch Jesaja 75
3. Die Bücher Hosea und Amos 82

VI. «Siehe, ich lege meine Worte in deinen Mund»:
Die Ausbildung der prophetischen Überlieferung . 91
1. Das Ende des Reiches Juda 91
2. Das Buch Jeremia 100
3. Das Buch Ezechiel 106

VII. «Tröstet, tröstet mein Volk!»:
Der Ausgang der prophetischen Überlieferung ... 112
1. Der Zweite Tempel von Jerusalem 113
2. Deuterojesaja 118
3. Tritojesaja 126
4. Das Erlöschen der Prophetie 130

VIII. «Das Ende steht noch aus»:
Das Buch Daniel und die jüdische Apokalyptik ... 135
1. Das aramäische Danielbuch 136
2. Die hebräischen Visionen 140

IX. «Seine Deutung ist»:
Die Propheten in den Texten vom Toten Meer 147
1. Die Gemeinschaft von Qumran 148
2. Prophetie und Schriftgelehrsamkeit 151
3. Abschrift und Zitat 154
4. Text und Kommentar 157
5. Biblische Geschichte und Zeitgeschehen 162
6. Prophetenbuch und Pescher 166

X. «Wir aber hofften, er sei es, der Israel erlösen werde»:
Propheten in Judentum, Christentum und Islam .. 170
1. Die biblischen Propheten im Neuen Testament .. 170
2. Rabbinische Propheten 174
3. Christliche Propheten 180
4. Islamische Propheten 188

Anhang
Offene Fragen der Prophetenforschung 201
Literaturhinweise 215
Bildnachweis 226
Zeittafel 227
Stellenverzeichnis 230

Einführung

Die Propheten der Hebräischen Bibel, des von den Christen sogenannten Alten Testaments, gehören zu den markantesten Repräsentanten der jüdischen Religion. In ihren Rückblicken auf die Vergangenheit, den Analysen der Gegenwart und den Prognosen der Zukunft künden sie von einem Gott, der sein Volk verworfen hat, aber nicht von ihm lassen kann. Und sie künden von einem Volk, das seinen Gott verlassen hat, aber nicht ohne ihn sein kann. Der Bruch könnte nicht tiefer sein, und doch gehören Gott und Gottesvolk zusammen wie nirgends sonst. Es versteht sich fast von selbst, dass den Propheten der Hebräischen Bibel daher nicht nur in der jüdischen, sondern auch in der daraus erwachsenen christlichen Tradition eine zentrale Bedeutung zukommt, für die Theologie ebenso wie für die Ethik. In gewisser Weise gilt dies auch für den Islam, der in Anknüpfung an die jüdische und die christliche Tradition und in produktiver Auseinandersetzung mit beiden ein eigenes, höchst profiliertes Prophetenverständnis entwickelt hat. Es ist der Gott der Propheten, der die drei abrahamitischen Religionen, bei aller Verschiedenheit, in besonderer Weise miteinander verbindet.

Doch das war nicht immer so. Die Propheten der Hebräischen Bibel haben eine Vorgeschichte. Sie reicht zurück bis in den Alten Orient und in die Geschichte des Alten Israel, eine Zeit, in der es die biblische Überlieferung noch nicht gab. Auch in dieser Zeit haben Propheten eine wichtige Rolle als Mittler zwischen Gott und Volk gespielt. Nur haben sie keine Bücher geschrieben und das Verhältnis nicht reflektiert, sondern praktiziert. Das ist einer der Gründe, warum man in der biblischen Überlieferung zwischen den historischen und den literarischen Propheten unterscheiden muss. Die einen repräsentieren die Religion des Alten Israel, die anderen die Tradition des werdenden Judentums.

Die vorliegende Darstellung macht mit dieser Unterscheidung ernst und richtet ihr Augenmerk vor allem auf die literarische Überlieferung, die als solche gewürdigt und nicht, wie weithin üblich, mit den historischen Propheten und ihren Reden verwechselt werden soll. Die kritische Analyse der biblischen Quellen, auf der die Unterscheidung zwischen historischen und literarischen Propheten basiert, kann hier nicht im Einzelnen vorgeführt und näher begründet werden. Die Darstellung setzt sie voraus und teilt die daraus resultierende Rekonstruktion der Literatur-, Religions- und Theologiegeschichte mit. So werden nach einem Überblick über verschiedene Stationen der Auslegungsgeschichte (Kapitel I) zuerst die historischen (Kapitel II–III) und anschließend die literarischen Befunde in ihrem geschichtlichen Kontext behandelt (Kapitel IV–X).

Bibelstellen werden nach der Lutherbibel in der revidierten Fassung von 2017 zitiert, wenn nötig mit leichten Veränderungen. Auch die Abkürzungen der biblischen Bücher und die Schreibung der Namen richten sich nach dieser Ausgabe. Durchgängig geändert ist die Wiedergabe des Gottesnamens, dessen historische Aussprache unsicher ist und der darum hier mit den transkribierten vier Konsonanten «JHWH» des hebräischen Wortes, dem sogenannten Tetragramm, wiedergegeben wird. Da der Name von Juden nicht ausgesprochen werden darf und stattdessen *ʾadonai,* «Herr», gelesen wird, schreibt die Lutherbibel an diesen Stellen «der HERR». Außerbiblische Quellen (Alter Orient, Apokryphen und Pseudepigraphen, Qumran-Schriften, Flavius Josephus, rabbinische Literatur, Koran) werden nach leicht zugänglichen, bei den Literaturhinweisen aufgeführten Textausgaben zitiert, die eine deutsche oder englische Übersetzung bieten.

Das vorliegende Buch basiert auf dem Band *Die Propheten Israels* in der Reihe C.H.Beck Wissen (2003). Er wurde für die vorliegende Neuausgabe durchgesehen, aktualisiert und um die Kapitel zu Qumran (Kapitel IX) und zu den Propheten in Judentum, Christentum und Islam (Kapitel X) erweitert. Den allgemeinverständlichen Stil der Originalausgabe, in der keine Fußnoten vorgesehen waren, habe ich beibehalten. Weiterführende Hinweise zur Forschung und vertiefenden Lektüre finden sich im Anhang. Nachdem die Originalausgabe vergriffen war, erreichten mich vielfach Anfragen von Kollegen, die das Buch im akademischen Unterricht verwenden, Studierenden und interessierten Lesern nach einer Neuauflage. Ich danke dem Verlag C.H.Beck und insbesondere meinem Lektor Ulrich Nolte, dass sie diesem Wunsch nachgekommen sind und die erweiterte Ausgabe möglich gemacht haben.

I.
Das Gesetz und die Propheten: Stationen der Auslegungsgeschichte

Wer die Bibel aufschlägt und von vorne zu lesen beginnt, muss sich gedulden, bis er zu den Propheten kommt. In den deutschen Übersetzungen stehen sie am Schluss des Alten Testaments. Auf die Geschichtsbücher und die poetischen Bücher folgen zuerst die drei großen Propheten: Jesaja, Jeremia, Ezechiel, danach die zwölf kleinen: Hosea, Joel, Amos, Obadja, Jona, Micha, Nahum, Habakuk, Zefanja, Haggai, Sacharja und Maleachi. Dazwischen stehen das Buch Daniel und manchmal im Anschluss an Jeremia auch die Klagelieder Jeremias, das Buch Baruch, des Schreibers Jeremias, sowie ein Brief Jeremias.

In den Ausgaben der Hebräischen Bibel ist das anders. Hier folgen die Propheten auf die Fünf Bücher Mose, den Pentateuch, und umfassen nicht nur die drei großen und zwölf kleinen Propheten, sondern auch die Bücher Josua, Richter, Samuel und Könige, die jenen vorausgehen. Das Buch Daniel und die Klagelieder Jeremias stehen an einem anderen Ort; Baruch und der Brief Jeremias sind nicht enthalten.

Stellung und Umfang der Prophetenbücher beruhen auf Selektion und spiegeln die verschiedenen Fassungen des hebräischen und des griechischen Kanons wider. In ihnen machen sich Unterschiede im Prophetenverständnis bemerkbar, die auch für die weitere Auslegungsgeschichte bestimmend gewesen sind.

1. Schriftsteller der heiligen Geschichte

Der Kanon der Hebräischen Bibel, der sich in der jüdischen Tradition und, was den Umfang angeht, in den Kirchen der Reformation durchgesetzt hat, hat die Reihenfolge Gesetz (Tora), Propheten (Nebiim) und Schriften (Ketubim). Die andere Fassung, in der die Propheten (in verschiedener, später angeglichener Reihenfolge) am Schluss stehen, ist die der Septuaginta, der griechischen Übersetzung der Hebräischen Bibel, die auch noch weitere, sogenannte «verborgene Schriften», die Apokryphen, umfasst. Sie war die Bibel der griechisch sprechenden Juden sowie der frühen Christen und hat sich in der Tradition der orientalischen und – über die lateinische Übersetzung (Vulgata) – der römisch-katholischen Kirche behauptet.

Beide Fassungen des Kanons gelten als göttlich inspiriert und nehmen für sich in Anspruch, dass die Autoren der biblischen Bücher Propheten waren. Diese Auffassung kann man in der Schrift *Contra Apionem* (I,37–41) des jüdischen Historikers Flavius Josephus aus dem 1. Jahrhundert n. Chr. sowie im Babylonischen Talmud (Traktat Baba Batra 14b–15a) nachlesen. Sie ist bereits in der Bibel selbst angelegt. Der um 300 v. Chr. schreibende Chronist geht davon aus, dass jede Epoche der heiligen Geschichte ihren Propheten hatte und dass jeder Prophet über seine Epoche eine Schrift verfasst hat, aus der wiederum er, der Chronist selbst, schöpft (1. Chr 29,29 u. ö.). Die Quellen, die dem Werk des Chronisten zugrunde liegen, sind tatsächlich keine anderen als die uns bekannten biblischen Bücher von Genesis bis Könige und von Jesaja bis Maleachi, denen er durch seine Quellentheorie einen autoritativen, gewissermaßen kanonischen Rang verleiht.

Auf kanonische Dignität zielt auch die Unterteilung in «vordere» und «hintere» Propheten. Vordere Propheten heißen im he-

Die Hebräische Bibel	**Die Septuaginta**
Gesetz (Tora)	**Die Fünf Bücher Mose**
Genesis (Gen)	Genesis (1. Mose)
Exodus (Ex)	Exodus (2. Mose)
Levitikus (Lev)	Levitikus (3. Mose)
Numeri (Num)	Numeri (4. Mose)
Deuteronomium (Dtn)	Deuteronomium (5. Mose)
Propheten (Nebiim)	**Die Geschichtsbücher**
Vordere Propheten	Josua
Josua (Jos)	Richter
Richter (Ri)	Rut
Samuel (1.–2. Sam)	1.–2. Könige (= 1.–2. Sam)
Könige (1.–2. Kön)	3.–4. Könige (= 1.–2. Kön)
	1.–2. Chronik
Hintere Propheten	3. Esra
Jesaja (Jes)	Esra
Jeremia (Jer)	Nehemia
Hesekiel (Hes)	Ester (mit Zusatzstücken)
Hosea (Hos)	Judit (Jdt)
Joel (Jo)	Tobit (Tob)
Amos (Am)	Makkabäer (1.–4. Makk)
Obadja (Obd)	
Jona (Jon)	**Die Lehrbücher**
Micha (Mi)	Psalmen (mit Oden)
Nahum (Nah)	Sprüche
Habakuk (Hab)	Kohelet
Zefanja (Zef)	Hoheslied
Haggai (Hag)	Hiob
Sacharja (Sach)	Weisheit (Weish)
Maleachi (Mal)	Sirach (Sir)
	Psalmen Salomos (PsSal)
Schriften (Ketubim)	
Psalmen (Ps)	**Die Bücher der Propheten**
Hiob (Hi)	Hosea
Sprüche (Spr)	Amos
Rut (Rut)	Micha
Hoheslied (Hld)	Joel
Kohelet/Prediger (Koh/Pred)	Obadja
Klagelieder (Klgl)	Jona
Ester (Est)	Nahum
Daniel (Dan)	Habakuk
Esra (Esr)	Zefanja
Nehemia (Neh)	Haggai
Chronik (1.–2. Chr)	Sacharja
	Maleachi
	Jesaja
	Jeremia
	Baruch (Bar)
	Klagelieder
	Brief des Jeremia (EpJer)
	Hesekiel
	Daniel (mit Zusatzstücken)

bräischen Kanon die Bücher Josua, Richter, Samuel und Könige, die in der Septuaginta zu den Geschichtsbüchern zählen; hintere Propheten werden die Bücher Jesaja bis Maleachi genannt, deren Umfang und Reihenfolge in der handschriftlichen Überlieferung variieren, die aber zusammengenommen das Corpus propheticum bilden, das in der Septuaginta an den Schluss gestellt ist. Dass die Bücher Josua bis Könige zu den Propheten gerechnet wurden, hängt sicherlich auch damit zusammen, dass sie Erzählungen über Propheten enthalten. Entscheidend dürfte jedoch die Absicht gewesen sein, ihre Verfasser mit Mose, dem Urbild der Propheten (Dtn 18,15; Hos 12,14), und den Propheten selbst auf eine Stufe zu stellen. Die Übertragung des prophetischen Geistes von Mose auf Josua ist in Numeri 27,18–23 und Deuteronomium 34,9 beschrieben.

Auf diese Weise verbinden sich die Bücher der beiden Kanonteile Tora und Propheten, die sich für die Zeit Jesajas (2. Kön 18–20// Jes 36–39) und Jeremias (2. Kön 24–25//Jer 52) teilweise überschneiden, zu einer fortlaufenden, vom Geist der Propheten erfüllten und von ihnen aufgezeichneten Geschichte. Im hebräischen Kanon erstreckt sie sich von der Schöpfung der Welt bis zur Wiederherstellung Jerusalems unter den persischen Königen oder, um mit Josephus und den Rabbinen zu sprechen, von Mose bis Artaxerxes. Danach, so heißt es, sei der prophetische Geist erloschen. Das ist auch der Umfang, in dem die Bücher Chronik, Esra und Nehemia die heilige Geschichte rekapitulieren, und in denselben zeitlichen Rahmen fügt sich der dritte Kanonteil «Schriften», der aus der Sammlung der Psalmen Davids hervorgegangen ist. Im «Lob der Väter» des Sirachbuchs, das Anfang des 2. Jahrhunderts v. Chr. hebräisch abgefasst und um 132 v. Chr. ins Griechische übersetzt wurde, ist die biblische Geschichte dementsprechend nach dem kanonischen Bestand der biblischen Bücher nacherzählt (Sir 44–49).

Einem anderen Ordnungsprinzip folgt die Septuaginta. Hier reicht die in der Tora und den historischen Büchern erzählte heilige Geschichte bis in hellenistische Zeit, von der die Makkabäerbücher handeln. Die Stellung der Prophetenbücher am Schluss des Kanons deutet an, dass die Geschichte noch nicht an ihr Ziel gekommen ist, sondern der endzeitlichen Vollendung harrt.

2. Lehrer des Gesetzes

Die Propheten schreiben die heilige Geschichte nicht nur auf, sondern spielen in ihr auch selbst eine entscheidende Rolle. Ihre Aufgabe geht aus den letzten Versen der Sammlung der Propheten in Maleachi 3 klar hervor:

> Gedenkt an das Gesetz meines Knechtes Mose, das ich ihm befohlen habe auf dem Berge Horeb für ganz Israel, an alle Gebote und Rechte! (Mal 3,22)

Der Schluss schlägt den Bogen zur Ermahnung Josuas durch JHWH am Anfang der Sammlung in Josua 1,7–8 und bindet den Kanonteil «Propheten» an die Tora des Mose. Mit dieser Rahmung sind vordere und hintere Propheten als Lehrer des Gesetzes gesehen, die das Volk Israel während der ganzen Zeit seines Aufenthalts in dem von Gott geschenkten Land, von der Landnahme bis zur Exilierung, und auch weiterhin zum Gehorsam gegenüber ihrem Gott und seinen Geboten aufrufen und vor den Folgen des Ungehorsams warnen.

Grundlage der prophetischen Lehre ist das Gesetz des Mose, das am Sinai offenbart und von Mose im Lande Moab, unmittelbar vor Eintritt in das verheißene Land, öffentlich verkündet wird. Auf dieses Gesetz und insbesondere seine Proklamation im Buch

Deuteronomium wird in den vorderen Propheten, den Büchern Josua bis Könige, permanent verwiesen (bes. 2. Kön 22), weswegen man von einem deuteronomistischen Geschichtswerk, richtiger: von einer deuteronomistischen Redaktion in den Büchern Josua bis Könige, spricht. Auf diese Redaktion geht die Auffassung der Propheten als Gesetzeslehrer und Mahner zurück (2. Kön 17,13; 21,10–16; 22,14–20). Die Redaktion identifiziert das Wort Gottes im Munde der Propheten, das in den Prophetenbüchern, gleichsam als Hypostase Gottes, die Geschichte bestimmt (vgl. Jes 9,7; 40,8; 55,10–11), mit dem Gesetz des Mose. Die prophetische Sukzession (Dtn 18,15) bürgt wie später die apostolische für die Authentizität und ungebrochene Weitergabe der Lehre. Und weil diese Lehre erst recht nach Eintritt der von den Propheten angekündigten Katastrophe ihre Gültigkeit behält, ist die Mahnung zum Gesetzesgehorsam in Maleachi 3 als Inbegriff der Verkündigung auch der hinteren Propheten (vgl. Jer 7,25–26; 44,4–5) zum Abschluss des ganzen Kanonteils Nebiim wiederholt.

Als Lehrer des Gesetzes sind die Propheten über die Chronik (2. Chr 36,15–16), das Danielbuch (Dan 9,6) und andere Wege in die jüdische Tradition eingegangen (siehe Kapitel X,2). In ihr werden die Propheten vom Gesetz her ausgelegt. Der Schriftgelehrte, der die Weisheit aller Vorfahren erforscht und sich dabei auch um das Verständnis der Prophezeiungen bemüht, ist einer, der es dem Gerechten von Psalm 1 gleichtut und über das Gesetz des Höchsten sinnt (Sir 38,34 [39,1]). Im Gottesdienst der Synagoge bildet bis heute die Lesung aus den Propheten den Abschluss der Toralesung. Ihren klassischen Ausdruck hat dieses Verständnis der Propheten in den «Sprüchen der Väter» gefunden:

> Mose empfing die Tora vom Sinai und übergab sie an Josua, Josua an die Ältesten, die Ältesten an die Propheten, und die Propheten übergaben sie an die Männer der großen Versammlung. (Pirqe AbotI 1a)

Dieselbe Auffassung findet sich auch im Neuen Testament (Mt 23,34–36; Mk 12,1–12). Über die hier gebräuchliche, aus dem Judentum übernommene Bezeichnung der heiligen Schrift als «das Gesetz» oder «das Gesetz (Mose) und die Propheten» hat sie Eingang in die christliche Tradition gefunden. Klassisch fasst sie Martin Luther in seiner Vorrede zum Alten Testament von 1523 zusammen:

> Was sind aber nun die andren Bücher der Propheten und der Geschichten? Antwort: Nichts anderes, als was Mose ist. (H. Bornkamm, Luthers Vorreden zur Bibel, 31 989, 55)

3. Verkündiger des Christus

Darüber, «was Mose ist», gehen die Meinungen freilich auseinander. Bei Luther heißt es weiter:

> Also, dass die Propheten nichts andres sind als Handhaber und Zeugen Moses und seines Amtes, dass sie durchs Gesetz jedermann zu Christo bringen.

Gemeint ist die Verheißung der Propheten, die nach christlichem Verständnis ebenso wie Mose und das Gesetz auf die Offenbarung Gottes in Jesus Christus und damit auf das Neue Testament zielt. Dieses Verständnis von Gesetz und Propheten hat seinen Grund im Neuen Testament selbst. Zwar heißt es von Jesus, dass er nicht gekommen ist, das Gesetz und die Propheten aufzulösen, sondern zu erfüllen (Mt 5,17), und weiter, dass kein Jota des Gesetzes vergehen wird, bis Himmel und Erde vergehen (Mt 5,18), und dass man für die Seligkeit nichts anderes tun muss, als auf Mose und die Propheten zu hören (Lk 16,29.31). Denn das Gesetz ist heilig, gerecht und gut (Röm 7,12). Aber es ist das Gesetz selbst in Gestalt von Mose und den Propheten, das auch die Verheißung Gottes enthält und damit auf Johannes den Täufer als Vorläufer (Mt 11,11–14) und Jesus Christus als Vollender hinweist (Lk 24,27; Apg 26,22–23; Joh 1,45; Röm 3,21–22 u. ö. «nach den Schriften»).

Im christlichen Verständnis von Gesetz und Propheten macht sich die Auffassung der Septuaginta bemerkbar, wonach die Propheten einen endzeitlichen Erwartungshorizont eröffnen. Die eschatologische Erwartung ist zwar auch dem hebräischen Kanon nicht fremd, wie der Ausblick auf den wiederkehrenden Elia in Maleachi 3,23–24, gleich anschließend an die Gesetzesvermahnung in Maleachi 3,22, belegt, doch ist sie deutlich eingedämmt. In der Septuaginta und noch mehr in anderen Schriften des Judentums aus hellenistisch-römischer Zeit spielt sie eine erheblich größere Rolle. Das Danielbuch und verwandte apokalyptische Schriften, die nicht in die Hebräische Bibel gelangt sind, rufen zum Gehorsam gegenüber dem Gesetz auf, entnehmen ihm aber einen weiteren, tieferen Sinn für die bald anbrechende Endzeit. Sie legen das Gesetz des Mose und die heilige Geschichte von den Propheten her aus.

In den Höhlen von Qumran am Toten Meer wurden Kommentare zu den Prophetenbüchern gefunden, die zeigen, wie man die Propheten und in ihrem Sinne auch das Gesetz in den letzten zwei Jahrhunderten vor unserer Zeitrechnung gelesen hat (siehe Kapitel IX). Die Auslegung basiert auf der Annahme, dass Gott den Propheten eine Weissagung eingegeben und diktiert habe, die auf eine ferne Zeit zielt, die Propheten selbst aber nicht wussten, auf wen und auf welche Zeit genau sie sich bezieht. Dies sei erst dem sogenannten Lehrer der Gerechtigkeit, der höchsten Lehrautorität der Gemeinde von Qumran, offenbart worden. Aufgrund dieser Zusatzoffenbarung ist es den schriftgelehrten Verfassern der Kommentare möglich, die prophetischen Weissagungen auf sich und ihre eigene Zeit zu deuten, in der sie das Ende der Zeiten anbrechen sahen. Andere führten die richtige Auslegung von Gesetz und Propheten auf den weisen Daniel (Dan 9,2) oder die vorsintflutlichen Weisen Henoch und Noah zurück. Sie alle haben auf ihre Art das Wort der Schrift für ihre Zeit aktualisiert.

Im Neuen Testament ist es die Offenbarung Gottes in Jesus Christus, die das Verständnis und die Auslegung der heiligen Schriften leitet (siehe Kapitel X,1). Für die frühen Christen hat sich die Wiederkehr des Propheten Elia (Mal 3,23–24) in Johannes dem Täufer ereignet (Mt 11,14). Auf Mose und Elia folgt Jesus Christus, der Menschensohn, mit dem das Ende dieser Welt anbricht (Mk 9,2–13; siehe Abbildung S. 181). Da das Ende der Welt ausblieb, hat es die christliche Tradition auf die Wiederkunft des Christus verschoben wie die jüdische auf die Wiederkunft des Elia. Für die Zwischenzeit gilt die christliche Lehre, die wie die jüdische die Propheten bald zu Lehrern des Gesetzes, bald zu Kündern der aufgeklärten Moral oder zu begnadeten Rednern und Poeten erklärt.

4. Männer des ewig Neuen

Die jüdische und christliche Tradition hat sich lange behauptet (siehe Kapitel X,2–3). Im 19. Jahrhundert wurde sie von der historisch-kritischen Bibelwissenschaft radikal und nachhaltig in Frage gestellt. Die Entdeckung der Persönlichkeit der Propheten, ihrer Individualität und dichterischen Kraft hat den Boden für ein historisches Verständnis bereitet. Den Durchbruch brachte jedoch die religions- und literaturgeschichtliche Erkenntnis, dass das Gesetz des Mose jünger ist als die Propheten und in der Geschichte der jüdischen Religion also nicht die Propheten auf das Gesetz, sondern das Gesetz auf die Propheten folgt.

Die Umkehrung der biblischen Chronologie besagt nicht, dass es zur Zeit der Propheten keine israelitische Rechtstradition und -überlieferung gegeben hätte. Auch Tora hat es schon gegeben. Darunter ist jedoch zunächst die priesterliche Weisung oder die Belehrung des Weisen zu verstehen und noch nicht «das Gesetz», die Tora des Mose, wie sie im Pentateuch vorliegt, namentlich in den priesterlich geprägten, legislativen Partien der Bücher Genesis bis Levitikus und im Deuteronomium. Hier sind das Recht, die priesterliche Weisung und die Lehre der Weisen zum absoluten Willen Gottes geworden, den zu halten über Leben oder Tod entscheidet. Erst danach kann man im theologisch qualifizierten Sinne vom «Gesetz» sprechen. Für dieses Gesetz ist der Anspruch kennzeichnend, den stellvertretend für das Ganze das erste, nach jüdischer Zählung das erste und zweite der Zehn Gebote erhebt: «Ich bin JHWH, dein Gott ... du sollst keine anderen Götter neben mir haben.» (Ex 20,2–3; Dtn 5,6–7)

Von alldem wissen die Propheten ursprünglich nichts. Wo sie in ihren Texten für das Erste Gebot und das Gesetz eintreten, hat man es mit literarischen Nachträgen aus später Zeit zu tun. Manchmal legen sie Maßstäbe an, wie man sie auch im alten Recht, in alten Opferritualen oder in der alten Weisheit findet. Auch diese Maßstäbe entbehren nicht der göttlichen Legitimation, ohne die sich der Alte Orient gar keine Ordnung denken konnte. Nur berufen sich die Propheten dafür nicht auf das Gesetz. Sie stützen sich auf gegebene Normen wie Richter, Priester und Weise. Ihre Autorität beziehen die Normen aus sich selbst, nicht daraus, dass Gott sie zu erfüllen verlangt. Das wird erst anders, sobald die institutionellen Rahmenbedingungen fehlen, in denen die Normen Geltung haben. Hier gilt nach den Propheten der göttliche Wille, der einfordert, was sich nicht mehr von selbst versteht, und darüber hinaus noch vieles mehr befiehlt. Aber auch dafür berufen sich die Propheten in der Regel nicht auf das Gesetz.

Was bleibt, wenn man den Propheten das Gesetz als Fundament nimmt? Es bleibt, dass sie ohne Rückhalt in der Überlieferung von einem transzendenten Gott künden, der für sich und die Menschen Gerechtigkeit fordert und dafür den Untergang seines Volkes in Kauf nimmt. Weil er der Gott Israels und Israel das Volk Gottes ist, darum kann das Ende seines Volkes Israel, das in den beiden Katastrophen des Untergangs des Königreichs Israel 722 v. Chr. und des Königreichs Juda 587 v. Chr. schweren Schaden genommen hat, nur von ihm beschlossen und herbeigeführt worden sein. Doch das Ende setzt zugleich einen neuen Anfang: Es fordert zum Umdenken und zur Umkehr heraus.

Eine solche Botschaft ist nirgends sonst im ganzen Alten Orient von Propheten oder anderen Gottesmännern je verkündet worden. So sehr auch hier die Götter einmal zürnen und viel Unheil über ihre Städte bringen konnten, so haben sie doch nie die Grundlagen in Frage gestellt, auf denen der Kontakt zu ihnen beruhte. Doch was die Propheten Israels verkünden, war etwas Unerhörtes und Neues in der Alten Welt. Nicht ganz zu Unrecht hat man sie darum als «die Männer des ewig Neuen» bezeichnet (Bernhard Duhm). Dem widerspricht nicht, dass sie eigentlich gar «nichts Neues, nur alte Wahrheit verkündigen» wollten. Doch indem sie die alte Wahrheit, das von Königen, Richtern, Priestern, Sehern und Weisen vermittelte Verhältnis zu Gott, vom Willen Gottes zur Gerechtigkeit abhängig machten, kehrten sie die hergebrachte Ordnung um. Sie hatten das Gesetz (noch) nicht zum Fundament, aber sie machten es dazu. So wurden sie – nicht dem Begriff, aber der Sache nach – zu den «Begründern der Religion des Gesetzes» (Julius Wellhausen).

5. Begründer der jüdischen Tradition

Die Spätdatierung von Mose und dem Gesetz hat Folgen für die heilige Geschichte, die unter seinem Namen und den Namen Josuas (für das Buch Josua), Samuels (für die Bücher Richter und Samuel) und Jeremias (für die Bücher 1.–2. Könige) überliefert ist. Denn auch die Geschichtsschreibung im Alten Testament ist vom Gesetz affiziert und folgt insoweit den Propheten nach.

Die Beeinflussung ist sehr weitgehend. Das Bild der Geschichte des Volkes Israel, das die biblische Überlieferung bietet, ist ein spätes Konstrukt. Für den vorliegenden Text sind literarische Bearbeitungen verantwortlich, die das Gesetz zur Voraussetzung haben. Sieht man von ihnen ab, zerfallen die Überlieferungen in Richter, Samuel und Könige in Einzelstücke, die nicht vom ganzen Volk Israel, sondern von einzelnen Personen, Sippen und Stämmen, Regionen, Ortschaften und Königtümern handeln und Begebenheiten erzählen, die eher neben- als nacheinander vorzustellen sind. Eine (im ganzen zuverlässige) historische Chronologie bietet nur die alte Annalistik der beiden Königshäuser von Israel und Juda, die sich in den Rahmennotizen der Königsbücher findet.

Nicht anders der Pentateuch, an den sich die alten Erzählungen im Buch Josua nahtlos anschließen. Dass Israel zweimal hintereinander das Land in Besitz nimmt, einmal als Sippe Abrahams, Isaaks und Jakobs von der Wiege der Menschheit, Mesopotamien, aus (Gen 2–35), das andere Mal als Volk Israels unter der Führung Moses von Ägypten aus (Ex 2–15 + Num 20–25 + Jos 2–12), ist eine künstliche historische Kombination, die zwei Versionen des Mythos von den Ursprüngen Israels auf einen Nenner bringt. Um der Einheit Gottes und seines Volkes willen wurden die beiden konkurrierenden Ursprungslegenden Israels zur einen fortlaufenden Gottesgeschichte verbunden. In ihr hat sich Gott zuerst durch die Verheißung an Abraham (Gen 12) und anschließend durch die Befreiung aus Ägypten (Ex 2–15) und in beidem durch Bund und Gesetz (Gen 15 und 17; Ex 19–24; 32–34) offenbart. Hinter beiden Ursprungslegenden stehen wiederum Einzelüberlieferungen unterschiedlicher Herkunft, die von Hause aus nichts miteinander zu tun haben und noch nicht von dem Gottesvolk Israel, sondern von einzelnen, regional begrenzten Figuren wie Lot von Sodom, Isaak und Rebekka bei Abilmelech, Jakob und Laban, einem spektakulären Sieg des Gottes JHWH über «Ross und Reiter» der Ägypter oder Josuas Einnahme von Jericho erzählen.

Die verschiedenen Einzelüberlieferungen haben vor, neben und nach den Propheten existiert. Streiflichtartig gewähren sie Einblick in das Leben der Familien, Stämme und Ortschaften sowie der Königshäuser in den beiden Monarchien und vermitteln einen Eindruck davon, wie man sich die eigene, noch recht kleinräumige Welt zurechtgelegt hat. Die alten Erzählungen gehören mit dem alten Recht, dem alten Kult und der alten Weisheit auf eine Stufe. Von alldem sind in der Hebräischen Bibel aber nur Reste enthalten.

Die Zusammenführung der Einzelüberlieferungen zu größeren Erzählkränzen bis hin zur heiligen Geschichte in den Büchern Genesis 1 bis 2. Könige 25 versteht sich nicht von selbst. Sie hat den Verlust der gewohnten politischen, sozialen und religiösen Ordnungen zur Voraussetzung, von denen die alten Erzählungen wie selbstverständlich ausgehen, und gibt dem Leben unter veränderten Bedingungen ein neues, theologisch begründetes Fundament. Bevor das Gesetz zum Maßstab der Geschichte wurde, war es die unmittelbare Bindung Gottes an sein Volk, die den Lauf der Geschichte im Guten wie im Bösen bestimmte. An die Stelle der beiden Monarchien trat das Volk Gottes «Israel», an die Stelle der von Gott gegebenen kosmischen und politischen Ordnung die

Geschichte Gottes mit seinem Volk. Damit gingen die Überlieferungen des Alten Israel über in die jüdische Tradition, der wir die Hebräische Bibel verdanken.

Der Vorgang ist ohne die Propheten kaum denkbar. Sie kündigten angesichts des nahenden oder bereits eingetretenen Endes der beiden Monarchien Israel (722 v. Chr.) und Juda (587 v. Chr.) die bis dahin bestehende, institutionell vermittelte Beziehung zwischen Gott und den beiden Königshäusern auf und stellten sie auf eine neue, durch den Bruch geläuterte, theologisch reflektierte Grundlage: die unmittelbare und unbedingte Bindung an den Willen Gottes. Auf dieser Grundlage wurde die Geschichte Gottes mit seinem Volk Israel konstruiert und anschließend die Offenbarung des Gesetzes in diese Geschichte eingeschrieben. So ist nicht nur das Gesetz, sondern auch die heilige Geschichte jünger als die Propheten. Beides hat nachträglich auf die Prophetenüberlieferung eingewirkt. Doch die Propheten haben beides angestoßen und sind damit die Begründer der jüdischen Tradition. Die neuzeitliche Philosophie hat sie – unter Ausblendung der historischen und kulturellen Spezifika – deswegen sogar zu Vertretern einer universalen «Achsenzeit» und damit gewissermaßen zu Begründern der Moderne erklärt (Karl Jaspers, Jürgen Habermas, Robert Bellah).

II.
Mantik und Magie: Propheten im Alten Orient

Mit dem Alten Orient, in dessen Umfeld das Alte Testament entstanden ist, betreten wir eine andere Welt. Hier findet man keine Prophetenbücher, sondern trifft auf die vielfältige Praxis von Priestern und Propheten zur Ermittlung des göttlichen Willens. Die allgemeine Religionsgeschichte fasst das Phänomen der Wahrsagekunst unter dem Begriff der Mantik oder auch Divination zusammen. Mit Cicero *(De divinatione)* unterscheidet sie zwischen induktiver und intuitiver Divination.

Am weitesten verbreitet war die induktive («künstliche») Divination, bei der der göttliche Wille aus Vorzeichen in der Natur oder mittels eigens dafür entwickelter Techniken wie der Eingeweideschau ermittelt wurde. Dafür waren göttliche oder dämonische Kräfte vonnöten. Der induktiven Mantik steht die Magie nahe. Beides ist vor allem für Assyrien und Babylonien umfassend belegt. In schriftlichen Sammlungen sind die Techniken und Ergebnisse systematisch zusammengestellt, so dass die Omina jederzeit wiederverwendet und auf neue Situationen angewandt werden konnten. Es handelt sich um einen Zweig der antiken Wissenschaften.

Weniger verbreitet war die andere Art, die intuitive («natürliche») Divination, bei der sich die Gottheit einem Medium mitteilt. Ihr sind die Propheten im engeren Sinn zuzurechnen. Das

Wort «Prophet» leitet sich vom Griechischen her und bezeichnet all diejenigen, die göttliche Botschaften empfangen und Vorhersagen machen. Die wenigen Belege, die sich erhalten haben, sind zeitlich und geographisch weit gestreut. Sie weisen aber eine erstaunliche Ähnlichkeit in Form und Inhalt auf, so dass sich aus ihnen speziell für den syrisch-mesopotamischen Raum ein recht zuverlässiges Bild des religionsgeschichtlichen Phänomens der altorientalischen Prophetie gewinnen lässt.

1. Königliche Archive

Die Quellen stammen im Wesentlichen aus zwei Archiven: dem königlichen Archiv von Mari (Tell Hariri) am Oberlauf des Euphrat aus dem 18. Jahrhundert v. Chr. und dem Archiv der königlichen Bibliothek in Ninive aus neuassyrischer Zeit, dem 7. Jahrhundert v. Chr.

Bei den Ausgrabungen von Mari hat man seit 1933 Tausende von Briefen gefunden. Die Stadt lag an der Grenze zwischen Syrien und Mesopotamien und unterhielt vielfältige verwandtschaftliche und diplomatische Kontakte nach beiden Seiten. Die Briefe versetzen uns unmittelbar in das politische Ränkespiel der altbabylonischen Stadtstaaten in der mittleren Bronzezeit, der ersten Hälfte des 2. Jahrtausends v. Chr., an dem der berühmte König und Gesetzgeber Hammurapi von Babylon beteiligt war. An die fünfzig von ihnen enthalten Mitteilungen prophetischer Orakel an den König von Mari, Zimrilim, der gerade abwesend war. Oft wird der Gewandsaum und eine Locke des Propheten oder des Briefschreibers mitgeschickt, um die Mitteilung zu beglaubigen (TUATII/1, 83–93).

Im Archiv von Ninive wurden rund dreißig Orakel der Göttin Ischtar von Arbela und gelegentlich auch anderer Götter an die

Sammeltafel mit neuassyrischen Prophetien (K 4310), Vorder- und Rückseite sowie Seitenansichten

beiden neuassyrischen Könige Asarhaddon (681–669) und Assurbanipal (669–627) entdeckt (TUATII/1, 56–65). Hinzu kommen Erwähnungen von Propheten und Orakeln in Königsinschriften. Ein äußerer Anlass wird nur an wenigen Stellen erkennbar. Der Schwerpunkt der Orakel liegt auf der Legitimation der Könige, die mit innenpolitischen Spannungen um die assyrische Herrschaft über Babylon zu kämpfen hatten. Der nie aufgeklärte Tod Sanheribs, des Vaters Asarhaddons, und der Aufstand des Schamaschschumukin, Asarhaddons Sohn, der sich gegen seinen Bruder Assurbanipal erhob, schwächten das neuassyrische Reich, das 612 in die Hände der Babylonier fiel. Seine beiden letzten bedeutenden Könige suchten die Schwächung durch gesteigerte religiöse Aktivitäten zu kompensieren und gaben sich ihren literarischen Neigungen hin. Die Entdeckung der mesopotamischen Kultur und Kenntnis der meisten Keilschrifttexte, des «babylonischen Kanons», verdanken wir der 1849 ausgegrabenen Bibliothek von Ninive, die Assurbanipal mit großem Aufwand angelegt hatte.

Außer den königlichen Archiven gibt es noch einige Einzelfunde, darunter solche, die uns zeitlich und geographisch näher an Israel und Juda heranführen.

Der Ägypter Wenamun, der um 1076 v. Chr. von seinem König nach Syrien geschickt wurde, um Holz aus dem Libanon zu beschaffen, erzählt eine merkwürdige Begebenheit: Als er im Hafen von Byblos an der syrischen Küste lag und der König von Byblos ihn täglich zur Abreise aufforderte, sei ein Rasender, offenbar ein Ekstatiker, aufgetreten und habe verkündet, dass Wenamun ein Gesandter des ägyptischen Gottes Amun-Re sei. Dies stimmte den König von Byblos um und ließ ihn in Verhandlungen über die Holzlieferungen eintreten (TGI3, 41–48).

Nach einem üblichen Muster läuft der Vorfall ab, den die Inschrift des aramäischen Fürsten Zakkur von Hamath aus der Zeit um 800 v. Chr. erzählt (TUATI/6, 626–628). Zakkur wird von ei-

Stele des Königs Zakkur von Hamath, um 800 v. Chr.

ner Koalition aramäischer Stadtstaaten unter der Führung des auch der Hebräischen Bibel bekannten Königs von Damaskus, Barhadad (hebräisch: Benhadad), Sohn des Hasael (vgl. 2. Kön 13,3.22–25), bedrängt. Er erhebt seine Hände zum «Herrn des Himmels», Baalschamin, und befragt Seher und Wahrsager. Die Gottheit antwortet mit einem Heilsorakel, «Fürchte dich nicht», und verheißt ihm den Sieg. Tatsächlich dürfte sich Zakkur mit Hilfe der Assyrer seiner Feinde entledigt und unter ihrem Schutz sein Herrschaftsgebiet vergrößert haben. Baalschamin und seine Propheten haben den politischen Pakt mit der assyrischen Großmacht offensichtlich befürwortet.

1967 wurden auf einem im östlichen Jordantal gelegenen Hügel, dem Tell Dēr ʿAllā, Fragmente einer mit roter und schwarzer Tinte geschriebenen Wandinschrift gefunden (TUATII/1, 138–148). Trotz des sehr schlechten Erhaltungszustands wurde bald klar, dass es sich um das «Buch Bileams, des Sohnes Beors, des Sehers der Götter» handelt, dem die Götter in einem Nachtgesicht erschienen sind. Dieser Seher ist kein anderer als der Bileam der Bibel (Num 22–24), nur dass wir ihn hier in seiner ursprünglichen Umgebung und in seiner Zeit, dem 8. oder 7. Jahrhundert v. Chr., erleben, bevor er von Israel und der biblischen Überlieferung vereinnahmt wurde. Was ihn die Versammlung der Götter schauen ließ, verheißt nichts Gutes. Soweit der Text lesbar ist, enthält er Unheilsankündigungen und Flüche, die Bileam seinen Leuten unter Tränen mitteilt. Er agiert als eine Art Klagepriester, vielleicht in der Absicht, das drohende Unheil der Götter abzuwenden, vielleicht um sie im Nachhinein zu belehren und auf künftiges Unheil vorzubereiten. In Numeri 22–24 ist daraus eine Heilsbotschaft für Israel geworden, zum großen Ärger von Balak, dem König von Moab.

Ein letzter Beleg sei hier noch angeführt, obwohl er nicht aus der altorientalischen Umwelt, sondern aus Juda selbst stammt. Es ist eine von einundzwanzig beschrifteten Tonscherben, die man zwischen 1935 und 1938 auf Tell ed-Duwēr, dem biblischen Lachisch, ausgegraben hat. Auf solchen Tonscherben, Ostraka genannt, pflegte man sich Briefe zu schreiben. Der Brief auf dem Ostrakon Nr. 3 (TUATI/6, 621–622) enthält den Hinweis auf einen Propheten JHWHs aus der Zeit zwischen 597 und 587 v. Chr., kurz bevor der judäische Vorposten und anschließend auch Jerusalem

Lachisch-Ostrakon Nr. 3, Vorderseite (links) und Rückseite (rechts)

von Nebukadnezar II. eingenommen und zerstört wurden. Es schreibt ein untergeordneter Offizier mit Namen Hoschajahu, der sich als «Knecht» und in anderen Briefen als «Hund» bezeichnet, seinem in Lachisch stationierten Vorgesetzten und «Herrn» Jaosch und rechtfertigt sich dafür, dass er nach Meinung des Vorgesetzten irgendeine Anweisung nicht richtig verstanden habe. Außerdem wird erwähnt, dass der Heerführer Konjahu, Sohn des Elnatan, nach Ägypten gezogen sei, vermutlich um dort ein Bündnis gegen die Babylonier zu schmieden. In diesem Zusammenhang ist von einem anderen Brief die Rede, den der Untergebene an seinen Vorgesetzten weitergeleitet haben will und aus dem das prophetische Orakel in verkürzter Form zitiert wird:

> Und der Brief des Tobjahu, Knecht des Königs, der kam zu Schallum, Sohn des Jaddua, vonseiten des Propheten mit dem Inhalt: «Sei vorsichtig!», ihn sendet dein Knecht an meinen Herrn.

Der Ausdruck «Sei vorsichtig, hüte dich» ist in der prophetischen Sprache geläufig und leitet meist eine Warnung ein, kann aber auch ein Heilsorakel eröffnen (2. Kön 6,9; Jes 7,4). Ob der erwähnte Brief des Propheten etwas mit der Aktion des Heerführers Konjahu zu tun hatte und welche Rolle Tobjahu und sein Prophet in der gefährlichen politischen Situation gespielt haben, geht aus dem Brief nicht hervor. Die Namen kommen alle im Alten Testament vor, doch ist die Identifizierung mit einer der genannten Personen nicht möglich.

2. Charisma und Amt

Die altorientalischen Propheten waren eine ziemlich schlecht alimentierte und niedrige Priesterklasse am Tempel oder Angestellte am Hof des Königs. Dieser Berufsgruppe gehörten auch Frauen an. In den Quellen heißen sie Ekstatiker, Sprecher, Orakelpriester, Seher und Wahrsager oder werden einfach bei ihrem Namen genannt. Auch das biblische Wort für «Prophet» (nābiʾ) kommt vor. Charisma und Amt (Max Weber) waren keine Gegensätze, sondern eins. Gelegentlich ereigneten sich auch spontane Eingebungen an Privatpersonen, die dem Hof davon Mitteilung machten.

Die göttlichen Offenbarungen wurden in Auditionen oder in Visionen und Träumen empfangen, beides oft im Zustand der Ekstase. Der natürliche Ort für solche Offenbarungen war der Tempel, doch ist in den schriftlichen Zeugnissen über die näheren Umstände nicht viel gesagt. Über die Techniken und psychologischen Vorgänge vor und während des Offenbarungsempfangs lässt sich naturgemäß nur spekulieren. Auch die moderne Hirnforschung, die Ekstase und Epilepsie in derselben Gegend des Gehirns lokalisiert, hilft hier nicht weiter.

Die sprachlichen Formen und Gattungen, in denen die Botschaft aufgezeichnet wurde, sind denen der biblischen Überlieferung sehr ähnlich. Es begegnen Fremd- und Selbstberichte, Heilsorakel, Unheilsworte, Mahnungen, Rückblicke auf frühere Ereignisse oder Orakel, Feind- oder Völkerorakel. Wie die Eingebung kommt auch die Weitergabe von den Göttern. Der Prophet spricht entweder im Namen der Gottheit oder in eigenem Namen. Die Floskeln der Übermittlung sind die des damals üblichen Boten- und Briefverkehrs.

3. Politik und Propaganda

Die Prophetie im Alten Orient war ein Mittel der Politik und Propaganda zur Erhaltung der bestehenden Ordnung. In der Regel bezieht sich die göttliche Botschaft der Propheten auf den König und das Schicksal des Königshauses, nicht auf das ganze Volk. Vor allem in den neuassyrischen Prophetien dient sie der Legitimation der amtierenden Dynastie.

Manchmal mischt sich unter die vollmundigen Verheißungen an den König auch leise Kritik, die den König an seine Pflichten gegenüber den Göttern, ihren Tempeln und Priestern sowie gegenüber seinen Untertanen erinnert. Von grundsätzlichen Zweifeln am Kultwesen oder an der sozialen Ordnung ist diese Kritik jedoch weit entfernt.

Ansonsten handelt es sich um Orakel, die dem König im Krieg oder bei anderen Ereignissen von nationalem Rang gute und schlechte Vorzeichen mitteilen. Das schließt ein, dass sie vor drohendem Unheil warnen. Im Vergleich mit den biblischen Propheten fällt auf, dass niemals das vollständige Ende der Dynastie oder des ganzen Staatswesens angedroht wird. Das Ziel war die Vermeidung oder Abwendung des Unheils, das durch politische Taktik, kultische Mittel oder moralisches Verhalten erreicht werden sollte und konnte. Dafür standen die Gottheit und ihre Propheten ein. Wer das Gegenteil behauptete und dem herrschenden Königtum den Untergang weissagte, war ein «falscher» Prophet.

Nicht alle Vorhersagen trafen ein. Einen dramatischen Fall kennen wir aus Mari. In zwei Briefen ist zu lesen, dass Zimrilim, dem König von Mari, der Sieg über Hammurapi von Babylon, der sich gegen den einstigen Verbündeten gewandt hatte, sicher sei. Bald nach der Prophezeiung nahm Hammurapi Mari ein und machte es für immer dem Erdboden gleich. Wie solche katastrophalen Fehlprognosen verarbeitet wurden, wissen wir nicht.

4. Medien der Kommunikation

Die meisten altorientalischen Prophetenorakel sind in Briefen erhalten. Darin teilen Dritte die göttliche Botschaft mit, die ihnen von den Propheten selbst oder von anderen zugetragen wurde, und geben sie in eigenen Worten an den Adressaten weiter. Der Kommunikationszusammenhang ist überaus komplex und wenigstens an zwei Stellen unberechenbar: bei der direkten oder indirekten Übermittlung der ursprünglichen Offenbarung an den Briefschreiber und bei der Mitteilung des Absenders, der sich in den meisten Fällen seinerseits eines professionellen Schreibers bedienen musste, an den Adressaten des Briefes und des darin mitgeteilten Orakels. An beiden Stellen kann und wird es zu Veränderungen des Wortlauts gekommen sein. Man denke nur an die extreme Abbreviatur des Prophetenzitats in dem Ostrakon von Lachisch «Sei vorsichtig!» (siehe Abbildung S. 33). Der Kontext und die Zusammenstellung von zwei oder mehr Orakeln in ein und demselben Brief, die das Verständnis beeinflussen, tun ein Übriges. Aus den Briefen vernehmen wir demnach nicht die authentische Stimme des Propheten. Mit der mündlichen und vor

Brief aus Mari mit dem Spruch «Unter dem Stroh fließt Wasser» (Vorderseite der Tafel ARM 26/1 199)

allem der schriftlichen Weitergabe ging immer auch die Interpretation einher.

Im Archiv von Mari hat sich dazu ein interessantes Beispiel gefunden. In drei Briefen von verschiedenen Absendern wird dasselbe Orakel überliefert: «Unter dem Stroh fließt Wasser.» Das Bildwort bezieht sich auf ein geplantes Bündnis des Königs von Mari mit dem König von Eschnunna, einer benachbarten Stadt, mit der man sich im Kriegszustand befand. Die drei Briefe zitieren drei Propheten aus dem Tempel des Dagan von Terqa, die am Hof von Mari erschienen waren, um von dem Bündnis abzuraten.

Sie alle führen dieselbe Parole im Mund, legen sie aber verschieden aus. Der eine leitet daraus die Mahnung an den König ab, zuerst ein Orakel einzuholen. Eine Prophetin erteilt den politischen Rat, dem König von Eschnunna und seinen schmeichelhaften Reden nicht zu trauen. Der dritte schließlich verheißt dem König von Mari ohne Umschweife den Sieg. In der Sache besteht kein Unterschied: Dagan von Terqa wünschte den Frieden mit Eschnunna, nur nicht durch das Bündnis, sondern durch Eroberung. Doch die Propheten oder die Briefschreiber kleideten die Botschaft des Gottes, mit Ausnahme des Bildwortes, das in allen drei Briefen zitiert wird, in verschiedene Worte, und zwar in eigene wie in solche des Gottes Dagan von Terqa.

Die Wiedergabe in Briefen ist eine eigene Weise der Kommunikation für den einmaligen historischen Augenblick. Sie begründet an sich noch keine prophetische Überlieferung. Eine weiter reichende Bedeutung erhielten die Briefe jedoch dadurch, dass sie im königlichen Archiv abgelegt wurden. Hier waren sie wie die Sammlungen von Vorzeichen jederzeit einsehbar und die darin mitgeteilten prophetischen Orakel wieder verwendbar. Dieselbe Funktion hatte die Aufzeichnung von prophetischen Orakeln in Königsinschriften, in der Wandinschrift von Dēr ʿAllā sowie auf den Sammeltafeln der neuassyrischen Prophetien. Wie in den Briefen muss man auch hier mit der Transformation des Wortlauts und der Bedeutung auf dem Weg vom Empfang des Orakels über seine Weitergabe bis zur Aufzeichnung durch professionelle Schreiber rechnen. Und wie die Archivierung der Briefe war auch die Aufzeichnung der Orakel in Inschriften und auf Tontafeln für die Ewigkeit bestimmt. Beides, Aufzeichnung und Archivierung, sind die ersten Schritte der Überlieferung.

Doch mit dem Untergang der altorientalischen Königtümer, ihrer Archive und Inschriften ging regelmäßig auch ihre prophetische Überlieferung unter. Überlebt hat nur das religionsgeschichtliche Phänomen der altorientalischen Prophetie, das zu verschiedenen Zeiten und an verschiedenen Orten des syrisch-mesopotamischen Raums immer wieder einmal auftrat, nicht die literarische Tradition. Das hängt damit zusammen, dass die Überlieferung in Form von Inschriften, Briefen und Archiven vom Bestehen der Institutionen, besonders des Königtums und des Tempels, und dem intakten Kommunikationszusammenhang der beteiligten Personen lebte. Brachen die politischen und sozialen Rahmenbedingungen zusammen, brach auch die Überlieferung ab. Das ist anders in der Hebräischen Bibel, wo die Überlieferung von Prophetenerzählungen und Prophetenorakeln eine Form angenommen hat, die gegen die Wechselfälle der Geschichte resistent war.

III.
Königsmacher und Wundertäter: Propheten in Israel und Juda

Die Hebräische Bibel kennt zwei Formen der Prophetenüberlieferung: die Erzählung über das Wirken von Propheten und die Sammlung ihrer Reden in Büchern. Letzteres pflegt man die «klassische», Ersteres die «vorklassische» Prophetie zu nennen. Im Licht der altorientalischen Analogien stellt sich der Sachverhalt jedoch anders dar: Phänomenologisch entspricht die «vorklassische» und «vorliterarische» Prophetie in den Erzählungen, besonders denen der Bücher Samuel und Könige, der klassischen altorientalischen Prophetie und ist durchgehend für die ganze Geschichte Israels belegt. Demgegenüber machen die «klassischen» Propheten der Bücher eine Ausnahme und repräsentieren eine Sonderentwicklung nicht nur im Alten Orient, sondern in Israel selbst. Allerdings sind auch die Erzählungen keine authentische Quelle für die religionsgeschichtlichen Verhältnisse im Alten Israel. Wie alle Überlieferung in der Hebräischen Bibel sind sie von vielen späten Bearbeitungen überlagert und bedürfen der kritischen Analyse. Die klassische Prophetie des Alten Israel ist daher nur noch in Umrissen zu erkennen.

Wenn im Folgenden von den Propheten in Israel und Juda die Rede ist, so ist in Rechnung zu stellen, dass die Hebräische Bibel den Namen «Israel» in einem doppelten Sinne gebraucht: zum einen als geopolitischen Begriff zur Bezeichnung einer der beiden

Monarchien, die nach 1000 v. Chr. auf dem Boden Palästinas entstanden sind und von denen das Nordreich Israel mit der Hauptstadt Samaria im Jahr 722 v. Chr., das Südreich Juda mit der Hauptstadt Jerusalem ab 587 v. Chr. zu existieren aufgehört hat. Zum anderen ist «Israel» Name einer Person und religiöse Chiffre für das Gottesvolk aus Israel und Juda, das Volk der zwölf Stämme Israels. Der religiöse, die beiden Reiche transzendierende Sprachgebrauch ist jünger als der geopolitische und setzt das Ende wenigstens des Königreichs Israel voraus.

1. «Wahre» und «falsche» Propheten

Wie in den altorientalischen Quellen begegnen auch in der Hebräischen Bibel verschiedene Bezeichnungen für die Experten auf dem Gebiet der Mantik. Sie heißen Mann Gottes, Seher, Wahrsager, Zauberer, Totenbeschwörer(in) oder Berufener/Rufer (nābiʾ, fem. nebiʾāh) – das am meisten gebrauchte Wort für Prophet und Prophetin in der Bibel. Oft werden Priester und Propheten in einem Atemzug genannt. Man hat es auch hier mit verschiedenen Klassen von Kultbeamten zu tun. Außer den mantischen Fähigkeiten wird manchen die Gabe zugeschrieben, Wunder zu tun. Dies und die verschiedenen Bezeichnungen lassen noch erahnen, dass Mantik und Magie nicht weit auseinanderlagen. Aber schon die Überlieferung konnte mit den Unterschieden nicht mehr viel anfangen (1. Sam 9,9). Das Gesetz des Mose verbot die meisten mantischen und magischen Praktiken (Dtn 18,9–22). Aus den alten Sehern und Propheten wurden so die «falschen» Propheten, die «Lügen» weissagen und Israel zum «Götzendienst» verführen (Dtn 13; Jer 23; 27–29; Ez 13). An ihre Stelle trat der Prophet nach dem Vorbild des Mose, das Ideal der biblischen Tradition.

Der Gott, in dessen Namen die Propheten auftraten, heißt in den erhaltenen Quellen immer JHWH. Er war nicht, wie es die Bibel will, schon immer der einzige Gott, außer dem es keinen anderen gibt. Ursprünglich war JHWH der Gott der beiden Monarchien Israel und Juda, so wie Baal oder Hadad der Gott der aramäischen Stadtstaaten, Kemosch der Gott Moabs oder Milkom der Gott Ammons war. Als Reichsgott wurde JHWH auch an den vielen Heiligtümern in den Ortschaften in Israel und Juda verehrt und spielte in der persönlichen Frömmigkeit eine zentrale Rolle. Seine Stellung in der Prophetie kann man sich am Beispiel der Zakkurinschrift und der neuassyrischen Heilsorakel klarmachen. Die Stele des Zakkur von Hamath (siehe Abbildung S. 31) ist dem Lokalgott Ilu-Wer, einer Erscheinung des syrischen Wettergottes, gewidmet und enthält am Ende eine Liste von Göttern, die über die Unversehrtheit der Stele wachen. Doch das bei Sehern und Wahrsagern eingeholte Orakel, das dem König den Sieg verheißt, wird ihm von Baalschamin, dem Reichsgott, zugesprochen. Auch die neuassyrischen Heilsorakel ergehen fast ausnahmslos im Namen einer Gottheit, der Ischtar von Arbela, als hätte es nur sie und keine andere neben ihr gegeben. Doch die überragende Stellung der staatstragenden Gottheit schließt die Existenz und Verehrung anderer Götter keineswegs aus. Erst die biblische Überlieferung, das heißt die Bücher der Propheten und die Redaktion der Erzählungen, hat ausnahmsweise den Reichsgott von Israel und Juda zum einen und einzigen Gott erklärt.

Die Propheten traten einzeln oder in Gruppen auf. Wie aufgrund der altorientalischen Analogien nicht anders zu erwarten, sind die meisten im Umkreis von Hof und Tempel zu finden (2. Sam 24,11; 1. Kön 1,8; 2. Kön 22,14). Andere lebten als feste Institution an Heiligtümern in den Ortschaften (Ri 4,4–5; 1. Sam 9,6; 1. Kön 13,11) oder waren in ordensähnlichen Gemeinschaften organisiert (2. Kön 2,15). Sie wurden nach Gottesbescheiden befragt, erhoben aber auch von sich aus ihre Stimme. Hauptadressat war der König. Die Gottesmänner in den Ortschaften standen jedoch auch gewöhnlichen Sterblichen zu Diensten.

Die göttlichen Botschaften empfingen die israelitischen und judäischen Propheten wie ihre altorientalischen Berufsgenossen in Träumen und Visionen (1. Kön 22,17.19; Jes 6,1) oder Auditionen (1. Sam 3; 9,15; 2. Sam 7,4). Vor allem von den Gruppen wird berichtet, dass sie leicht in Ekstase gerieten und sich dann wie Besessene aufführten (1. Sam 10,5–6.10–13; 19,20–21; 1. Kön 18,25–29; 22,10–12). Im Hebräischen ist der Fachausdruck dafür von derselben Wurzel abgeleitet wie das Wort für «Prophet», «prophetisch weissagen» (nibā', hit-nabē'). Dennoch hat ihnen ihr seltsames Verhalten einen zweifelhaften Ruf eingetragen (1. Sam 10,11–12). Sie gelten als «meschugge»; auch das ist Hebräisch und heißt «verrückt» (2. Kön 9,11; Jer 29,26; Hos 9,7).

An Formen der Mitteilung der Botschaft sind kurze oder längere Sprüche überliefert, manchmal begleitet von symbolischen Handlungen wie dem Tragen von Hörnern als Zeichen für einen bevorstehenden Sieg über die Feinde (1. Kön 22,11) oder das Abnehmen eines Jochs von der Schulter des Propheten als Zeichen für das Abschütteln der babylonischen Herrschaft (Jer 28, 1–4.10–11). In der älteren Forschung hat man viel Aufwand getrieben, um die Gattungen der Prophetensprüche nach formalen und inhaltlichen Gesichtspunkten zu klassifizieren und einem «Sitz im Leben» zuzuordnen. Heute wissen wir, dass die Redeformen und die Art der Übermittlung den altorientalischen Gepflogenheiten entsprechen. Der Prophet ist als Bote geschickt, um direkt oder über Dritte dem König oder anderen Adressaten ein göttliches Orakel zu überbringen. Allerdings sagt er in der biblischen Überlieferung meistens nicht das, was sich für seinen Berufsstand gehörte.

2. Prophetie und Königtum

Die Hebräische Bibel lässt die Ahnenreihe der Propheten in vorstaatlicher Zeit beginnen. Namhafte Vertreter sind Abraham (Gen 20,7), Mirjam (Ex 15,20), Mose (Num 12,6–8; Dtn 18,15.18; 34,9), der ausländische Seher Bileam (Num 22–24) und Debora (Ri 4,4–5). Das ist insofern nicht verwunderlich, als es in jeder antiken Gesellschaft und so gewiss auch bei den Vorfahren des nachmaligen Israel irgendeine Art von charismatisch begabten Mittlergestalten gab, die mit den priesterlichen und prophetischen Funktionen betraut waren. Dennoch ist die vorstaatliche Ahnenreihe wie die Epoche selbst eine Projektion aus späterer Zeit. Über die historischen Ursprünge und die Geschichte des Volkes Israel vor der Staatenbildung ist außer der kurzen Erwähnung einer Menschengruppe dieses Namens in der Siegesstele des ägyptischen Königs Merenptah aus der Zeit um 1200 v. Chr. (TUATI/6, 544–552) nichts bekannt. Der historische Bileam ist inschriftlich nicht früher als für das 8. Jahrhundert v. Chr. bezeugt.

Erst mit der Entstehung des Königtums um 1000 v. Chr. traten Israel und Juda und mit ihnen die Propheten auf den Plan. Wie das Königtum waren auch sie keine fremde, von anderen übernommene, sondern eine ureigene Einrichtung in Israel und Juda. Diese unterschied sich ursprünglich in nichts von entsprechenden Institutionen der kanaanäischen Nachbarn, in deren Mitte die beiden Monarchien entstanden sind. Auch nach dem Untergang der Monarchien traten gelegentlich Propheten auf (Ez 13; Neh 6,7.10–14; Sach 13; Josephus; Neues Testament). Eine Besonderheit ist allerdings, dass die Prophetie auch in der biblischen Literatur fortlebte, die die religiöse Praxis heftig kritisiert.

Den Erzählungen der Bücher Samuel und Könige kann man entnehmen, dass die Propheten in der vorexilischen Königszeit taten, was man von ihnen erwartete. Sie betätigten sich als Königsmacher und verliehen der herrschenden Dynastie die göttliche Legitimation. Nach einer alten Überlieferung wurde Saul, als er unterwegs war, die entlaufenen Eselinnen seines Vaters zu suchen, in einer Ortschaft im Lande Zuf von dem dort ansässigen Gottesmann mit Namen Samuel zum König gesalbt (1. Sam 9–10). Nach seinem Vorbild soll auch David von Samuel als König eingesetzt (1. Sam 13,14; 16,1–13) und darüber hinaus von dem Propheten Nathan bestätigt worden sein (2. Sam 7). Deutlicher ist Nathans Wirken zu erkennen, wo er in die Intrigen um die Nachfolge Davids verwickelt ist. Zusammen mit dem Priester Zadok und anderen Amtsträgern ergriff er gegen Adonija und für den jüngeren Salomo, den Sohn der Batseba, Partei (2. Sam 11–12; 1. Kön 1–2).

Doch das ist nur die halbe Wahrheit. Der Redaktion in den Büchern Samuel und Könige kommt es dabei nämlich auf etwas ganz anderes an. Aus Samuel, dem Gottesmann, ist im Laufe der Überlieferung ein geweihter Priester geworden. An der Schwelle von der Richter- zur Königszeit sieht er den Untergang der korrupten Priesterschaft am Tempel von Silo kommen (1. Sam 1–3) und verurteilt das unter ihm gerade etablierte, aber gottwidrige Königtum (1. Sam 8; 12; 13,7–14; 15). Die im Alten Orient durchaus übliche prophetische Kritik am Königshaus ist hier unter den Händen der Redaktoren der biblischen Überlieferung in eine fundamentale Opposition umgeschlagen. Diese Bearbeitung des Textes entstand nach dem Ende der Monarchien in Israel und Juda und fordert allein den Gehorsam gegen Gottes Wort. Irdisches Königtum und Gottesherrschaft traten so in Konkurrenz zueinander, das Ideal war die Theokratie, die alleinige Herrschaft Gottes.

Die Theokratie ist auch der Schlüssel zum Verständnis der Hoffnung, die die Hebräische Bibel auf David setzt. Das gängige Muster staatlicher Legitimation dient bei ihm nicht politisch-propagandistischen, sondern theologischen Zwecken. Das Entscheidende an David und seiner Dynastie ist für die biblische Überlieferung nicht der Bestand des Reiches Juda, das bereits untergegangen war, als die Texte in der heute überlieferten Form abgefasst wurden. Für sie zählen vielmehr die göttliche Erwählung und der Ort des von David geplanten, von Salomo gebauten Tempels, Jerusalem, worauf sich die Hoffnung des Judentums nach der Zerstörung der Stadt und im Exil richtete und bis heute richtet. Das berühmte Nathan-Orakel, das dem Hause Davids ewigen Bestand verheißt (2. Sam 7), entspringt der theologischen Reflexion, die nach dem Ende des judäischen Königtums an den Anfang verlegt, was für alle Zukunft gelten soll. In der chronistischen Parallele (1. Chr 17,14, nach 2. Sam 7,16) ist folgerichtig nicht mehr vom Königtum und Haus Davids, sondern vom Reich und Haus Gottes die Rede.

Die Kehrseite der Hoffnung auf David und die judäische Dynastie ist die Verteufelung der israelitischen Könige. So wird zwar auch Jerobeam I., der Usurpator und Gründer der israelitischen Monarchie, von Gott durch einen Propheten, Ahija von Silo, zum König über die zehn Stämme Israels bestimmt (1. Kön 11,26–40). Doch nach Meinung der Redaktion war er nicht wie der Knecht David und hat die Gebote Gottes nicht gehalten. Darum soll, wie Gott wiederum durch Ahija von Silo mitteilen lässt, das Haus Jerobeam vollständig ausgelöscht und ganz Israel vernichtet werden (1. Kön 14). Die «Sünde Jerobeams», der zwei Stierbilder aufstellen ließ, eines in Dan und eines in Bethel, und damit das Volk zur Sünde verführte, ist fortan der Basso continuo, den die Redaktion und mit ihr die Propheten in den Büchern Samuel und Könige anstimmen, um die vielen Wechsel der Dynastien (2. Kön 9–10) sowie den Untergang des Reiches Israel zu begründen und ein warnendes Beispiel für die Zukunft zu geben (1. Kön 13; 16,1–4; 21, 17–29; 2. Kön 9,7–10; 17,7–41). Am Ende ist davon auch das Reich Juda betroffen (2. Kön 17,19; 21,10–16; 22,14–20), dem auch eigene

Fehler angelastet werden (2. Kön 20,12–19). David und Josia sind weniger Vorbild für ein neues judäisches Königtum als für den Gehorsam gegen Gott und sein Gesetz.

Die Theokratie ist schließlich auch die Grundlage dafür, dass israelitische Propheten in die Erfolge fremder Dynastien eingreifen. So werden Elia und Elisa in den Königsbüchern von Gott damit beauftragt, Hasael, den Sohn und Nachfolger des aramäischen Königs Ben-Hadad, zu installieren (1. Kön 19,15; 2. Kön 8,7–15). Die Aramäer haben zu dieser Zeit Israel bedrängt. Auch das, so will es die biblische Überlieferung, war Gottes Werk (2. Kön 10,32–33).

So sehen wir die Propheten Israels und Judas in den Erzählungen der Hebräischen Bibel von Anfang an damit beschäftigt, Könige ein- oder abzusetzen. Auch reden sie über Krieg und Frieden, erteilen Ratschläge und geben Auskunft über günstige und ungünstige militärische Konstellationen (1. Sam 22,5; 1. Kön 12,22–25; 20; 22; 2. Kön 3; 6–7; 13,14–19; 18–20) oder nehmen zu kultischen (2. Sam 7; 1. Kön 13), moralisch-ethischen und rechtlichen Fragen Stellung (2. Sam 11–12; 24; 1. Kön 21). Das alles erinnert an die altorientalischen Zustände. Nur, dass das Verhältnis der Propheten zum Königtum in der biblischen Überlieferung von Anfang an gestört und das – tatsächlich bereits zurückliegende – Ende der beiden Monarchien nach Aussage der Propheten bei Gott bereits beschlossen ist.

3. Die Wundertaten der Propheten

Dieselbe ambivalente Haltung zum Königtum prägt auch die Erzählungen über Elia und Elisa, die als Zyklus in die Königsbücher eingefügt wurden (1. Kön 17–19; 21; 2. Kön 1–2; 3,4–8,15; 9,1–10; 13,14–21). Im vorliegenden Text gilt Elisa als Schüler und Nachfolger Elias (1. Kön 19,16.19–21; 2. Kön 2). Tatsächlich verhält es sich umgekehrt: Elisa ist der gebende, Elia der nehmende Teil. Ursprünglich hatten beide nichts miteinander zu tun. Sie gehörten nur demselben Typus von Gottesmann an.

Elisa war das Haupt einer Gruppe von «Prophetenjüngern». Von ihm wird erzählt, dass er Wunder vollbracht habe. Eine verdorbene Quelle macht er rein, so dass man wieder davon trinken kann (2. Kön 2,19–22). Einer verarmten Witwe verschafft er Unmengen von Öl und rettet sie so vor dem wirtschaftlichen Ruin (2. Kön 4,1–7). Er macht verdorbene Speise genießbar (2. Kön 4,38–41) und vermehrt Brot bis zum Überfluss (2. Kön 4,42–44). Eine im See versunkene Axt lässt er auf dem Wasser schwimmen (2. Kön 6,1–7). Einer Frau, die ihm öfter Quartier gewährt, verhilft er zu einem Sohn, und als dieser erkrankt und stirbt, erweckt er ihn wieder zum Leben (2. Kön 4,8–37; vgl. 8,1–6). Selbst im Tod bleiben ihm die magischen Kräfte erhalten (2. Kön 13,20–21). Doch wehe denen, die ihn verspotten; gegen sie lässt er die Bären los (2. Kön 2,23–25).

Die Wundergeschichten sind ein einzigartiges sozialgeschichtliches Zeugnis für eine Randgruppe in der Gesellschaft des Alten Israel und dafür, wie sie sich zu helfen wusste. Es ist dasselbe Milieu, aus dem die Jesusüberlieferung der Evangelien hervorgegangen ist, nur um Jahrhunderte früher. Die Wunder, mehrheitlich Naturwunder, haben ihre Wurzeln in ländlichen Lebensumständen und der ihnen verhafteten kanaanäischen Religion. Sie kommen ohne die große Götterversammlung aus, von der wir in den städtisch geprägten ugaritischen und mesopotamischen Mythen lesen. Sie rechnen mit verborgenen Kräften, die die Natur durchwalten, und mit übernatürlichen Fähigkeiten, diese Kräfte zu beherrschen oder zu manipulieren. Ihr Hauptzweck ist es, den Jüngern und ihren Familien das Überleben zu ermöglichen. Sind diese in Not, leistet ihnen der Wundertäter Hilfe. Dieser Glaube an eine Natur, die von göttlicher Ordnung und göttlichen Kräften durchwaltet ist, ist der Boden, auf dem die israelitisch-judäische Religion gewachsen ist. Die biblische Überlieferung, die sich dieser Stoffe bemächtigt und sie theologisch bearbeitet hat, ist davon weit entfernt.

Das Wirken Elisas ist aber nicht nur auf seinen Jüngerkreis beschränkt. Die Überlieferung lässt ihn auch Kontakte zum Königshaus unterhalten und sich politisch betätigen. Einmal finden wir ihn als Helfer in der Not im Krieg einer israelitisch-judäischen Koalition gegen Moab (2. Kön 3,9–20), ein anderes Mal als militärischen Ratgeber, Mitstreiter und Wahrsager im Krieg gegen die Aramäer (2. Kön 6,8–7,20). Seine magischen Fähigkeiten, die der politischen Prognose Nachdruck verleihen, kommen auch in diesen Belangen zum Einsatz (2. Kön 13,14–19). Der literarische Zusammenhang dieser Erzählungen mit den – ihrerseits sukzessiv angewachsenen – Wundergeschichten wurde erst nachträglich hergestellt. Dennoch dürfte es sich bei den politischen Aktivitäten des Wundertäters um eine authentische Erinnerung handeln. Der schöne, etwas rätselhafte Ehrentitel «Mein Vater, mein Vater, Wagen Israels und seine Reiter (Pferde)!», der militärische Assoziationen weckt, ist ursprünglich auf Elisa und seine Rolle in den aramäischen Kriegen gemünzt gewesen (2. Kön 13,14; vgl. 6,17; 7,6) und in 2. Könige 2,10–12 in der Episode von Elias Himmelfahrt mit einem feurigen Wagen auf diesen übertragen worden. Die spätere Redaktion hat besonders die politische Seite von Elisas Wirken herausgestrichen und ihn zum Exponenten des Wortes Gottes im Lauf der Geschichte stilisiert (2. Kön 3,12; 7,1.16). Ihm ist dadurch eine übergeordnete geschichtstheologische Bedeutung zugewachsen, die ihn und seine Jünger an den dynastischen und religionspolitischen Umstürzen in Aram (2. Kön 8,7–15; vgl. 2. Kön 5) und in Israel (2. Kön 9,1–10) beteiligt sein lässt und mit Elia verbindet (1. Kön 19,15–18).

Auch Elia war ein Wundertäter, der «am Rad des Königs lief», wie die Treue zum Herrscher in zeitgenössischen aramäischen Inschriften umschrieben wird. Die älteste Überlieferung zeigt ihn uns als Regenmacher, der eine Dürre herbeiführen und sie im Beisein des Königs durch magische Praktiken auch wieder beenden kann, nachdem er den Regen hat kommen hören (1. Kön 17–18). Als Prophet JHWHs tut er es den Priestern und Propheten des Gottes Baal gleich, der in der kanaanäischen Religion für den Regen und die Fruchtbarkeit des Landes zuständig war. Wie wir aus den Psalmen, etwa Psalm 29 oder 93, wissen, war JHWH ursprünglich die israelitisch-judäische Manifestation des syrisch-kanaanäischen Wettergottes.

Die Redaktion in 1. Könige 17–19 hat aus der Analogie von Baal und JHWH eine Antagonie gemacht. Elia wird zum Streiter für seinen Gott, den er im Namen führt: Elijahu, «Mein Gott ist JHWH». Als solcher gerät er in Streit mit König und Königin und den Propheten Baals. Die Szene vom Opferwettkampf auf dem Berg Karmel, die mit der Abschlachtung von 450 Propheten Baals endet, dient der Vorbereitung des blutigen Werks, das der Usurpator Jehu in 2. Könige 9–10 gemäß der Voraussage in 1. Könige 19,15–18; 21,17–24 vollendet. Die biblische Überlieferung lässt den politisch motivierten Umsturz, die Ablösung der antiassyrisch eingestellten Dynastie Omri durch die den Assyrern ergebene Dynastie Jehu, als religionspolitische Tat, ja mehr noch als Tatzeugnis für das Bekenntnis zu dem einen und einzigen Gott JHWH erscheinen (vgl. auch 2. Kön 1,1–8). Zur Zeit Elias gab es dieses Bekenntnis noch nicht. Die Überlieferung machte aus ihm jedoch einen «Vogel, der vor dem Morgen singt» (Julius Wellhausen).

Wie Elisa von der Redaktion in den religionspolitischen Streit Elias hineingezogen wurde, so haben die Bearbeiter des Stoffes umgekehrt Elia Wunder zugeschrieben, die auch von Elisa berichtet werden, etwa die Vermehrung von Lebensmitteln (1. Kön 17 zu

Elia, 2. Kön 4 zu Elisa). Beide Propheten stehen von da an für das Wort Gottes, das sie durch Wunder beglaubigen (1. Kön 17,24; 2. Kön 4,44; vgl. 2. Kön 1,9–17) und in der Geschichte Israels machtvoll durchsetzen. Als Streiter für das Erste Gebot gelangt Elia an den Horeb, die Stätte der Offenbarung der Zehn Gebote (Dtn 5), und bekommt den Vorrang vor Elisa eingeräumt (1. Kön 19; 2. Kön 2). Nach seiner Himmelfahrt ist es nur allzu verständlich, dass sich die Hoffnung auf die Wiederkehr des Propheten auf ihn, den «zweiten Mose», konzentriert (Mal 3,22–24; Sir 48,1–11).

4. Die biblischen Prophetenerzählungen

Die Erzählungen in Samuel und Könige vermitteln, aufs Ganze gesehen, einen lebendigen Eindruck von der vorexilischen, königszeitlichen Prophetie in Israel und Juda. Auf die überwiegende Mehrheit der alten Seher passt der Begriff des Kultpropheten. Darunter fallen nicht nur solche, die ein offizielles Amt am Königshof und Tempel bekleideten, sondern auch die anderen, die in den Ortschaften oder in religiösen Vereinigungen lebten und mit dem Hof in Verbindung standen. Welcher der verschiedenen Klassen von Mantikern sie auch angehörten, waren sie alle in irgendeiner Weise in das kultische und politische Tagesgeschäft eingebunden. Damit waren sie Teil des Systems, in dem sie lebten und für das sie wie andere Amtsträger im Guten wie im Schlechten arbeiteten.

Mit den Erzählungen in Samuel und Könige sind die Erzählungen in den Prophetenbüchern verwandt. Das gilt insbesondere für die Jesajalegenden, die zunächst in 2. Könige 18–20 eingefügt und von hier in das Jesajabuch (Jes 36–39) übernommen wurden. Sie zeichnen Jesaja als Heilspropheten und Wundertäter und erzählen, wie er und sein Gott Jerusalem aus der Belagerung durch Sanherib im Jahr 701 v. Chr., von der auch assyrische Quellen berichten, errettet und vor der drohenden Zerstörung bewahrt haben. Die Legenden sind später entstanden als die Sammlung der Reden Jesajas, die Israel, Juda und Jerusalem sowie manchem anderen Volk den Untergang prophezeien. Dennoch kommen sie, vermutlich ohne dass ihre Verfasser es wissen, dem historischen Jesaja sehr viel näher als manche seiner Reden (siehe Kapitel V,2).

Auch bei der kurzen Episode der Begegnung des Propheten Amos mit dem Priester Amazja von Bethel (Am 7,10–17) und den ausführlicheren Jeremiaerzählungen (Jer 20; 26–29; 32; 36–45) fühlt man sich unmittelbar in die politischen Auseinandersetzungen ihrer Zeit hineinversetzt. Die Amoserzählung lebt von der alten, in den Königsbüchern und der Chronik theologisch aufgeladenen Konkurrenz der beiden Reiche Israel und Juda. Die Jeremiaerzählungen führen in die Zeit der babylonischen Invasion und Zerstörung Jerusalems um 597–587 v. Chr., aus der auch die Ostraka von Lachisch stammen. Wie der in einem der Ostraka zitierte anonyme Prophet ist auch Jeremia in den Streit verwickelt, welcher der richtige Weg sei, um das Überleben von Land und Leuten zu sichern. Der Prophet Hananja, der große Widerpart Jeremias in Jeremia 27–28, setzt auf die eigene (magische) Kraft, Jeremia auf den babylonischen König. Beide berufen sich dafür auf denselben Gott JHWH.

Von der historischen Anschaulichkeit darf man sich jedoch nicht täuschen lassen. Die Erzählüberlieferung ist insgesamt geprägt von der zurückliegenden Katastrophe, dem Untergang von Israel und Juda, den die Schriftpropheten als Gericht Gottes interpretiert haben. In den Prophetenbüchern liegt das auf der Hand. Die Erzählungen richten ihr Augenmerk auf die Person und die Rolle des Propheten als Inkarnation des Wortes Gottes und verfolgen damit eher theologische als politische Ziele.

In den Büchern Samuel und Könige nahm die (im weitesten Sinne) deuteronomistische Redaktion der exilisch-nachexilischen Zeit die älteren Erzählungen auf, bearbeitete sie und fügte neue hinzu. Sie ließ die Propheten mit Verheißungen und Warnungen alten Stils für Israel und Juda eintreten, um König und Volk schuldig und Gott von aller Schuld freizusprechen. Sie bediente sich dazu (wieder) der gängigen altorientalischen Muster, wie man es etwa auch in Jesaja 40–48 findet, wo für die Heilszeit nach dem Gericht das alte, vor allem in den neuassyrischen Prophetien belegte Heilsorakel («Fürchte dich nicht») aufgegriffen wird, nun allerdings nicht mehr an den König, sondern an das königlich erwählte Volk gerichtet.

Darüber hinaus hat die Redaktion natürlich ihre eigenen theologischen Grundsätze einfließen lassen: das Erste Gebot und das Gesetz als prophetische Lehre. Das ist auch der Grund für die fundamentale Opposition zum Königtum: Wo Gott allein als König herrscht, darf kein anderer, auch kein irdischer König, herrschen (Ri 8,22–23; 1. Sam 8,7; 12,12). Das Dogma gibt dem Untergang des Königtums einen theologischen Grund und eröffnet zugleich eine neue Zukunft in der Umkehr zu Gott und im Gehorsam gegen sein Gesetz. In diesem Sinne hat der Chronist in den beiden Chronik-Büchern auf der Basis der Bücher Samuel und Könige die Geschichte der judäischen Dynastie und ihrer Propheten als Vorbild für die Wiederherstellung Judas unter persischer Herrschaft reformuliert.

IV.
Inspiration und Interpretation: Die Bücher der Propheten

Gestalten wie Jesaja, Jeremia oder Ezechiel umgibt der Nimbus des Heroischen. Man denkt an wortgewaltige Prediger des Wortes Gottes, Dichter und Denker, erfüllt, aber auch gezeichnet von ihrem schweren Auftrag und dem harten, einsamen Leben großer Männer. Diese und ähnliche Klischees sind nicht ohne Anhalt in der biblischen Überlieferung, verdanken sich aber zum größten Teil der Phantasie des Lesers, man kann auch sagen: der Rezeption der Hebräischen Bibel.

Was uns in der Hebräischen Bibel überliefert ist, sind jedoch nicht die Biographien der Propheten, sondern ihre Bücher. In ihnen hat man es mit der Sammlung, literarischen Bearbeitung und Auslegung ehemals mündlicher Orakel zu tun. Sie sind nicht einfach die Wiedergabe der Reden und Taten der Propheten, sondern das Produkt schriftgelehrter Arbeit, man kann auch sagen: der Rezeption der prophetischen Orakel. Diese kreiert den Typus des biblischen Propheten, der seinerseits die Rezeption der Hebräischen Bibel beflügelt hat.

1. Wort und Schrift

Die Übergänge vom Prophetenwort zum Prophetenbuch sind fließend. Dazwischen liegen die vielfältigen Arten der mündlichen und schriftlichen Weitergabe, bei der sich Wortlaut und Bedeutung eines Prophetenorakels verändern. Die Stimme des inspirierten Propheten ist nirgends im ursprünglichen Wortlaut zu greifen. Das Wort Gottes ist nicht anders als in der Interpretation all derer überliefert, die an seiner Weitergabe beteiligt waren. Die schriftlichen Quellen legen ihre Interpretation Gott und seinen Propheten in den Mund.

Das ist in Israel und Juda nicht anders als im übrigen Alten Orient. An Formen der Verschriftung sind der Brief (Lachisch 3; Jer 29), die Tafelaufschrift (Jes 8,1–2; 30,8; Hab 2,2) und das «Buch», damals eine Schriftrolle, bezeugt (Jes 34,16; Jer 30,2; 36; 51,59–64; Ez 2,8–3,3). Der Brief dient der Kommunikation. Die Tafelaufschrift will vor allem Öffentlichkeit herstellen. Darüber hinaus hat sie ebenso wie manchmal auch die Niederschrift in einem Buch eine magische Bedeutung. Das geschriebene Wort steht für das Geschehen, das es ankündigt, und garantiert die Wirkung. Es verbindet sich gerne mit einer prophetischen Zeichenhandlung, die das Geschehen im Voraus abbildet (vgl. Jer 51,59–64). Schließlich ist es das archivarische Interesse, das zur Verschriftung führt. Man soll nachprüfen können, ob das Orakel eingetreten ist oder (noch) nicht. Doch auch unabhängig davon besitzt es eine Langzeitwirkung. Als Wort Gottes erstreckt sich seine Gültigkeit über mehrere Generationen bis in die Ewigkeit (Jes 8,16–18; 30,8). Es kann auf eine ferne Zeit weisen oder auf mehrere Situationen zutreffen. Im Archiv wie im Buch steht das verschriftete Orakel für Wiederverwendung und nachträgliche Interpretation zur Verfügung.

Aber es gibt auch einen gravierenden Unterschied. In den altorientalischen Archiven, die wir durch archäologische Ausgrabungen kennen, hat sich kein Prophetenbuch gefunden, und die in der Hebräischen Bibel überlieferten Prophetenbücher sind kein Archiv und dürften auch kaum je in einem solchen gelagert haben. Das hat sachliche Gründe. Die altorientalischen Archive waren königliche Bibliotheken. Die Prophetenbücher sagen den Untergang des Königtums und seiner Einrichtungen voraus. Die Bücher sind gewissermaßen der Ersatz für das königliche Archiv und alle anderen staatlichen und religiösen Institutionen, die einstige materielle und geistige Heimat der Propheten, in der ihr Gott aber nicht mehr zu Hause sein will.

Mit anderen Worten: Mit der Verschriftung und Interpretation der prophetischen Orakel in der Hebräischen Bibel geht eine radikale theologische Neuorientierung einher. Die Schriftprophetie ist vom Ursprung her Gerichtsprophetie, auch da, wo sie von neuem Heil kündet und von den Wegen, es zu erlangen. Das unterscheidet sie von den Propheten des Alten Orients wie von den Königsmachern und Wundertätern in Israel und Juda, von denen die Prophetenerzählungen berichten.

2. Die Schriften

Der Unterschied wird schlagartig klar, wenn man den bisher betrachteten historischen Zeugnissen die literarischen Erzeugnisse, die Bücher der Propheten in ihrer vorliegenden Gestalt, gegenüberstellt. Bevor man nach dem historischen Propheten und seiner Verkündigung fragt, sind die unter ihrem Namen überlieferten Bücher zunächst als solche zu würdigen. Wie die biblische Literatur überhaupt, sind auch sie keine authentischen Dokumente der Zeit und der Personen, von denen sie handeln, sondern

Jesajarolle aus Qumran (1QJes[a])

Werke der Tradition, die für ihre eigene Zeit und die Zukunft bestimmt sind.

Die Grundlage für das Studium der Bücher der Propheten ist der Text in der Gestalt, in der er durch mittelalterliche hebräische Handschriften aus dem 9.–10. Jahrhundert auf uns gekommen ist. Die Textüberlieferung lässt sich jedoch noch weiter zurückverfolgen. Die ältesten, mit Ausnahme des Jesajabuchs allerdings nur fragmentarisch erhaltenen Zeugen stammen aus den Höhlen von Qumran und anderen Orten am Toten Meer und datieren vom dritten vor- bis ins erste nachchristliche Jahrhundert. Einen Einblick in die Geschichte des hebräischen Bibeltextes zwischen Qumran und den mittelalterlichen Handschriften gewähren die Funde in einer verborgenen Kammer (Geniza) der Esra-Synagoge von Alt-Kairo mit Handschriften aus dem 8.–12. Jahrhundert. Aus dem 4.–5. Jahrhundert stammen die ältesten erhaltenen Handschriften mit dem vollständigen Text der Septuaginta. Die Quellenlage ist eindeutig: Überliefert und erhalten sind ab dem 2. Jahrhundert v. Chr. abgeschlossene Bücher, deren Textbestand im Einzelnen noch variabel ist, im Wesentlichen jedoch feststeht.

In den Büchern selbst weisen verschiedene Indizien auf den literarischen Zusammenhang und die intendierte Anlage hin. Die wichtigsten sind die Überschriften. Sie nennen den Namen des Propheten, gelegentlich auch seine Abkunft und seinen Beruf, und stecken den historischen Rahmen seines Wirkens ab. Sie haben offenbar nicht nur eine Funktion für die einzelnen Bücher, sondern für die ganze Reihe. Zweimal, einmal in den drei großen und noch einmal in den zwölf kleinen Propheten, wird die Zeit von König Usia im 8. Jahrhundert v. Chr. bis zum Wiederaufbau des Tempels im ausgehenden 6. Jahrhundert durchlaufen: Jesaja 1,1//Hosea 1,1; Amos 1,1 und Micha 1,1 (von Usia bis Hiskia); Jeremia 1,1–3//Zefanja 1,1 (von Josia bis Zedekia); Ezechiel//Haggai und Sacharja (Exil und Zweiter Tempel). Des Weiteren sorgen Teilüberschriften, thematische Blöcke, programmatische Leittexte und Begriffe sowie eine Fülle von literarischen Querbezügen für die Strukturierung jedes einzelnen Buches. Ein dreiteiliges Schema, das vom Unheil für Israel über das Unheil für die Völker zum Heil für Israel fortschreitet, hat man in Jesaja, Jeremia (in der Fassung der Septuaginta) und Ezechiel sowie in Zefanja gefunden. Es stimmt allerdings nur für die Position der Völkerorakel, die hier in der Mitte, in der hebräischen Fassung von Jeremia am Ende und in Amos am Anfang stehen. Die Anordnung der Worte über Israel folgt anderen Gesetzen. Sie zielt auf eine gewisse Dramatik in der Präsentation des Propheten und seiner Botschaft sowie auf die Einteilung von biographischen oder historischen Phasen, in denen der Prophet aufgetreten sein soll.

Die Verfasser und antiken Leser der Bücher gingen davon aus, dass die biographischen Angaben historisch und die Reden authentisch seien. So war für sie alles, was im Buch Jesaja über die Zeit von den Assyrern bis zu Kyros, dem Perser (Jes 45,1) steht, immerhin ein Zeitraum von über zweihundert Jahren, von dem Propheten des 8. Jahrhunderts (Jes 1,1) geschaut und gesagt worden. Das Problem der Unterscheidung zwischen dem historischen und dem literarischen Propheten, das uns seit der Aufklärung und der historisch-kritischen Erforschung der Bibel beschäftigt, stellte sich ihnen noch nicht. Prophet und Prophetenbuch waren für sie eins. Doch das Wichtigste an dem Propheten war für die antiken Schreiber und Leser nicht seine Biographie, sondern das in seiner Person und seinem Buch anwesende Wort Gottes, das umfassende Wissen über Gottes Plan, den dieser seinen Propheten mitgeteilt hat (Jes 44,26; Jer 23,18; 29,11; Am 3,7).

Der Plan Gottes, das ist sein Wirken in der Geschichte, von dem die Prophetenbücher reden. In ihrer vorliegenden Gestalt decken sie verschiedene Epochen der Geschichte Israels ab, von der assyrischen bis in die persische Zeit mit Rückblicken auf frühere Epochen von der Schöpfung bis in die Zeit des Propheten und Ausblicken auf die Vollendung der Welt. Angesprochen ist die Totalität des Gottesvolkes, auch wenn es sich in manchen Zeiten nur auf eine Auswahl beschränkt, und die Totalität der Völkerwelt. Dem Gottesvolk und den Völkern wird gesagt, was Gott mit ihnen vorhat und was er von ihnen verlangt. In vielen Ausschnitten ist stets das Ganze im Blick. Historische Einzelheiten haben immer auch allgemeine, die Zeit und geschichtliche Personen übergreifende Bedeutung; allgemeine Wahrheiten schlagen sich in konkreten historischen Situationen nieder. Die Einheit Gottes bürgt für die Einheit seines vielfältigen, mitunter widersprüchlichen Tuns sowie für die Einheit und Zielgerichtetheit der von ihm gelenkten, wechselvollen Geschichte.

Mit dem umfassenden Wissen über Gottes Plan, den die in der Vergangenheit gemachten Voraussagen offenbaren, wollen die

Kommentar zum Habakukbuch aus Qumran (1QpHab)

Prophetenbücher ihren Rezipienten Vergewisserung, Orientierung und Richtlinien des Verhaltens für die eigene Gegenwart und vor allem für die Zukunft geben. Ihre Lektüre verlangt Aneignung und Interpretation. Denn das Wort Gottes in den Prophetenbüchern, so ist die Meinung, hat ein Sinnpotential über die in ihnen behandelten Zeiten hinaus. Die Prophetenbücher leiten ihre Rezipienten dazu an, selbst die Zeichen der Zeit zu erkennen und mit dem Plan Gottes in Einklang zu bringen. Alles, was in diesen Büchern steht, ist gültig, doch nicht alles gilt für denselben historischen Augenblick und dieselbe Generation. Manches ist bereits eingetreten, anderes steht noch aus, wieder anderes kann oder wird sich so oder ähnlich zutragen, wie es schon einmal war. Alles das muss der Leser herausfinden und auf sich und die Zukunft des Volkes Gottes übertragen. Die Ergebnisse solcher Art von aktualisierender Prophetenauslegung sind in den Kommentaren (Pescharim) von Qumran, in den jüdischen Schriften der hellenistisch-römischen Zeit und nicht zuletzt im Neuen Testament nachzulesen. Der Prozess setzte sich in der jüdischen wie in der christlichen Auslegungsliteratur fort und hält bis heute an.

3. Prophetische Fortschreibung

Der Prozess der fortschreitenden Auslegung lässt sich aber auch von den prophetischen Büchern aus in die andere Richtung verfolgen. Denn die Auslegung setzt bereits in den Schriften selbst ein und reicht, wie wir sahen, zurück bis zur ersten Aufzeichnung der ursprünglichen Orakel. Es ist die Aufgabe der literarischen Kritik, die Entstehungsgeschichte eines Prophetenbuchs zu rekonstruieren und in ihr den historischen Propheten von der literarischen Tradition zu unterscheiden. Beides ist nicht immer einfach, aber unerlässlich.

Schon die handschriftliche Überlieferung nötigt zur Kritik. In den hebräischen Handschriften wie in den alten Übersetzungen sind verschiedene Textformen ein und desselben Buches erhalten. Besonders gravierend ist der Unterschied im Falle des Jeremiabuchs. Der griechische Text ist um einiges kürzer als der hebräische, und auch die Anordnung der Orakel stimmt nicht überein. Die griechische Übersetzung beruht auf einer hebräischen Textvorlage, die von der uns überlieferten hebräischen Fassung abweicht. In Qumran haben sich hebräische Fragmente beider Fassungen gefunden. Der Schluss ist unausweichlich, dass man es mit zwei Stadien in der Entstehung des Prophetenbuchs zu tun hat.

Was im Jeremiabuch mit Händen zu greifen ist, lässt sich in den anderen Büchern mit den Fingerspitzen fühlen, wenn man die Handschriften und Versionen sorgfältig miteinander vergleicht. Man stößt dabei auf Wortvarianten, kleinere und größere Auslassungen oder Hinzufügungen und Umstellungen. Es sind die letzten Ausläufer einer langen und komplizierten Entstehungsgeschichte der Bücher. Diese sind nicht in einem Zuge niedergeschrieben, sondern über Jahrhunderte gewachsen.

Am Anfang stand in der Regel die Sammlung einiger Orakel des namengebenden oder auch eines anderen, anonym gebliebenen Propheten, wie wir es von den neuassyrischen Sammeltafeln kennen. Auch im Archiv abgelegte Briefe oder Inschriften mit prophetischen Zitaten können die Quelle gewesen sein. Die Identifizierung und Isolierung der ursprünglichen Orakel in den Prophetenbüchern können allerdings nur gelingen, wenn man auch inhaltlich den Maßstab der altorientalischen Analogien anlegt. Wer von den israelitischen und judäischen Propheten von vornherein anderes oder mehr erwartet als im Alten Orient üblich, verwechselt die literarische Tradition mit dem historischen Propheten und setzt Prophet und Prophetenbuch in eins.

Der nächste Schritt der Überlieferung, der den Stein ins Rollen brachte, war die theologische Neuorientierung, die den Untergang Israels und Judas als Strafe Gottes interpretierte. An sie schlossen sich die literarische Bearbeitung und Fortschreibung an. Es begann ein stetig fortschreitender, nie enden wollender Prozess der Auslegung und Aktualisierung, in dem ein Wort das andere gab. Den vorliegenden schriftlichen Prophezeiungen wurden weitere Prophezeiungen, ehemals selbständige Orakel oder vom Kontext abhängige literarische Neubildungen hinzugefügt. Jede Hinzufügung provozierte neue Ergänzungen. Dies zu rekonstruieren ist das Hauptaufgabenfeld der historischen Kritik, die die einzelnen literarischen Schichten sondieren, in eine relative Chronologie bringen und, wo immer es möglich ist, auch absolut datieren muss. Die Arbeit ist noch lange nicht getan, an vielen Stellen noch gar nicht wirklich in Angriff genommen.

Die Fortschreibung in den Büchern kam, von Einzelheiten abgesehen, gegen Ende des 3., Anfang des 2. Jahrhunderts v. Chr. zum Stillstand. Das hatte zum einen technische Gründe. Eine Buchrolle konnte nicht beliebig lang sein. Zum anderen drängte die geistige Herausforderung des Hellenismus an das Judentum in denjenigen Kreisen, die ihre Identität und ihr Selbstverständnis auf die biblische Überlieferung gründeten, zur Fixierung und Umgrenzung eines Bestands an autoritativen Schriften. Doch die Auslegung und Aktualisierung nahm damit kein Ende. Sie setzte sich in der apokalyptischen Literatur, den Pescharim von Qumran und den anderen Auslegungswerken der Tradition fort.

Wie in der späteren Tradition basiert auch die literarisch produktive Auslegung in den prophetischen Büchern selbst auf der Überzeugung, dass in dem jeweils überlieferten Textbestand das Wort Gottes enthalten ist, das für die Zeit des Propheten wie für die eigene Zeit Gültigkeit besitzt. Dass die Ausleger ihre Interpretation des Wortes Gottes für ihre Zeit in den Text eingeschrieben und Gott oder seinem Propheten in den Mund gelegt haben, ist nicht etwa als Anmaßung zu werten, sondern zeugt von dem tiefen Respekt vor dem überlieferten Text. Von ihm darf nichts «davongetan» und ihm soll nichts «dazugetan» werden (Dtn 4,2). Darum haben die Ausleger, soweit wir sehen, den Text vollständig bewahrt und fortgeschrieben. Die literarischen Zutaten verstoßen nur äußerlich gegen die Regel. Die Fortschreibung will explizit machen, was in dem vorgegebenen Text steht. Ihrem Selbstverständnis nach fügt die Auslegung dem überlieferten Text daher nichts Neues und schon gar nichts Fremdes hinzu. Die Verbindung von Text und Auslegung in ein und demselben Text ist vielmehr als Ausdruck der Identität des Wortes Gottes und der Einheit Gottes in den Wechselfällen der Zeit zu verstehen. In diesem Text sind die Inspiration des Propheten und seine Interpretation nicht zu trennen. In ihm legen Propheten die Propheten aus.

4. Schriftgelehrte Propheten

Gerne wüssten wir, wer die Schreiber waren, die die Prophetenschriften überliefert und fortgeschrieben haben, und in welchen Kreisen der israelitisch-judäischen Gesellschaft sie sich bewegt haben. Darüber ist aber leider nichts bekannt, so dass man auf Vermutungen angewiesen ist.

Großer Verbreitung erfreut sich die Annahme, die namengebenden Propheten hätten den Grundbestand ihrer Bücher selbst verfasst. Die Vermutung nimmt die redaktionellen Überschriften beim Wort, die für das Ganze stehen, vermag aber nicht zu erklären, warum eine Überschrift für Teile richtig, für andere Teile unrichtig sein soll. Denn schon der Grundbestand ist nicht etwa die protokollarische Wiedergabe, sondern eine Neuinterpretation der ursprünglichen prophetischen Orakel. Ist aber der Prophet von Anfang an sein eigener Interpret, so fällt es schwer zu entscheiden, wo er selbst und wo seine Ausleger schreiben.

So ist vermutlich schon für den Anfang und erst recht für alle weiteren Stadien der Entstehung eines Prophetenbuchs mit anonymen, gelehrten Tradenten zu rechnen, die des Lesens und Schreibens kundig und theologisch geschult waren. Dass sie selbst einmal von Beruf Propheten waren, ist möglich, aber nach allem, was wir über den Berufsstand wissen, nicht sehr wahrscheinlich. Sehr viel eher dürften es professionelle Schreiber gewesen sein, die sich den Propheten und ihrem Gott im wahrsten Sinne des Wortes «verschrieben» hatten. Solche Leute kommen gewöhnlich aus den Schreiberschulen, die an Hof und Tempel angesiedelt waren, oder aus Schreiberfamilien, in denen auch prophetische Orakel tradiert wurden. Nur haben sie sich von ihrer professionellen Herkunft deutlich distanziert. Gattung und Inhalt der Prophetenbücher lassen den Abstand sowohl zur Zunft der Propheten als auch zur Schreiberschule erkennen. Die Prophetenbücher waren eine literarische und theologische Innovation. Sie sind weder aus der einen noch aus der anderen Institution, sondern aus dem Zusammenbruch beider Institutionen hervorgegangen. Sie dienten nicht der politischen Agitation und Propaganda, sondern dem Studium der als heilig angesehenen Schriften. In ihnen sind die Propheten zu Schriftgelehrten und die Schriftgelehrten zu Propheten geworden.

Aus diesem Grund fällt es auch nicht leicht, zu sagen, in welchem institutionellen Rahmen und sozialen Milieu die prophetischen Schriften entstanden sind. Das einzige historische Beispiel, das wir kennen, ist die Gemeinschaft von Qumran. Hier kann man den Zusammenhang von institutioneller Marginalisierung und literarischer Produktion studieren. Die – mehr innere als äußere – Emigration in die judäische Wüste ist der religiösen und politischen Opposition zu den herrschenden Kreisen am Jerusalemer Tempel und zum hasmonäischen Königshof geschuldet. Sie führte zur Gründung einer religiösen Gemeinschaft, für die nicht nur bestimmte Riten, sondern auch das Studium der biblischen Schriften, die Textpflege und die – verschiedene theologische Richtungen repräsentierende – Überlieferungsbildung kennzeichnend sind. Ob man dieses Beispiel auf die Produzenten und Überlieferer der älteren prophetischen Schriften der Hebräischen Bibel übertragen darf, ist nicht sicher. Doch es ist die einzige Vermutung, die sich auf eine anschauliche historische Analogie stützen kann.

5. Schriftprophetie und Offenbarung

Dass die in den biblischen Büchern überlieferten Worte der Propheten in Wahrheit nicht von den Propheten der Bücher, sondern aus späterer Zeit stammen und die Verfasser nicht die Propheten selbst, sondern anonyme Schreiber waren, wird den einen oder anderen Leser vermutlich irritieren. Der Befund scheint sich nicht mit dem Anspruch der Bibel zu vertragen, das den Propheten geoffenbarte Wort Gottes zu sein. Die Frage geht nicht nur den frommen Bibelleser, sondern auch den Historiker oder historisch arbeitenden Exegeten und Theologen etwas an, insofern zwar nicht die Offenbarung selbst, aber der Anspruch, Offenbarung zu sein, ein relevantes historisches Phänomen ist, mit dem er sich zu beschäftigen hat.

Der gutgläubige Historiker oder Exeget wird den Befund nicht leugnen und der Unterscheidung von Prophet und Prophetenbuch grundsätzlich zustimmen, die Tragweite des Sachverhalts aber nicht erkennen. Soweit wie irgend möglich, hält er an der Historizität des Propheten und an der Authentizität der überlieferten Prophetenworte fest und gibt nur preis, was offensichtlich von späterer Hand nachgetragen ist. Er hat noch nicht begriffen, dass es einen fundamentalen Unterschied zwischen dem religionsgeschichtlichen Phänomen und der literarischen Überlieferung der Prophetie gibt, der einer historischen (religions- und theologiegeschichtlichen) Erklärung bedarf.

Der einfältige Historiker oder Exeget hält mit dem bisher erzielten Ergebnis die Arbeit für getan. Da die Bücher der Propheten keine verlässliche historische Quelle sind, wird er sie vermutlich beiseitelegen. Oder er wird, um auf sich aufmerksam zu machen oder weil er es einfach nicht besser weiß, einen Skandal provozieren, das Ganze als einen großen Betrug an den damaligen und uns heutigen Lesern entlarven und mit dem Anstrich der Wissenschaftlichkeit den frommen Bibelleser schrecken.

Der besonnene Historiker oder Exeget hingegen zieht mit ins Kalkül, dass unsere heutigen Vorstellungen von historischer Wahrheit nicht die der antiken Schreiber waren. Vor allem weiß er, dass sich die Wahrheit der Offenbarung auf historischer

Grundlage, ganz gleich nach welchen Maßstäben, weder verifizieren noch falsifizieren lässt. Er wird sich darum in seinem Urteil zurückhalten und darauf beschränken, den Anspruch der prophetischen Schriften, die Offenbarung des Wortes Gottes zu sein, in ihrem historischen Kontext zu verstehen und zu erklären, in dem sich das Problem so noch gar nicht gestellt hat.

Ob der Anspruch, prophetische Rede und Wort Gottes zu sein, auch unter den heutigen Bedingungen der historischen Erklärung der Bibel noch aufrechtzuerhalten ist, ist eine Frage, die weder der gutgläubige noch der einfältige noch der besonnene Historiker oder Exeget, sondern einzig und allein jeder und jede für sich und seinen oder ihren Glauben beantworten kann. Sollte der Glaube allein auf der Authentizität der Überlieferung und auf historisch gesicherten Tatsachen gründen, so wäre er in der Bibel weithin auf Sand gebaut. Gründet er sich hingegen auf jahrhundertelang bewährter und in der Überlieferung bezeugter Erfahrung von Menschen mit Gott, so ist er – bei aller kritischen Historisierung – auf Fels gebaut. Das Gotteswort ist nicht anders als im Menschenwort zu haben, wenn man es denn haben und nicht, was jedem freisteht, ohne es leben will.

V.
«Das Ende ist gekommen»: Die Anfänge der prophetischen Überlieferung

Die Bücher der Propheten sind in einem Zeitraum von rund fünfhundert Jahren entstanden, vom ausgehenden 8. bis ins frühe 2. Jahrhundert v. Chr. Die Untergrenze, die den Abschluss der Bücher markiert, ist für alle mehr oder weniger gleich, doch setzt die literarische Produktion zu verschiedenen Zeiten ein. Einen gewissen Anhaltspunkt geben die Überschriften der Bücher, die in den meisten Fällen eine Datierung des Propheten vornehmen. Da die Überschriften jedoch spätere, redaktionelle Hinzufügungen sind, ist auf sie kein Verlass. Ihre Angaben müssen anhand innerer Kriterien überprüft und gegebenenfalls modifiziert werden.

Drei einschneidende Ereignisse markieren die Hauptepochen: Das Ende des Reiches Israel im Jahr 722 v. Chr. war der Auslöser der prophetischen Überlieferung in den Büchern Jesaja, Hosea und Amos. Das Ende des Reiches Juda im Jahr 587 v. Chr. setzte einen zweiten Schub in Gang, mit dem die Überlieferung im Buch Jeremia begann; mit demselben Ereignis setzt sich auch das Buch Ezechiel auseinander. Die dritte Zäsur markiert der Wiederaufbau des Tempels in Jerusalem in den Jahren 520–515 v. Chr., der das kultische und geistige Zentrum des antiken Judentums in persischer und hellenistisch-römischer Zeit war, bis er 70 n. Chr. von dem späteren römischen Kaiser Titus zerstört wurde. Der Zweite Tempel gab den Anstoß zur Bildung der Überlieferung in den Büchern Haggai, Sacharja und Maleachi; die von ihm repräsentierte Epoche war die Zeit höchster literarischer Produktivität in sämtlichen Prophetenbüchern, allen voran im Jesajabuch. Zwischen den Zeiten bewegen sich Joel, Obadja, Jona, Micha, Nahum, Habakuk und Zefanja, die das Ende der Reiche Israel und Juda reflektieren und das Ende der Welt erwarten, zum überwiegenden Teil aber aus der Zeit des Zweiten Tempels, das heißt aus nachexilischer Zeit, stammen.

1. Das Ende des Reiches Israel

Als 745 v. Chr. Tiglatpileser III. (745–727) den assyrischen Thron bestieg, bedeutete dies den Anfang vom Ende der syrisch-palästinischen Kleinstaatenwelt. Bald nach seiner Thronbesteigung brach er auf und zog nach Westen. Zug um Zug arbeiteten er und seine Nachfolger, Salmanassar V. (727–722), Sargon II. (722–705) und Sanherib (705–681), sich von Norden nach Süden vor und unterwarfen zunächst die aramäischen Stadtstaaten in Syrien und anschließend die beiden Reiche Israel und Juda.

Israel büßte 733/32 als Folge antiassyrischer Aktivitäten große Teile seines Territoriums (vgl. 2. Kön 15,29) und 722 seine Selbständigkeit ein (vgl. 2. Kön 17,3–6.24). Der Staat wurde liquidiert und dem neuassyrischen Großreich einverleibt. Weite Teile der Bevölkerung wurden verschleppt, andere dürften nach Benjamin und Juda oder noch weiter nach Süden bis Ägypten geflohen sein, wo sich in späterer, persischer Zeit eine judäische Kolonie auf der Nilinsel Elephantine findet. Im Gegenzug dazu wurden neue Bevölkerungsschichten, woher auch immer sie kamen, angesiedelt. Von nun an gab es das Reich Israel nicht mehr, sondern nur noch Israeliten in der assyrischen Provinz, die den Namen der Hauptstadt des untergegangenen Reiches, Samerina (= Samaria), erhielt.

In den Prophetenbüchern und der übrigen Literatur der Hebräischen Bibel ging der Name «Israel» über auf das Volk JHWHs, das auch Juda und die Judäer mit umfasst.

Juda begab sich 734/33 freiwillig in die Vasallität und zahlte dem assyrischen König dafür Tribut, dass er es im syrisch-efraimitischen Krieg (734–732) vor den Angreifern Rezin von Damaskus und Pekach von Samaria bewahrte (2. Kön 16,5. 7–9). Die assyrischen Heere stießen jedoch weiter nach Süden vor, entlang der Küstenstraße bis nach Gaza, dem äußersten Stützpunkt an der Grenze zu Ägypten. Hier und in anderen philistäischen Orten kam es wiederholt zu Aufständen gegen die assyrische Besatzung, die gewaltsam niedergeschlagen wurden. Um 705 machte auch Hiskia, der König von Juda, mit den Aufständischen gemeinsame Sache und hielt Padi von Ekron, einen philistäischen Vasallenkönig und Verbündeten der Assyrer, gefangen. Nur wenig später, um 701, zog Sanherib vor die Tore Jerusalems und belagerte die Stadt. Aus nicht ganz durchschaubaren Gründen, vermutlich weil seine Truppen anderswo dringender benötigt wurden, zog er jedoch unverrichteter Dinge wieder ab (2. Kön 18,7b; 13–16; 19,36–37). Hiskia musste einen hohen Tribut entrichten, um den davidischen Thron zu behalten. Sein Herrschaftsgebiet wurde von Juda abgetrennt und auf die Stadt Jerusalem samt Umland beschränkt.

In den politischen Wirren der zweiten Hälfte des 8. Jahrhunderts waren Propheten in Israel und Juda viel gefragt. In den Prophetenbüchern haben sich Spuren davon erhalten. So finden wir in Jesaja 8 die Parole, die der Prophet Jesaja, Sohn des Amoz, während des syrisch-efraimitischen Krieges in Jerusalem ausgegeben hat:

> Und JHWH sprach zu mir: «Nimm dir eine große Tafel und schreib darauf mit unauslöschlicher Schrift: Raubebald-Eilebeute!» Und ich will mir als treue Zeugen nehmen den Priester Uria und Secharja, den Sohn Jeberechjas.

> Und ich ging zu der Prophetin; die ward schwanger und gebar einen Sohn. Und JHWH sprach zu mir: «Nenne ihn Raubebald-Eilebeute! Denn ehe der Knabe rufen kann: Lieber Vater! Liebe Mutter!, wird man den Reichtum von Damaskus und die Beute aus Samaria vor den König von Assyrien tragen.» (Jes 8,1–4)

Zwei Szenen, die um ein und dieselbe Parole kreisen: Raubebald-Eilebeute. Die Parole entstammt der ägyptischen Militärsprache und sagt, schon für sich genommen, den baldigen Sieg über die Feinde voraus. Die beiden Szenen, die Tafelaufschrift vor Zeugen und die Geburt des Kindes, fügen dem prophetischen Orakel ein schriftliches und ein lebendes Zeichen hinzu und bringen es so zur Darstellung. Das eine stellt Öffentlichkeit her und soll das Ereignis herbeizaubern; das andere terminiert das Ereignis, so dass man es nachprüfen konnte. Beide Zeichen sind der ursprünglichen Parole vermutlich erst im Laufe der Überlieferung zugewachsen und werden aus einem Bericht des Propheten zitiert. Die prophetische Propaganda fügt sich gut zu dem historischen Sachverhalt, dass sich der judäische König Ahas die Hilfe des assyrischen Königs durch Tributzahlungen erkauft hat. Beides stand offenbar in Einklang mit dem Willen JHWHs und diente der Stabilisierung und Erhaltung der politischen Ordnung. Auch die beiden in Jesaja 7,1–9 eingegangenen Orakel an den König (Vers 4 sowie Verse 7.8a.9a), die Weissagungen gegen die Feinde Judas unter den Völkern in Jesaja 13–23 (bes. 17,1–3) sowie die Legenden in Jesaja 36–39 leben noch von der Erinnerung an den Heilspropheten Jesaja. In Jesaja 22,15–25 könnte sich ein Gottesbescheid zu hofinternen Intrigen erhalten haben.

Parolen von beiden Fronten des syrisch-efraimitischen Krieges scheinen in das Buch des Propheten Hosea, Sohn des Beeri, Eingang gefunden zu haben. Die eine Parole ruft drei benjaminitische Städte in Süd-Nord-Richtung zum Krieg auf:

> Stoßt ins Horn zu Gibea, in die Trompete zu Rama! Erhebt das Kriegsgeschrei zu Bet-Awen (Bethel): Dir nach, Benjamin! (Hos 5,8)

Eine andere Parole gibt eine ungünstige Prognose für Efraim (Israel), das sich in einem beklagenswerten Zustand befindet:

> Efraim soll zur Wüste werden am Tag, da ich sie züchtigen werde. … Efraim leidet Gewalt, zertreten ist das Recht. (Hos 5,9.11)

Wieder eine andere Parole klagt Juda der Grenzverletzung an:

> Die Oberen von Juda sind denen gleich, die die Grenze verrücken. (Hos 5,10)

Die Sprüche beziehen sich wahrscheinlich alle auf denselben Konflikt um das Gebiet Benjamin, um das sich Israel und Juda häufiger stritten, ohne dass sich die Vorgänge im Einzelnen sicher identifizieren und in der Gemengelage des syrisch-efraimitischen Krieges exakt einordnen ließen. Es lässt sich, abgesehen von Vers 10, nicht einmal mit Bestimmtheit sagen, ob die Sprüche vom judäischen oder israelitischen Standpunkt aus gesprochen sind, was man als sicheres Indiz für ihre Authentizität werten kann: In der Situation verstanden sie sich von selbst. Vom Material her gleichen sie dem authentischen Spruchgut, das in Hosea 6,8–9; 7,3–7 verarbeitet ist und die chaotischen Zustände im Innern des Nordreichs, vor allem die vielen gewaltsamen Königswechsel gegen Ende des Reiches Israel, beim Namen nennt (vgl. 2. Kön 15,8–31; 17, 1–6). Nimmt man, wie es das vorliegende Hoseabuch will, den israelitischen Standpunkt ein, so handelt es sich um eine verzweifelte Klage aus Sorge über den drohenden Zusammenbruch. Aus judäischer Sicht liest sich der Abschnitt wie eine Polemik gegen den Angreifer aus dem Norden.

Klage oder Polemik lassen sich auch im Falle des judäischen Propheten Amos von Tekoa kaum auseinanderhalten, die der Spruchsammlung Amos 3–6 zugrunde liegen. Auch sie beziehen sich auf das Ende Israels und scheinen, da sich vorher kein Anlass für sie findet, aus dem ausgehenden 8. Jahrhundert zu stammen. Amos spricht in Gleichnissen:

> Gleichwie ein Hirte dem Löwen zwei Beine oder ein Ohrläppchen aus dem Maul reißt, so sollen die Israeliten herausgerissen werden. (Am 3,12)

Das meint: Sie sollen nicht etwa herausgerissen und gerettet, sondern mit Haut und Haaren gefressen werden – so eine alte Hirtenregel, wonach die Überreste des Opfers den Beweis für dessen vollständige Vernichtung liefern. Ähnlich das Bildwort von der Stadt, die in den Krieg zieht:

> Die Stadt, aus der tausend zum Kampf ausziehen, soll nur hundert übrig behalten, und aus der hundert ausziehen, die soll nur zehn übrig behalten – dies ist für das Haus Israel. (Am 5,3)

Der Untergang ist unausweichlich, und gegen ihn scheint selbst der machtlos zu sein, der normalerweise für die Rettung Israels zuständig ist:

> Es ist gleich, als wenn jemand vor dem Löwen flieht und der Bär begegnet ihm, und er kommt ins Haus und lehnt sich mit der Hand an die Wand, da beißt ihn die Schlange. (Am 5,19)

Darum erhebt der Prophet die Leichenklage, sei es, um das Unheil vom eigenen Land abzuwehren, sei es, um den Todfeind schon vor der Zeit totzusagen:

> Die Jungfrau Israel ist gefallen, dass sie nicht wieder aufstehen wird; sie ist zu Boden gestoßen, und niemand ist da, der ihr aufhelfe. (Am 5,2)

Aus der Klage stammt auch das Formelement des «Wehe»-Rufs, der über diejenigen ergeht, die auf gute Vorzeichen und einen gnädigen Gott setzen:

> Wehe! Die ihr den Tag JHWHs herbeiwünscht. … Er ist Finsternis und nicht Licht. (Am 5,18; vgl. 5,20; 6,3)

Merkwürdig isoliert stehende Partizipien, denen ebenfalls einmal ein solches «Wehe» vorausgegangen sein könnte, sagen speziell der Oberschicht in Samaria das Verderben voraus, indem sie ihr die Fehler vorrechnen, mit denen sie sich selbst richtet:

> (Wehe!) Die ihr zu Samaria sitzt an der Lehne des Ruhebettes und auf dem Lager von Damast. (Am 3,12)

> (Wehe!) Fette Kühe auf dem Berge Samarias, … die zu ihren Herren sprechen: «Bringt her, lasst uns saufen!» (Am 4,1)

> (Wehe!) Die ihr das Recht in Wermut verwandelt und die Gerechtigkeit zu Boden gestoßen habt. (Am 5,7; vgl. 6,12)

So und ähnlich lauteten die Orakel, mit denen Propheten in Israel und Juda, darunter der Heilsprophet Jesaja und die warnenden Stimmen eines Hosea oder Amos, das Ende des Reiches Israel kommentierten, das sich im syrisch-efraimitischen Krieg ankündigte und 722 v. Chr. eingetreten ist, von den einen in großer Verzweiflung beklagt, von den anderen im Siegestaumel begrüßt.

2. Das Buch Jesaja

Raubebald-Eilebeute! Die Parole Jesajas aus dem syrisch-efraimitischen Krieg, die Damaskus und Samaria den Untergang voraussagt und Juda die Rettung vor den Feinden im Norden verheißt, nimmt im Jesajabuch eine überraschende Wendung.

> Und JHWH redete weiter mit mir und sprach: Weil dies Volk verachtet die Wasser von Siloah, die still dahinfließen …, darum, siehe, wird der Herr über sie kommen lassen die starken und vielen Wasser des Stromes … Und er (der Strom) wird alle seine Kanäle überfluten und über alle seine Ufer treten, und er wird einbrechen in Juda und es überschwemmen und überfluten, bis er (den Menschen) an den Hals reicht. (Jes 8,5–8)

Es handelt sich um ein Bildwort, dessen Bedeutung nicht schwer zu erraten ist und von nachträglich eingefügten Glossen im Text auch ausdrücklich entschlüsselt wird: Der Strom ist der Euphrat, seine starken und vielen Wasser, die über die Ufer treten und eine große Flutkatastrophe anrichten, sind die assyrischen Heere, die von Osten nach Westen und von Norden nach Süden marschieren. Nach Aram (Damaskus) und Israel (Samaria) sollen sie nun auch Juda erreichen. Was ist geschehen?

Der Text ist aus der Rückschau formuliert zu einer Zeit, als sich die prophetische Parole «Raubebald-Eilebeute» von Jesaja 8,1–4 bewahrheitet und Assur die Feinde im Norden überrannt hatte. Der König und die Mehrheit in Juda werden die Meldung vom Ende Samarias so verstanden haben, dass sich die Tributleistungen an den assyrischen König bezahlt gemacht haben. Zwischen den beiden Königreichen Israel und Juda haben zwar im 9. Jahrhundert v. Chr. durch die Einheirat Ataljas aus dem israelitischen

Königsgeschlecht der Omriden in das judäische Königshaus familiäre Bande und von der Überlegenheit Israels geprägte politische Beziehungen bestanden. Doch seit dem Putsch des Jehu gegen die Omriden Mitte des 9. Jahrhunderts v. Chr. (2. Kön 9–10) verfolgten die beiden Königreiche, soweit wir sehen, im Schatten der assyrischen Fremdmacht ihre je eigenen Interessen. Im syrisch-efraimitischen Krieg schlug die politische Rivalität sodann in offene Feindschaft um, so dass der Untergang Samarias einen durch den Tribut an Assur erzielten politischen Erfolg Judas bedeutete.

Die Überlieferer Jesajas sahen das jedoch anders. Für sie waren mit dem Ende des Königreichs Israel in der Hauptsache der Gott Israels, JHWH von Samaria, und seine Institutionen unter die Räder Assurs geraten. Hinter dem Geschehen aber stand der Gott Judas, JHWH von Jerusalem, in dessen Namen Jesaja die Parole «Raubebald-Eilebeute» ausgegeben hatte. Als nach 722 und besonders im Jahr 701 v. Chr. die Gefahr drohte, dass die assyrischen Heere weiter bis nach Juda vorstoßen würden, stellte dies auch den JHWH von Jerusalem und seine Institutionen, darunter seine Propheten, in Frage.

Anstatt, wie üblich, gegen den Feind zu weissagen, zogen die Schreiber die Konsequenz, dass JHWH nicht in Juda und Jerusalem, sondern in Assur und im Gericht über die beiden Reiche Israel und Juda anwesend sei. Sie hielten mit Unbedingtheit an dem Gott des Propheten fest und gaben dafür nicht nur den einstigen Bundesgenossen und zum Feind gewordenen Nachbarn im Norden, das Königreich Israel, sondern auch das eigene Volk preis. Unter dem gewaltigen Eindruck des assyrischen Vormarschs nach Westen und vielleicht auch in Erinnerung an die alten familiären und politischen Verbindungen verloren für sie die lokalen Differenzen und gegenwärtigen politischen Rivalitäten zwischen Israel und Juda ihre Bedeutung. In dem JHWH von Samaria und dem

JHWH von Jerusalem entdeckten sie den einen Gott, in Israel und Juda die Einheit der «beiden Häuser Israel» (Jes 8,14). Damit legten sie den Grund für den späteren biblischen Monotheismus und die religiöse Chiffre «Israel», den Begriff für das eine Gottesvolk, das es in der historischen Realität nie gegeben hat, das aber in der Bibel Gegenstand des Glaubens und Bekennens ist. Erst auf dieser Basis ist auch die Forderung nach Gerechtigkeit verständlich, die Gott in den vielen politischen, rechtlich-sozialen und kultischen Anklagen der Propheten erhebt und im Gesetz vorschreibt.

Dass es den Überlieferern zuerst um JHWH und um nichts anderes ging, wird aus der Begründung für das Gottesgericht ersichtlich: «Weil dieses Volk verachtet die Wasser von Siloah, die still dahinfließen.» Die Wasser von Siloah stehen für Jerusalem und die Sicherheit der Hauptstadt, die kein anderer als JHWH garantieren kann. Der Text deutet an, dass «dieses Volk» das Vertrauen in seinen Gott verloren hat. Vielleicht waren es gerade die Siegesgewissheit und die von Heilsorakeln wie die des Jesaja und anderer Kultpropheten begleiteten Aktivitäten zur politischen und militärischen Absicherung der Stadt, die von den Schreibern des Jesajabuches – gegen die Meinung des Propheten selbst – als Mangel an Vertrauen diagnostiziert wurden. Das gilt für das Volk in Jesaja 8,1–8 wie für den König, dem in Jesaja 7,1–9 der Sieg über die Feinde im syrisch-efraimitischen Krieg geweissagt wird. Dahinter mag sich das eine oder andere ursprüngliche Heilsorakel verbergen. Doch ohne Gottvertrauen, so der Kommentar in Jesaja 7,9b, ist auch das schönste Heilsorakel nichts wert. Die Propheten der Bücher waren keine Parteigänger einer oppositionellen Gruppe, die auf Verbesserung und Demokratisierung der Verhältnisse aus gewesen wäre. Sie kennen für König und Volk nur eine Devise: «Glaubt ihr nicht, so bleibt ihr nicht.»

Die neue Sicht ist in einer Art Denkschrift niedergelegt, die Jesaja 6–8 umfasst. Unter der Überschrift «Gesicht des Jesaja,

Sohn des Amoz, das er geschaut hat über Juda und Jerusalem» (1,1) wird in Jesaja 6 eine Vision mitgeteilt, die wie Jesaja 8 in der Ich-Form verfasst ist und von der Sendung des Propheten zu «diesem Volk» handelt. Über die Sendung an den König wird in dem – allerdings erst später eingefügten – Fremdbericht Jesaja 7 erzählt. Die Vision verlegt die neue Erkenntnis an den Anfang der Berufung im Todesjahr des Königs Usia, das vor dem syrisch-efraimitischen Krieg liegt (6,1). Was Gott hier dem Propheten aufträgt, sind nicht die Orakel, die er dem Volk verkünden soll, sondern ihre Wirkung. Der Prophet soll König und Volk das Herz verstocken, ihre Augen blind und ihre Ohren taub machen für den Gott, der ihren Untergang will. Sie sollen hören, aber nicht verstehen, sollen sehen, aber nicht erkennen (6,9–10). So werden gerade die Heilsorakel des Jesaja, die Sicherheit und Stabilität vermitteln, zum Fallstrick für König und Volk, die den Worten, die sie hören und sehen, Glauben schenken und genau damit Gott verfehlen (8,11–15). Und damit das so bleibt und «dieses Volk» nach dem Willen Gottes zugrunde geht, ist die Denkschrift nicht für die Öffentlichkeit bestimmt. Sie wird verschlossen und versiegelt und nur an die Jünger des Propheten Jesaja weitergegeben, bis der Gott, der sein Antlitz verborgen hat, sein wahres Gesicht zeigt (8,16–18).

Die Denkschrift in Jesaja 6–8 (ursprünglich nur Jes 6,1–11 + 8,1–8a.16) ist der Kern, von dem die Literargeschichte des Jesajabuchs ihren Ausgang genommen hat. Nach Meinung vieler Bibelwissenschaftler wurde sie nach dem syrisch-efraimitischen Krieg oder auch etwas später vom Propheten selbst als Zeugnis seiner persönlich oder auch politisch motivierten Kehrtwende vom Heils- zum Unheilspropheten und Warner vor der assyrischen Gefahr verfasst. In Anbetracht der abgründigen theologischen Denkbewegung, wonach Gott sein eigenes Volk durch die prophetische Verkündigung (des Heils für Juda) in die Irre führt, um es dem Gericht preiszugeben (Jes 6,10), halte ich es jedoch für wahrscheinlicher, dass die Denkschrift von einem späteren Schreiber im 7. Jahrhundert verfasst wurde, nach dem Untergang Samarias und nach der gerade noch einmal glimpflich ausgegangenen Belagerung Jerusalems durch Sanherib 701 v. Chr., den sie als Beginn einer größeren Katastrophe deutet und auf Juda bezieht. Manche setzen an die Stelle Samarias sogar Jerusalem und datieren die Denkschrift Jesajas nach dem Ende des Königtums von Juda um 587 v. Chr. Das ist konsequent, aber zu schematisch gedacht und trifft erst für den Fremdbericht Jesaja 7 über das judäische Königshaus zu, der nachträglich in den Ich-Bericht zwischen Jesaja 6 und 8 eingeschoben wurde. Die Spätdatierung erklärt nicht, warum die ursprüngliche Denkschrift von Israel und Samaria als dem Volk Gottes und nicht ausschließlich vom traurigen Schicksal Judas und Jerusalems spricht. Das Buch Jeremia, in dem der Untergang Judas und die Zerstörung Jerusalems als Gericht über Israel gedeutet ist, setzt die Identifizierung von Israel und Juda schon voraus. Im Jesajabuch ist ihr Entstehen zu beobachten.

So gab der Fall Samarias den Anstoß zur Bildung der prophetischen Überlieferung. In ihr ist das Ende des Reiches Israel als der Anfang vom Ende des Reiches Juda gedeutet. Das ist auch in den Erweiterungen noch so, welche die Denkschrift Jesaja 6–8 mit dem rhetorisch raffinierten Lied vom Weinberg in 5,1–7 und dem in seiner Unerbittlichkeit sehr eindrücklichen Kehrversgedicht in 9,7–20 (vgl. auch 5,25–30) erfahren hat. Wie alles andere im ersten Teil des Jesajabuchs (Jes 1–12) haben sich diese Texte nach und nach ringförmig um den literarischen Kern angelagert. Sie sollen den harten, theologisch abgründigen Verstockungsauftrag von Jesaja 6 begreiflich machen, indem sie dem Volk die Schuld an der Katastrophe geben. Zur Begründung ist in Kapitel 5, Verse 8–24, eine Kette von «Wehe»-Rufen eingesetzt, die konkrete Vergehen, vor allem im sozialen Verhalten der Oberschicht, anprangern (vgl. auch Jes 10,1–4). Die Anklagepunkte sind nachträgliche Rationalisierungen des göttlichen Gerichts. «Recht und Gerechtigkeit» (5,7) werden so erst vor dem Hintergrund des Gerichts zur Hauptforderung Gottes an sein Volk.

Für die weitere Überlieferung ist die Fokussierung auf «Juda und Jerusalem» in der Überschrift Jesaja 1,1 (vgl. auch 2,1) bestimmend geworden. Die Belagerung und Befreiung der Stadt (701), die Vernichtung des Tempels und der davidischen Dynastie (587) und nicht zuletzt der Wiederaufbau des Tempels von Jerusalem (520–515) haben das Ihre dazu beigetragen. In der weiteren Fortschreibung des Buches wurde das Thema vertieft und das Buch unter dem Motto «Zion und die Völker» fortgeschrieben. DieZiontheologie des Jesajabuchs ist nicht der Ausgangspunkt, sondern das Resultat der schriftgelehrten Auslegung im werdenden Prophetenbuch.

Außer den Fortschreibungen in Jesaja 1–12 (Kapitel 1–4 und 10–12) kreist vor allem der sogenannte assyrische Zyklus in Jesaja 28–32, der der Denkschrift und ihren literarischen Erweiterungen in Jesaja 5–10 nachgebildet ist, um das Thema «Zion und die Völker». Nach dem «Wehe» über Samaria in 28,1–6 kommt Jerusalem an die Reihe (29,1–8; 30,1; 31,1). Priester und Propheten und das ganze Volk sind toll wie vom Wein und liegen im Tiefschlaf, den JHWH über sie ausgegossen hat (28,7–13; 29,9–16). Gottes Ratschlag verstehen sie nicht (28,23–29), die Offenbarungen des versiegelten Buches, sprich des Jesajabuches, können sie nicht lesen (29,11–12), auf die vom Propheten aufgeschriebene Weisung Gottes wollen sie nicht hören (30,8–11). Stattdessen schließen sie einen Bund mit dem Tod. Gemeint ist damit das politische Bündnis mit Ägypten, von wo man sich stets militärische Hilfe und Unterstützung gegen die anderen Großmächte im Norden und Osten Palästinas, in Kleinasien und Mesopotamien, versprochen hat (28,14–19; 30,1–7; 31,1–3). Die Hilfe für Zion wird kommen, doch nicht von Ägypten, sondern von JHWH selbst, der Assur und alle anderen Völker dafür straft, dass sie sich über ihn und seine Stadt, den Zion, erhoben haben (30,27–33; 31,4–9; vgl. 10,5–19; 14,24–27; 36–37). Der Hochmut Assurs und der Völker wird gerichtet wie der Hochmut des Hauses Jakob (vgl. 2,6–22); nach dem «Wehe» über Samaria (28,1) und Jerusalem (29,1; 30,1; 31,1) folgt das «Wehe» über den «Verwüster», der das Gericht an Jerusalem vollzogen hat (Jes 33). Dann bricht für alle, die, wie der Jesaja der Denkschrift, geglaubt und auf den Gott des Gerichts gehofft haben (vgl. 28,16; 30,15), das endzeitliche Heil an (29,17–24; 30,18–26; 32–33). Doch zuvor tut JHWH sein «fremdes Werk» (28,21; 29,14) und führt die Völker gegen den Zion heran, um den Bund mit dem Tod zu vereiteln und das eigene Volk zu strafen.

Zion, die Gottesstadt, wird zerrieben zwischen Assur und Ägypten und ist doch der einzige Ort der Hoffnung. An dieser historischen Konstellation des ausgehenden 8. und 7. Jahrhunderts hat sich in babylonischer, persischer und hellenistischer Zeit wenig geändert, in der zuerst das neubabylonische und persische Babylon (vgl. Jes 13–14; 21; 39) und schließlich die über Syrien und Mesopotamien herrschenden Seleukiden die Rolle Assurs und die über Ägypten herrschenden Ptolemäer die Rolle Ägyptens einnahmen. Nicht wenige der «assyrischen» und «babylonischen» Texte des Jesajabuchs stammen aus späterer Zeit. Als sich nach dem Tod Alexanders des Großen im Jahr 326 v. Chr. die Situation verschärfte und die makedonischen Diadochen, Seleukiden und Ptolemäer, um die Vorherrschaft in Palästina stritten (vgl. Dan 11), schlug sich auch dies in der Literargeschichte des Jesajabuchs nieder. Das Gericht an Israel und Juda und der Ansturm der Völker auf den Zion wandelten sich zu einem Gericht über alle benachbarten Völker, die kleinen wie die großen (Jes 13–23), und zu einem sintflutartigen Gericht über die ganze Erde, das die Schöpfung revoziert (Jes 24–27; 34). Aus diesem Gericht werden nicht nur der Zion und die dort übrig gebliebenen Frommen aus Israel unbeschadet hervorgehen (4,2–6; 26,1–4), sondern ganz Israel und die in alle Welt zerstreuten Israeliten (11,10–16; 27,12–13; 35,1–10), ja sogar die Völker, die sich zu JHWH bekehren (2,2–4; 19,18–25; 25,6–8).

Zion und die Völker: Das Motto zieht sich durch das Jesajabuch, nicht nur in Jesaja 1–39, dem sogenannten Protojesaja, sondern darüber hinaus (siehe Kapitel VII). Es wird in allen möglichen Variationen durchgespielt. Unheil und Heil ergehen über Israel und Juda, den Zion, die Frommen auf dem Zion und in Israel, die weltweite jüdische Diaspora, einzelne oder alle Völker und die ganze Erde. Über alle herrscht JHWH als König (6,3; 33,22) oder ein neuer David, der nur nach Recht und Gerechtigkeit regiert und unter dem das Paradies anbricht (9,1–6; 11,1–9; 32,1). Sämtliche Variationen nehmen die Perspektive des Propheten Jesaja aus dem 8. Jahrhundert ein. In dieser Perspektive tragen verschiedene Hände die Erfahrungen sowie die theologischen und ethischen Maximen ihrer Zeit ein, und aus ihr soll der Leser die Lehren für seine Gegenwart und Zukunft ziehen.

3. Die Bücher Hosea und Amos

Wie das Buch Jesaja sind auch die Bücher Hosea und Amos von innen nach außen gewachsen. Die ursprünglichen Orakel und ihre Sammlung finden sich in Hosea 4,1–9,9 bzw. Amos 3–6. Beide Spruchsammlungen sind vielfach bearbeitet und nach vorne und hinten durch – ihrerseits nach und nach hinzugefügte – literarische Fortschreibungen erweitert worden: Im Hoseabuch durch das Bild einer zerrütteten Ehe in Hosea 1–3 und die heilsgeschichtlichen Reminiszenzen in Hosea 9–14 (ab 9,10), im

Amosbuch durch den Völkerzyklus in den Kapiteln 1–2 und den Visionszyklus in 7–9. Im Zentrum steht der überlieferte, sakrosankte Text, um den sich die Auslegung rankt.

Unter der Überschrift «Dies ist das Wort JHWHs, das geschehen ist zu Hosea, dem Sohn Beeris» (Hos 1,1) liegt in Hosea 6,7–7,16, von Zusätzen abgesehen, die älteste Sammlung der Sprüche des Hosea vor. In ihr sind die Klagen oder, je nach Standpunkt, feindlichen Vorhaltungen des Propheten wegen der haltlosen Zustände im Königreich Israel zusammengestellt. Aber nicht nur dies: Durch die Zusammenstellung und literarische Bearbeitung werden Unklarheiten beseitigt und Eindeutigkeit hergestellt. Die Interpretation geht zwar von anderen Voraussetzungen aus als im Jesajabuch und setzt auch andere und neue Akzente, doch bewegt sie sich in dieselbe Richtung. Aus den Klagen oder Vorwürfen werden Anklagen, die der Prophet im Namen JHWHs gegen das Reich Israel (Efraim) und das Gottesvolk im Ganzen erhebt, sei es, dass sich Juda bereits als «Israel» begreift, sei es, dass es im Nachhinein auch ausdrücklich genannt ist (6,10–11). Die Anklage erklärt die historischen Bedingungen der vielen Königsmorde, die Schaukelpolitik zwischen den potentiellen Bündnispartnern Assur und Ägypten, zum Vergehen gegen Gott (7,8–12). Die politischen Folgen, die Liquidierung des Reiches Israel durch Assur, erscheinen so nicht als bedauerliche militärische Niederlage und geschichtlicher Schicksalsschlag, sondern als Tat JHWHs, der sein Volk ins Verderben führt.

Was dem Volk am meisten fehlt, sind Einsicht und Erkenntnis (7,9). Statt sich an den Gott zu halten, der das Weltgeschehen lenkt, laufen alle den Großmächten hinterher. Dem Vorwurf der gottlosen Politik fügt der Abschnitt Hosea 5,8–6,6 den Vorwurf der Gottvergessenheit im Kult hinzu. Die Anklage des politischen Taktierens trifft Israel (Efraim) und Juda in gleicher Weise. Dafür werden die alten Sprüche in Hosea 5,8–11 aufeinander bezogen und in 5,12–14 kommentiert. Des Weiteren werden die gut gemeinten kultischen Bemühungen des Gottesvolkes, sich der Hilfe JHWHs zu versichern, abgewiesen. Auch dem Gottesdienst in den beiden Reichen Israel und Juda fehlt die Erkenntnis: «Denn ich habe Lust an der Liebe und nicht am Opfer, an der Erkenntnis Gottes und nicht am Brandopfer» – so lautet das Fazit (6,6), das dem Kultwesen einen neuen Sinn gibt. Daraus hat sich die Kultkritik des Buches Hosea entwickelt, die in den Kapiteln 4–5 und 8–9 entfaltet wird und einen Rahmen um die Komposition in Hosea 4,1–9,9 bildet. Außer der Konkurrenz zwischen den politischen Bündnissen und Gott formuliert die Kultkritik die Frage nach dem richtigen Gott. Israel und Juda laufen nicht nur anderen Völkern nach, sondern beten auch die falschen Götter an. Sie versprechen sich Rettung von JHWH von Samaria und JHWH von Jerusalem, aber nicht von dem JHWH, der Israel und Juda mit seinem Gericht heimsucht und straft. Aus dem verkehrten JHWH werden im Laufe der biblischen Überlieferung der kanaanäische Baal und «die anderen Götter».

Wer sich, wie die Interpreten Hoseas, derart von seinem angestammten Gott verabschiedet und JHWH gegen JHWH, den vertrauten gegen den fremden Gott, austauscht, muss gute Gründe haben. Mit den Überschriften der Prophetenbücher und einem gehörigen Zutrauen in die historische Zuverlässigkeit der biblischen Überlieferung hat man die im Prophetenbuch genannten Gründe beim Wort genommen und in einer Politik ohne Gottvertrauen, einem übertriebenen, aufgeblähten Kult oder in sozialen Missständen die Ursache für das Auftreten der Propheten im frühen und mittleren 8. Jahrhundert gesehen. Doch die Politik der israelitischen und judäischen Könige des 8. Jahrhunderts war keineswegs gottlos, sondern von tiefem Vertrauen in den jeweiligen Reichsgott, den JHWH von Samaria und den JHWH von Jerusalem, geprägt. Und was an einem blühenden Kultwesen, einem funktionierenden Rechtswesen und einer florierenden Wirtschaft – bei allen Fehlern wie Korruption, Fehlurteilen oder finanzieller Übervorteilung – grundsätzlich falsch sein sollte, konnten Priester und Propheten, Richter und Beamte und alle anderen nicht wissen, solange das System Bestand hatte. Missbrauch und Ungerechtigkeiten hat es zu allen Zeiten gegeben. Sie waren kein Grund, an Gott zu zweifeln oder in seinem Namen die herkömmliche Ordnung preiszugeben.

Die Ursache muss also woanders liegen. Es muss etwas Ungeheuerliches, nie Dagewesenes geschehen sein. In den alten Sprüchen Hoseas deutet sich der Grund an: Der wieder aufgebrochene Grenzkonflikt zwischen Israel und Juda und die raschen, gewalttätigen Königswechsel, die der Prophet in den Jahren zwischen dem syrisch-efraimitischen Krieg und dem Untergang Samarias, je nachdem, beklagt oder vorhält, waren die Folge der assyrischen Invasion in Syrien und Palästina und liefen auf eine totale Katastrophe zu, die das politische und soziale Gefüge grundlegend verändern sollte. Doch erst nachdem die Katastrophe eingetreten war, wurde sie von den Überlieferern Hoseas zum Werk JHWHs an seinem Volk Israel erklärt und im Laufe der Zeit, nach 701 und vor allem nach 587 v. Chr., zunächst implizit, in den sogenannten Juda-Glossen des Hoseabuchs dann auch explizit, mit dem Schicksal Judas identifiziert.

Entgegen der Überschrift und der Auffassung all derer, die ihr unbesehen Glauben schenken, gehören auch der Prophet Amos und die Anfänge seines Buches in die Zeit des ausgehenden 8. Jahrhunderts. Die anders lautende Erzählung in Amos 7,10–17, die Amos nach dem Vorbild des anonymen Propheten in 1. Könige 13 zum Gerichtsprediger gegen das Nordreich Israel unter einem König Jerobeam macht (nach Amos 1,1 Jerobeam II., der im frühen 8. Jahrhundert regierte), ist historisch wenig verlässlich. Die Erzählung legt die dritte Vision (7,7–9) aus und liefert die Begründung nach, warum JHWH nicht mehr vergibt, sondern das Ende seines Volkes Israel beschlossen hat. Sie ist also ein Nachtrag zu den Nachträgen, die sich um die Sammlung der Worte des Amos in Amos 3–6 gelegt haben. In der Sammlung selbst muss man wieder zwischen den authentischen Sprüchen aus der Zeit vor und der schriftgelehrten Nacharbeit aus der Zeit nach 722 v. Chr. unterscheiden.

Wie in der Denkschrift des Jesaja und im Buch Hosea ist auch im Buch Amos bereits die älteste Sammlung von der gerichtsprophetischen Interpretation der ursprünglichen Bildworte, Partizipien und «Wehe»-Worte bestimmt. Unter der Überschrift «Dies sind die Worte des Amos … aus Tekoa» (1,1) folgt, eingeleitet durch «Hört dieses Wort» (3,1), zunächst eine Vorrede über die neue Rolle des Propheten (3,3–6.8) und ab 3,12 die Zusammenstellung der älteren Orakel. Die redaktionelle Technik lässt sich an der ersten Einheit, 3,12–15, ablesen. Ursprüngliches Bildwort und Partizip (ein ursprünglicher «Wehe»-Ruf) werden so aufeinander bezogen, dass das eine die Begründung für das andere wird: Die Israeliten werden von dem Löwen mit Haut und Haaren gefressen, weil sich einige Samarier – nach dem Bildwort werden daraus alle Israeliten – auf Diwanen fläzen:

> Gleichwie ein Hirte dem Löwen zwei Beine oder ein Ohrläppchen aus dem Maul reißt, so sollen die Israeliten herausgerissen werden, die ihr zu Samaria sitzt an der Lehne des Ruhebettes und auf dem Lager von Damast. (Am 3,12)

Der hinzugefügte Vers in Amos 3,15, der einmal unmittelbar an 3,12 angeschlossen hat, greift die sozialkritische Konnotation der Begründung auf und schreibt die im Bildwort angekündigte Katastrophe dem Handeln Gottes zu. Aus dem Wort des Propheten wird eine Gottesrede:

> Und ich will Winterhaus und Sommerhaus zerschlagen, und die Elfenbeinhäuser sollen zugrunde gehen und viele Häuser vernichtet werden, spricht JHWH. (Am 3,15; vgl. Vers 12: «So spricht JHWH»)

So oder ähnlich sind die Überlieferer des Amos auch in 4,1–3; 5,1–3.7; 5,18–20 verfahren. Obwohl die Sammlung in etwa gleichzeitig mit der literarischen Tradition in Jesaja und Hosea entstanden ist, sind auch hier eigene Akzente gesetzt. Das Augenmerk richtet sich, angeregt durch die «Wehe»-Rufe des Propheten, im Besonderen auf die sozialen Verhältnisse, den Luxus der Oberschicht und die Rechtsprechung. Diese gelten, nach der Katastrophe auf das ganze Volk hochgerechnet, als Ursache für die Katastrophe. Vereinzelte Missstände werden verallgemeinert und als Vergehen gegen Gott interpretiert. Spätere Redaktoren haben die soziale Anklage entfaltet (5,10–17) und, wohl unter dem Einfluss von Jesaja und Hosea, aber auch der übrigen biblischen Überlieferung, durch kultische und politische Anklagepunkte ergänzt. Kultische Anklagen finden sich etwa in einem Einschub, der zwischen 3,12 und 3,15 in Vers 13–14 angebracht wurde, und an vielen weiteren Stellen (4,4–5; 5,4–6; 5,21–27), politische vor allem in dem äußeren Rahmen der Spruchsammlung in 3,9–11 und 6,1–14.

Ein umfassendes innen- und außenpolitisches Reformprogramm, um die Probleme dieser Welt zu lösen, ergibt sich aus alldem so wenig wie aus der Sozial- und Kultkritik Jesajas oder Hoseas. Dennoch gewinnen die ethischen und politischen Maßstäbe als Forderungen Gottes einen höheren Stellenwert und sind geeignet, die Welt zu verändern. Noch später hinzugefügte Reflexionen über die Erwählung des Volkes als Grund des Unheils (3,1–2) und über die vielen Warnungen und Möglichkeiten zur Umkehr, die Gott seinem Volk gewährt hat (4,6–12; vgl. auch 5,14–15), offenbaren den geschichtstheologischen Plan, der nach Auffassung der Tradenten des Amosbuchs hinter allem steht.

Um das göttliche Planen und Denken geht es auch in den später ergänzten Rahmenpartien der beiden Bücher Hosea und Amos. In ihnen lässt uns die Überlieferung an den umstürzenden Bewegungen im Herzen Gottes teilnehmen (Hos 11,8). Dreht sich die theologische Nacharbeit in den Spruchsammlungen vor allem um den Bruch des Verhältnisses zwischen Gott und seinem Volk, so wenden sich die Rahmenpartien in verstärktem Maße den theologischen Grundlagen des Gottesverhältnisses zu und führen aus, was die vielen Anklagen und das strafende Einschreiten Gottes bedeuten.

Im Hoseabuch ist es die mangelnde Gotteserkenntnis, die die Frage provoziert, wer der Gott JHWH sei, den das Volk hätte erkennen sollen, aber vergessen hat. Die Antworten in Hosea 2 und 9–13 (ab 9,10) erinnern an verschiedene Stationen der biblischen Geschichte, die Wüstenzeit mit anschließender Landgabe, den Exodus und die Väter, als Beispiele dafür, wo und wie JHWH sich dem Volk Israel seit alters zugewandt und es zu dem seinen gemacht hat.

Der regelmäßig folgende Abfall des Volkes von JHWH kommt einer Aufkündigung des Gottesverhältnisses gleich. Wie in Hosea 1 und 3 an den Kindern und der Ehe des Propheten demonstriert wird, gilt dasselbe für die aktuellen Vergehen und ihre Ahndung durch Gott, der das beschädigte Verhältnis seinerseits aufkündigt und die Erwählung zurücknimmt: «Denn ihr seid nicht mein Volk, so will ich auch nicht der Eure sein» (Hos 1,9). Gilt das Verhältnis einmal als zerbrochen, können neben den aktuellen Vorhaltungen auch konkrete politische Ereignisse wie die – einst als Triumph über den Baal gefeierte, von dem seinerseits abtrünnig gewordenen König Jehu begangene – «Bluttat von Jesreel» (2. Kön 9–10, bes. 10,28–31), die schon sehr lange zurückliegen, als Grund angeführt werden (Hos 1,4; vgl. Am 1,3.6.11.13; 2,1 von den Völkern).

So geben die geschichtlichen Rückblicke den Anklagen und Verurteilungen des Buches Hosea ein noch größeres theologisches Gewicht; umgekehrt gewinnen aber auch die geschichtlichen Anfänge durch das göttliche Gericht an Bedeutung. Beides begründet die exklusive Beziehung zwischen JHWH und Israel, die sich in der Abgrenzung nach innen wie nach außen artikuliert, gegen den eigenen Kult ebenso wie gegen Baal und «die anderen Götter». Nicht von ungefähr finden sich im Hoseabuch die deutlichsten Anklänge an das Fremdgötterverbot und den Dekalog, dem seinerseits die prophetischen Anschuldigungen in Hosea 4,2 als Vorlage dienten. Gleichzeitig eröffnen die Rückblicke auf die geschichtstheologischen Grundlagen des Gottesverhältnisses die Möglichkeit des Neubeginns, sei es, dass JHWH sich plötzlich wandelt (2,16–25; 11,8–11), sei es, dass das Volk sich zu JHWH bekehrt (3,5; 14,2–9), und mag es auch nur eine Auswahl von Gerechten sein, die auf seinen Wegen wandeln (14,10).

Noch direkter ist der theologische Sachverhalt im Amosbuch zum Ausdruck gebracht. Hier ist es nicht die biblische Geschichte (vgl. jedoch Am 2,9–11; 3,1–2 und 9,7), sondern die unumwundene Erklärung, dass das Gottesverhältnis beendet sei, die dieses ins Bewusstsein bringt und auf eine neue Stufe hebt: «Das Ende ist gekommen für mein Volk Israel» (8,2). Der Erklärung gehen in dem Visionszyklus Amos 7–9 ein Zwiegespräch des Propheten mit Gott und die Fürbitte für «den kleinen Jakob», das heißt für Israel (vgl. Gen 32,28–29; 35,10–11), voraus, die zweimal erfolgreich ist und Gott zur Reue bewegt: «Es soll nicht geschehen!» (7,1–6) Doch ein drittes und viertes Mal lässt JHWH sich nicht mehr erweichen. Das Maß ist voll, das Ende gekommen: «Ich will nicht mehr an ihm (schonend) vorübergehen» (7,7–8; 8,1–2). Anders als Amos 3,3–6.8, wo die Berufung zum Gerichtspropheten aus der Evidenz des Faktischen abgeleitet wird, führen die Visionen den Grundsatz von 3,7 aus, wonach JHWH nichts tut, «er offenbarte denn seinen Ratschluss seinen Knechten, den Propheten». Das unaufhaltsame Ende Israels stellt der Völkerzyklus Amos 1–2 in einen internationalen und die fünfte Vision in 9,1–4 (mit anschließender Doxologie in Vers 5–6; vgl. 5,8; 8,8) in einen kosmischen Rahmen. Die heilvolle Zukunft setzt auch hier das Gericht und die Auslese von Guten und Bösen im Volk voraus (9,7–15).

VI.
«Siehe, ich lege meine Worte in deinen Mund»: Die Ausbildung der prophetischen Überlieferung

Mit dem Prozess der Fortschreibung in den Büchern Jesaja, Hosea und Amos haben wir bereits sämtliche Epochen der prophetischen Überlieferung durchschritten. Der Vorgriff ist unumgänglich, will man die Bücher im Zusammenhang betrachten und nicht ständig zwischen ihnen hin und her springen müssen. Nun soll es um den Übergang von der einen zur anderen Epoche gehen. Er lässt sich am besten dort beobachten, wo die Überlieferung mit dem Epochenwechsel einsetzt. Für die Wende von der neuassyrischen zur neubabylonischen Epoche, die das Ende des Reiches Juda bedeutete, ist dies im Jeremiabuch der Fall. Auch das Buch Ezechiel hat den Fall Jerusalems zum Thema, stammt aber wiederum aus späterer Zeit.

1. Das Ende des Reiches Juda

Das Ende des Reiches Israel und die neuassyrische Vorherrschaft über Syrien und Palästina sind Juda nicht schlecht bekommen. Solange die Tribute an die assyrischen Könige entrichtet wurden, hatte der Kleinstaat im Süden Palästinas nichts zu befürchten; die

Anstrengungen, die nötig waren, um die Tributleistungen aufzubringen, wirkten sich positiv auf die Wirtschaft aus. So herrschte nach 701 v. Chr. unter der Regierung des Königs Manasse (669–642), der in den neuassyrischen Inschriften als loyaler Vasall erwähnt ist (TGI3, 70), eine lange Zeit der Ruhe und wirtschaftlichen Prosperität. Davon dürfte auch das Kultwesen in Juda profitiert haben, in dem man JHWH für den Frieden und reiche Erträge danken konnte. Nach dem Untergang des Reiches Juda 587 v. Chr. sah die theologische Tradition der Hebräischen Bibel darin eine «Kanaanisierung» Judas nach dem Vorbild der «Sünde Jerobeams» im Reiche Israel und erfand «die assyrische Krise der israelitischen Religion» (Herbert Donner nach 2. Kön 21,1–18).

Dieser Interpretation hat die prophetische Überlieferung des 7. Jahrhunderts vorgearbeitet, insofern sie an der Auffassung festhielt, dass für JHWH mit dem Ende Samarias auch das Ende Judas und Jerusalems beschlossene Sache sei. Da sich die Erwartung erfüllte, lässt sich im Einzelnen vielfach nicht mehr sagen, ob die Weissagung und ihre Begründungen vor oder nach 587 zu datieren sind. Das fällt besonders schwer, wenn der Bezug zum Ende des Reiches Israel gar nicht vorhanden oder nachgetragen ist.

Dies ist im Michabuch der Fall. Sieht man von der zweifellos jüngeren Überschrift in Micha 1,1 und dem Rahmen in 1,2–7 und 3,12 ab, findet man in 1,8–16 (ohne die theologischen Interpretamente in den Versen 8–9.16 und weiteren Glossen in den Versen 10–15) ein schwer verständliches, mit Wortanklängen spielendes Gedicht, das ausschließlich die Einnahme und Zerstörung judäischer Städte beschreibt und genauso gut aus der Situation um 701 wie aus der Zeit zwischen 597 und 587 stammen kann.

> Fort mit euch, Einwohnerschaft Schafirs.
> Es ist nicht ausgerückt die Einwohnerschaft Zaanans.
> Sie windet sich nach Gutem, die Einwohnerschaft Marots.

> Binde den Wagen an das Gespann, Einwohnerschaft Lachischs.
> Du wirst Abschiedsgeschenke geben für Moreschet-Gat.
> Noch dauert die Eroberung an, wehe dir, Einwohnerschaft Mareschas.
> (Mi 1,11–15, Übersetzung Björn Corzilius)

Aus derselben Zeit mag die eine oder andere Klage über soziale Missstände in Micha 2–3 stammen (z. B. 2,1–2). Doch sowohl die Zusammenstellung, theologische Deutung und literarische Bearbeitung der älteren Orakel im Rahmen von Micha 1–3 als auch die Fortschreibungen in Micha 4–7, die die Ziontheologie des Jesajabuchs voraussetzen, gehören in die Epochen nach dem Untergang Jerusalems. In der ersten Hälfte des 7. Jahrhunderts, während der Regierungszeit des Manasse, dürfte die prophetische Überlieferung dagegen ins Stocken geraten sein. Das erwartete Ende war – vorerst – in weite Ferne gerückt.

Die Palastrevolution gegen Amon, den Sohn und Nachfolger Manasses (641–640), und die Erhebung des achtjährigen Josia zum König über Juda (639–609) leiteten einen politischen Kurswechsel ein. Der Stern des neuassyrischen Reichs sank allmählich, am Horizont tauchten die Meder und die Babylonier auf: 626/25 kämpfte sich Babylon frei und erhob Nabopolassar (625–605), den Begründer des neubabylonischen (chaldäischen) Reiches, zum König. 616 wurden die Sythen, die unfreiwilligen Verbündeten der Assyrer, von dem Meder Kyaxares geschlagen. 612 fiel Ninive, 610 der assyrische Rumpfstaat im nordsyrischen Harran, der allerdings 609 noch einmal Unterstützung durch den ägyptischen Pharao Necho II. (610–595) erhielt. 605 wurde der Streit der Großmächte um die Vorherrschaft in Syrien und Palästina von dem neubabylonischen König Nebukadnezar II. (605–562) in der Schlacht von Karkemisch für sich entschieden.

Das Ende des neuassyrischen Großreichs wurde von den judäischen Propheten mit Propaganda gegen die Assyrer begleitet. Ein

Beispiel hat sich im Grundbestand des Buches Nahum erhalten. Die beiden Spottgedichte über Assur in Nahum 2,2–14 und 3,1–19 stammen wahrscheinlich aus der Zeit um 612 und weiden sich an der Eroberung der Stadt Ninive durch die medisch-babylonische Koalition. Das Ereignis wird dem eigenen Gott, JHWH, zugeschrieben (Nah 2,14; 3,5) und hier (Nah 2,3; 3,1.4.19) wie im Jesajabuch (Jes 10,5–19 u. ö.) als Vergeltung für die Vergehen Assurs an Juda und anderen Völkern aufgefasst. Viel jünger ist die theologische Reflexion in Nahum 1, teilweise ein Akrostichon, eine Gedichtform, bei der die Versanfänge dem Alphabet folgen. Darin wird der Bekenntnissatz von der Langmut JHWHs aus Exodus 20,5–6 (34,6–7) ausgelegt und gegen die Feinde JHWHs unter den Völkern gewendet.

Dieselbe Stelle von der Langmut JHWHs steht auch im Mittelpunkt des Büchleins Jona (4,2), das ebenfalls das Schicksal Ninives, hier allerdings die Verschonung der Stadt, bedenkt und wie Nahum 1 aus nachexilischer Zeit stammt. Der Name des Propheten ist aus 2. Könige 14,25 genommen. An seiner Person wird der Konflikt demonstriert, in den ein Prophet gerät, wenn Gott Reue empfindet und seinen Willen ändert. Damit wird einerseits die zwiespältige Haltung JHWHs den Völkern gegenüber erklärt, der die Assyrer zunächst als Gerichtswerkzeug gegen Israel eingesetzt und am Ende dafür gestraft hat, andererseits ein neues, an der Frömmigkeit gemessenes Verhältnis JHWHs zu den Völkern begründet.

Doch zurück zum historischen Gang der Dinge. Der Niedergang des neuassyrischen Reiches im ausgehenden 7. Jahrhundert räumte Juda neuen Handlungsspielraum ein, den die führenden Kreise um Josia wohl auch genutzt haben werden. Wir erfahren davon allerdings nur indirekt durch den tragischen Tod Josias, der sich 609 v. Chr. bei Megiddo dem Pharao Necho II. entgegenstellte und seinen jugendlichen Leichtsinn mit einem frühen Tod bezahlte (2. Kön 23,29). Im Windschatten der medisch-babylonischen Koalition hatte er versucht, Juda von der assyrischen wie von der drohenden ägyptischen Fremdherrschaft zu befreien und sein Herrschaftsgebiet auf das Territorium des ehemaligen Königreichs Israel auszudehnen. Sein selbstmörderischer politischer Wagemut wurde ihm hoch angerechnet. Nach der Katastrophe von 587 v. Chr. hat ihn die biblische Überlieferung zum Streiter für JHWH und sein Gesetz erkoren und ihm – anlässlich der Beseitigung assyrischer Herrschaftssymbole aus dem Jerusalemer Tempel (2. Kön 23,11.12a) – eine radikale, landesweite Kultreform nach Maßgabe des Buches Deuteronomium angedichtet, die mit der eigenen Vergangenheit bricht und im Nachhinein Josia freiwillig zerstören lässt, was durch fremde Mächte bereits zerstört worden war (2. Kön 22–23).

Durch Josias unkluges Verhalten geriet Juda endgültig in den Sog der Auseinandersetzungen zwischen Ägypten und Babylon um die Vorherrschaft in Syrien und Palästina. Der Nachfolger auf dem Thron Davids, Joahas, ein Sohn Josias, der, wie es scheint, die Politik seines Vaters fortsetzen wollte, wurde noch im Jahr seiner Inthronisation von Pharao Necho II. im syrischen Ribla gefangengesetzt und anschließend nach Ägypten verschleppt (2. Kön 23,33–34). Von Jeremia hören wir die bewegende Klage um Joahas, der bei ihm Schallum heißt: «Weint nicht über den Toten (d. i. Josia) und grämt euch nicht um ihn; weint aber über den, der fortgezogen ist; denn er wird nicht mehr wiederkommen und sein Vaterland nicht wiedersehen.» (Jer 22,10) Nachfolger wurde Eljakim, umbenannt in Jojakim (608–598), ebenfalls ein Sohn Josias und König von Ägyptens Gnaden. Der Sieg Babylons über Assur in der Schlacht von Karkemisch (605) machte ihn über Nacht zum Vasallen Nebukadnezars, der bei nächster Gelegenheit jedoch wieder abtrünnig wurde (2. Kön 24,1). Sein Sohn und Nachfolger Jojachin wurde daher bei der ersten Einnahme Jerusalems im Jahr 597 v. Chr. nach Babylon deportiert, hier aber gnädig behandelt und 562 von Amel-Marduk an die Tafel des Königs geholt (2. Kön 24,8–17; 25,27–30; TGI3, 78–79).

Anstelle von Jojachin wurde Mattanja, umbenannt in Zedekia (597–587), der dritte Sohn Josias, als König über Juda eingesetzt. Als auch er sich wieder zum Abfall vom babylonischen König hinreißen ließ und in Verhandlungen mit Ägypten eintrat, war das Ende des Reiches Juda gekommen: Nach anderthalbjähriger Belagerung fiel Jerusalem im Jahr 587 v. Chr. Der König wurde gefangengenommen und musste mit ansehen, wie seine Kinder in Ribla vor seinen Augen getötet wurden. Anschließend wurde er, um ihm das schreckliche Bild für immer einzuprägen, geblendet und nach Babylon verschleppt. Die Mauern von Jerusalem und der Tempel wurden niedergerissen und verbrannt, Teile der Bevölkerung nach Babylonien deportiert (2. Kön 25). Viele flohen nach Ägypten und brachten vorher noch den von Nebukadnezar in Mizpa eingesetzten judäischen Statthalter Gedalja um (2. Kön 25,22–26).

Wie im Israel des ausgehenden 8. Jahrhunderts wurden auch in Juda, das seinem Ende entgegenging, die Propheten ganz besonders gebraucht. Da die politische Lage oft schwer zu durchschauen und die Lager gespalten waren, ergriffen sie für unterschiedliche politische Strategien Partei. Viele, wahrscheinlich die meisten, werden mit dem gerade herrschenden König votiert und zunächst mit Josia und Joahas auf Babylon als taktischen Verbündeten gegen (Assur und) Ägypten und anschließend mit Jojakim und Zedekia auf Ägypten als Bündnispartner gegen Babylon gesetzt haben.

Von Verhandlungen mit Ägypten hören wir aus dem Lachisch-Ostrakon Nr. 3 (siehe Kapitel II,1 und Abbildung S. 33). Die antibabylonische Propaganda war Sache der Heils- und Kultpropheten, die, wie der Prophet Hananja in Jeremia 28, an die von JHWH garantierte Souveränität Judas glaubten, im Jeremiabuch allerdings als «Lügenpropheten» abgetan werden.

Die andere Seite riet davon ab, auf die ägyptische Karte zu setzen und den Aufstand gegen Babylon zu proben. Zu ihr scheint der Prophet Jeremia, Sohn des Hilkija, aus einem Priestergeschlecht in Anatot im Lande Benjamin, gehört zu haben. Im Lachisch-Ostrakon Nr. 6 (TUATI/6, 624) heißt es von solchen Leuten, dass sie «die Hände schlaff machen», was an den Vorwurf des Defätismus erinnert, den man Jeremia gemacht hat (Jer 38,4). Im Jeremiabuch wird dessen Haltung mit dem Beschluss JHWHs begründet, Juda und Jerusalem als Strafe für ihre Sünden in die Hände der Babylonier zu übergeben. Doch das ist die spätere theologische Deutung des historischen Sachverhalts. Tatsächlich war auch die Verkündigung Jeremias und all derer, die seiner Meinung waren (vgl. Jer 26,20–24), in erster Linie politisch motiviert. Nur folgten sie nicht dem Stimmungswechsel unter Jojakim und Zedekia, sondern hielten an der Politik Josias und seines Sohnes Joahas fest. Sie haben – wohl nicht zu Unrecht – das Heil und die Zukunft Judas wahrscheinlich in einem babylonischen Vasallenstaat gesehen, als Puffer gegen Ägypten. Insofern verhielten auch sie sich loyal gegenüber dem judäischen Königtum, gerieten aber automatisch in Widerstreit zur Politik der amtierenden Könige und ihrer Beamten. Beide Lager wähnten mit gutem Recht JHWH auf ihrer Seite.

Wie sehr nicht nur die Heilspropheten vom Schlage Hananjas, sondern auch Jeremia und seinesgleichen in den Bahnen der klassischen Hof- und Kultpropheten dachten, wird aus den ursprünglichen Orakeln erkennbar, die von ihnen erhalten sind. Wer nicht an einen Sieg Judas über die Babylonier glaubte, sah ein großes Unheil auf Juda und Jerusalem zukommen. Dementsprechend schlecht waren die Vorzeichen für den Tag JHWHs, der sich aus der Beobachtung der Tage und Monate ergab:

(Der große Tag JHWHs ist nahe, er ist nahe und eilt sehr.)
Horch, der Tag JHWHs ist bitter!
Da schreit selbst der Starke.
Ein Tag des Zorns ist jener Tag,
ein Tag der Trübsal und der Angst,
ein Tag des Unwetters und der Verwüstung,
ein Tag der Finsternis und des Dunkels,
ein Tag der Wolken und des Nebels,
ein Tag der Posaune und des Kriegsgeschreis
gegen die festen Städte und die hohen Zinnen. (Zef 1,14–16)

Das Gedicht ist vermutlich das einzige authentische Orakel im Buch des Propheten Zefanja, von dem eine ungewöhnlich lange Filiation mitgeteilt wird (Zef 1,1). Zefanja soll unter dem König Josia aufgetreten sein, doch wird das Orakel eher aus der Situation in den Jahren 597–587 verständlich. In der Tradition der altorientalischen Hemerologie, einem Wissenschaftszweig der Divination, der die guten und schlechten Tage der Götter erkundet, malt das Orakel den *dies irae* aus, den Tag des göttlichen Zorns, den es zu beschwichtigen gilt (vgl. oben Kapitel V,1 zu Am 5,18). Alles andere ist Ausführung dieses Tages, aus dem in der schriftgelehrten Prophetie von Zefanja 1–3 der Tag des großen Gerichts über Juda und Jerusalem, die Nachbarvölker und die ganze Erde geworden ist, den nur die Frommen in Israel und aus den Völkern überstehen (vgl. Jes 2,12; 13,6.9; 22,5; 34,8; Jer 46,10; Ez 13,5; 30,3; Joel 1,15; 2,1.11; 3,4; 4,14; Ob 15; Sach 14,1).

Von Jeremia sind eine Reihe von Klagen überliefert, die das kommende Unheil beschreiben:

Es steigt herauf der Löwe aus seinem Dickicht, und der Verderber der Völker hat sich aufgemacht und ist ausgezogen von seiner Stätte. (Jer 4,7)

Es kommt ein heißer Wind von den kahlen Höhen aus der Wüste, geraden Weges zu der Tochter meines Volks, nicht zum Worfeln noch zum Sichten. (Jer 4,11)

Siehe, er fährt daher wie Wolken, und seine Wagen sind wie ein Sturmwind, seine Rosse sind schneller als Adler. Weh uns! Wir sind verloren! (Jer 4,13)

Wie ist mir so weh, so weh! Mein Herz pocht in meiner Brust. Ich kann nicht schweigen; denn den Hall der Posaune habe ich gehört, den Lärm der Feldschlacht; Niederlage auf Niederlage wird gemeldet. Denn das ganze Land wird verheert, plötzlich sind meine Hütten und meine Zelte zerstört. Wie lange soll ich noch das Feldzeichen sehen und der Posaune Hall hören? (Jer 4,19–21)

In den Klagen redet der Prophet, nicht JHWH. Er ist darüber erschrocken, was er kommen sieht und hört. Was das ist, deutet er nur an, doch so viel ist klar: Es ist nicht etwa JHWH, der Juda und Jerusalem für ihre Sünden straft, sondern eine ungeheuerliche Kriegsmaschinerie, die auf sie zumarschiert. An anderer Stelle wird der Feind genauer lokalisiert. Er kommt «aus dem Norden»:

Flieht, ihr Benjaminiter, aus Jerusalem und blast die Posaune in Tekoa und richtet ein Feldzeichen auf über Bet-Kerem! Denn es droht von Norden Unheil und großer Zusammenbruch. (Jer 6,1)

Siehe, es kommt ein Volk von Norden, und ein großes Volk wird sich erheben vom Ende der Erde. Sie führen Bogen und Schwert, sind grausam und ohne Erbarmen. Sie brausen daher wie ein ungestümes Meer und reiten auf Rossen, gerüstet als Kriegsleute. (Jer 6,22–23)

2. Das Buch Jeremia

Die Klagen Jeremias sind – unter der Überschrift in Jeremia 1,1 – in der Sammlung Jeremia 4–6 zusammengestellt. Sie wird folgendermaßen eröffnet:

> Verkündet in Juda und schreit laut in Jerusalem und sprecht: «Blast die Posaune im Lande!» Ruft mit voller Stimme und sprecht: «Sammelt euch und lasst uns in die festen Städte ziehen!» Richtet in Zion ein Zeichen auf: flieht und säumet nicht! Denn ich bringe von Norden Unheil herzu und großen Zusammenbruch. (Jer 4,5–6)

Der Anfang zitiert die an den Schluss der Sammlung gestellten Klagen 6,1 und 6,22 und bildet mit ihnen zusammen eine literarische Klammer. Nur sagt das Zitat etwas anderes als das Original. In den ursprünglichen Klagen ist es das Volk aus dem Norden, das heranrückt, im Zitat ist es JHWH, der den Feind gegen Jerusalem heranführt. Aus der Prophetenrede ist JHWH-Rede geworden. Der Unterschied markiert den Schritt von der Klage des Propheten zur Unheilsprophetie der biblischen Überlieferung, die den Untergang zum Willen JHWHs erklärt. Das ist der Ursprung des Buches Jeremia. Mit der gerichtsprophetischen Interpretation geht die Ergänzung der Klagen um Anklagen und nähere Beschreibungen des Unheils einher. Sie sind an eine Frau gerichtet, die unvermittelt in zweiter Person Singular angeredet wird. Es handelt sich um die «Tochter Zion», das personifizierte Jerusalem:

> Es steigt herauf der Löwe aus seinem Dickicht, und der Verderber der Völker hat sich aufgemacht und ist ausgezogen von seiner Stätte – dein Land zu verwüsten und deine Städte zu verbrennen, so dass niemand darin wohnt. (Jer 4,7)

> Siehe, es kommt ein Volk von Norden, und ein großes Volk wird sich erheben vom Ende der Erde. Sie führen Bogen und Schwert, sind grausam und ohne Erbarmen. Sie brausen daher wie ein ungestümes Meer und reiten auf Rossen, gerüstet als Kriegsleute – gegen dich, du Tochter Zion. (Jer 6,22–23)

Auch die Vorhaltungen, die das Gericht begründen, sind an das personifizierte Jerusalem oder an das – teilweise ebenfalls als weibliche Person angesprochene – Gottesvolk in Juda und Jerusalem adressiert. Letzteres wird wie selbstverständlich mit Israel, dem ehemaligen Nordreich, parallelisiert oder gleichgesetzt. Die Vorwürfe sind recht pauschal und laufen fast alle auf dasselbe hinaus: den Bruch des Verhältnisses zwischen Gott und Gottesvolk. Das ist in der Sammlung Jeremia 4–6 nicht anders als in der Vorschaltung Jeremia 2–3 und den folgenden Kapiteln bis Jeremia 23, in denen sich hier und da noch ein altes Orakel Jeremias oder eines anderen Propheten findet, dessen sich die Schreiber als Grundlage für die weitere Auslegung bedient haben.

Die Auslegung im Jeremiabuch bewegt sich mit alldem in den gewohnten Bahnen der biblischen Überlieferung und weist vor allem zu Hosea eine gewisse Verwandtschaft auf. Das lässt sich nicht damit erklären, dass die prophetische Überlieferung zur theologischen Allgemeinbildung von Priestern und Propheten gehörte. Soweit wir wissen, hatten Priester und Propheten im vorexilischen Juda von der biblischen Überlieferung keinerlei Kenntnis, auch wenn die prophetischen Bücher dies von ihnen verlangten und ihnen die Unkenntnis darum zum Vorwurf machten. Vielmehr haben die Zerstörung Jerusalems und das Ende des Reiches Juda die ältere Überlieferung ins Recht gesetzt. Das schlug sich nach 587 v. Chr. gleichzeitig in der Fortschreibung der älteren Bücher wie in der Abfassung neuer Schriften wie der Grundschrift des Jeremiabuches nieder, die bei der Bearbeitung und Kommentierung der zugrunde liegenden Orakel auf der Vorarbeit der älteren prophetischen Überlieferung aufbauen konnten. Es scheint, dass die schriftgelehrten Verfasser voneinander wussten und in ihren begrenzten Zirkeln einen Schriftenaustausch pflegten.

Der weitere Ausbau der prophetischen Überlieferung im Jeremiabuch ging seine eigenen Wege. Dabei gewann zunehmend die Person des Propheten als Mittler und Verkörperung des Wortes Gottes an Bedeutung. Diese äußert sich zum einen in einer Reihe von Zeichenhandlungen, die als Selbstberichte des Propheten stilisiert sind und zwischen den Worten über den Feind aus dem Norden in Jeremia 2–10 (zuletzt 10,22) und den Sprüchen über die Könige (Priester und Propheten) in Jeremia 13; 22–23 eingefügt wurden (Jer 13; 16; 18; 19). Die Zeichenhandlungen setzen die Deutung der ursprünglichen Klagen als Gerichtsworte voraus. Anders als die Klagen sehen sie in dem kommenden Unheil von Anfang an JHWH am Werk. Anders als die Deutung der Klagen geben sie keine Begründung, sondern bilden das Strafgericht Gottes als solches ab. Ihre Besonderheit besteht in der Verbindung von Zeichen und Wort. Beides ist Wort Gottes an den Propheten, das sich in seiner Person manifestiert. Die Zeichenhandlungen reflektieren damit die Wirkung des Wortes Gottes und die Rolle des Propheten als dessen Repräsentanten in der Geschichte. Programmatisch ist dies in der Berufungsvision Jeremia 1 auf den Begriff gebracht: «Siehe, ich lege meine Worte in deinen Mund» (Vers 9) und «ich will wachen über meinem Wort, dass ich's tue» (Vers 12).

Außer in den Zeichenhandlungen steht die Person des Propheten auch in den Erzählungen über seine Lebens- und Leidensgeschichte im Zentrum (Jer 20; 26–29; 36–45). Es mag verwundern, dass in den bisher besprochenen Texten nie der Name des «Feindes aus dem Norden» fällt. Das spricht sehr dafür, dass die Überlieferung dem Geschehen von 597 und 587 v. Chr. noch recht nahe stand. Je weiter die Zeit fortschritt und man sich von den Ereignissen entfernte, desto präziser mussten sie beim Namen genannt und rekonstruiert werden. Das ist mit ein Grund dafür, warum man etwa in Jesaja 7–8 historisierende Glossen anbrachte (7,4b; 8,6b.7b) und sich die Überlieferung sowohl in Jesaja (Jes 7; 36–39) als auch in Jeremia mehr und mehr auf die Erzählung verlagerte. Hier ist Jesaja ausdrücklich als der Prophet der assyrischen Epoche und Jeremia als der Prophet der babylonischen (chaldäischen) Epoche gezeichnet.

Die Jeremiaerzählungen leben von der Erinnerung an den vorexilischen Kultpropheten oder Klagepriester, der für die politische Richtung des Josia und gegen die von Jojakim und Zedekia betriebene, von anderen Propheten unterstützte Bündnispolitik mit Ägypten eintrat. In diesem Sinne hat er offenbar auch Zedekia beraten (Jer 37). Beide Parteien konnten sich guten Gewissens auf JHWH berufen. Doch nachdem die Geschichte Jeremia Recht gegeben und die anderen als «falsche Propheten» erwiesen hatte, hat die biblische Überlieferung das politische Dilemma in eine theologische Alternative umformuliert: die Entscheidung für oder gegen JHWH. Auf dieser Grundlage sind die Erzählungen verfasst, von denen die einen mehr die Auseinandersetzungen mit den «falschen» Propheten oder sonstigen Widerstände gegen die Verkündigung (Jer 20; 27–28; 36), die anderen den Lebensweg bis zur Verschleppung nach Ägypten in den Mittelpunkt rücken (Jer 37–44). Babylon und Nebukadnezar spielen darin nicht nur die Rolle des Gerichtswerkzeugs, sondern erhalten eine weiter reichende, in Jeremia 25,11–12 und 29,10 auf siebzig Jahre terminierte Aufgabe zugewiesen. Als der von Gott eingesetzte Weltherrscher und Knecht JHWHs (Jer 27,5–8) soll Nebukadnezar für das Überleben und Wohlergehen derer sorgen, die sich ihm freiwillig unterwerfen, ob in Juda (Jer 32; 37–44) oder im Exil (Jer 29). Denn wer sich

Babylon unterwirft, der unterwirft sich JHWH. Zaghaft deutet sich darin eine Perspektive für die Zeit nach Eintritt der Katastrophe an. Unter den Exegeten hat sich dafür die Formel «Heil im Gericht» eingebürgert. Mit der Gegenüberstellung der guten und der schlechten Feigen in der Vision Jeremia 24 wird diese Perspektive programmatisch für den folgenden Erzählungsteil (Jer 26–45) wie für die in Jeremia 25 vorbereiteten Völkerorakel (Jer 46–51), die in dem großen Gedicht gegen Babel kulminieren (Jer 50–51), auf die babylonische Exulantenschaft eingeschränkt.

Doch die Unterwerfung unter JHWH verlangt mehr als nur die Unterwerfung unter Babel. Das macht eine Reihe von Reden klar, die in Prosa gehalten sind und einen Ton anschlagen, wie man ihn aus dem Deuteronomium und der davon inspirierten deuteronomistischen Redaktion der vorderen Propheten kennt (Jer 7; 11; 16; 18; 19 u. ö.). Die Reden gleichen Predigten und sind vielfach an die Zeichenhandlungen und ihre Deutung (z. B. 16,10–13) oder andere Prophetenworte angehängt, die gewissermaßen als Predigttext dienen, der in den Reden ausgelegt wird. Die Reden setzen die Ansage des Gottesgerichts in den Zeichenhandlungen und Erzählungen voraus, führen aber neue Maßstäbe ein: Zum einen identifizieren sie die Missachtung des Wortes Gottes, das mit Jeremia in die Welt gekommen ist, mit dem Ungehorsam gegen Gott und dem Abfall zu den anderen Göttern. Aus dem Wort Gottes im Mund des Propheten wird das Gesetz. Geschichtstheologische Rückblicke verfolgen den Ungehorsam bis zu den Vätern beim Exodus zurück. Zum anderen stellen die Reden vor die Wahl, sich für oder gegen JHWH und seinen Propheten zu entscheiden. In der historischen Fiktion des Prophetenbuchs eröffnen sie damit der vorexilischen Generation die Chance zur Umkehr, die diese faktisch längst verspielt hat, die aber allen künftigen Generationen und mithin dem Leser (noch oder wieder) offensteht.

Was die künftigen Generationen, wenn sie sich für JHWH und

seinen Propheten entscheiden, erwartet, kann man in den Heilsweissagungen des Jeremiabuchs nachlesen, die sich – mit und ohne Bedingung – vor allem in Jeremia 30–33 angesammelt haben. Sie verheißen die Aufhebung und Wiedergutmachung all dessen, was JHWH seinem Volk zur Strafe für den Ungehorsam angetan hat. Dazu gehören die Zerschlagung der babylonischen Herrschaft im Rahmen des allgemeinen Völkergerichts (Jer 25; 46–51), die Rückführung aus der babylonischen Gefangenschaft (24,5–6; 27,22; 29,10) und aus der weltweiten Diaspora (16,15; 23,3.8; 29,14; 32,37) sowie die Wiederentstehung und Vereinigung der beiden Reiche unter einem neuen David in dem wiederaufgebauten Zion-Jerusalem (23,5–6; 30–33). Dazu gehört aber auch und vor allem die Wiederherstellung des zerbrochenen Gottesverhältnisses. Da die menschlichen Fähigkeiten dazu nicht ausreichen, will JHWH mit Israel und Juda einen neuen Bund schließen und ihnen das Gesetz ins Herz geben, damit zum ersten Mal Wirklichkeit wird, was JHWH mit ihnen seit dem Auszug aus Ägypten vorhat: «Sie sollen mein Volk sein, und ich will ihr Gott sein» (31,31–33; vgl. 24,7; 30,22; 32,38–39 sowie Ez 11,19–20; 36,26–27).

Klagen, Zeichenhandlungen und Erzählungen im Jeremiabuch stellen in besonderer Weise die Person des Propheten in den Mittelpunkt. In dem Maße, wie der Prophet für das Wort Gottes steht und sich das Gottesgericht an ihm vollzieht, gerät auch seine Person zunehmend in Konflikt, und zwar nicht nur mit dem Volk und den falschen Propheten, sondern auch mit Gott selbst. An diesem theologischen Problem lässt uns die Überlieferung in einer ganz besonderen Gruppe von Texten teilhaben, den sogenannten Konfessionen Jeremias (Jer 11,18–12,6; 15,10–21; 17,14–18; 18,18–23; 20,7–18). Die Texte reflektieren das Selbstverständnis des Propheten vor seinem Gott in der Sprache der Klagelieder des Einzelnen, wie man sie im Psalter findet. Das Ich des Propheten steht dabei sowohl für den Propheten wie für jeden einzelnen

Gerechten im Volk: In seiner Person erleidet der Gerechte das Gericht über das sündige Volk. In den Konfessionen leidet der Prophet des Jeremiabuches und mit ihm jeder Gerechte nicht an dem – im Gegenteil heiß ersehnten – Gericht, sondern an Gott selbst, der den Gerechten zu strafen und die Sünder zu verschonen scheint. In den Konfessionen spricht nicht der historische Jeremia, sondern die Gruppe der Schriftgelehrten, die unter seinem Namen schreiben und sich zu den Gerechten zählen. Es verhält sich hier wie sonst in der Überlieferung von Heiligen: Je mehr man über die Person und das Innenleben des Propheten erfährt, desto weiter ist man vom historischen Ursprung entfernt.

3. Das Buch Ezechiel

Sehr weit scheint auch das Buch Ezechiel von dem Ereignis entfernt zu sein, von dem es handelt, auch wenn es sich selbst in dieser Zeit verortet. Es ist durchgehend in die Zeit nach der ersten Deportation von 597 v. Chr. datiert und sagt die endgültige Einnahme und Zerstörung Jerusalems von 587 v. Chr. voraus. Der Verfasser der Selbstberichte ist in der literarischen Fiktion der Priester Ezechiel, Sohn des Busi, der zwischen 593 (1,1) und 571 (29,17) unter den Exulanten in Tel-Abib am Fluss Kebar als Prophet gewirkt haben soll (1,3 nach 3,15). Diese Fiktion ist im ganzen Buch durchgehalten, auch wenn der Priester-Prophet, geleitet von der Hand und dem Geist JHWHs, die ihn von hier nach dort bringen, in der Hauptsache über und zu Israel im Lande spricht. Diktion und Theologie der Reden weisen in das 5. und 4. Jahrhundert v. Chr.

Die Entstehung des Buches liegt weitgehend im Dunkeln. Die Analyse wird durch den einheitlichen Stil erschwert, der prophetische mit priesterlicher und (uns in anderem Zusammenhang schon mehrfach begegneter) deuteronomisch-deuteronomistischer Sprache mischt und zu langatmigen Reden neigt. Klar ist, dass die Reden nicht in einem Zuge entstanden sein können, doch fehlen vielfach noch die Kriterien, um die unzähligen Fortschreibungsschübe ins Verhältnis zu setzen und zum literarischen Kern der Überlieferung, geschweige denn zu den ursprünglichen Orakeln des Priester-Propheten vorzustoßen. Das Gerüst der Komposition bilden die beiden Visionen vom Auszug der «Herrlichkeit JHWHs» (vgl. Jes 6,3; 40,5 sowie Ex 24,16–17; 29,43; 40,34–37) aus dem Tempel und dem Wiedereinzug in Jerusalem in Ezechiel 8–11 und 40–48, die ihren Ausgang in der Berufungsszene Ezechiel 1–3 nehmen. Aus diesem Rahmen fällt die Sendung des Propheten zum Haus Israel (2,3–7; 3,4–9) heraus. An ihr wiederum hängen die vielen Zeichenhandlungen und Gerichtsreden an die Adresse ganz Israels in Ezechiel 1–24, die Weissagungen von Gericht und Heil in Ezechiel 33–39 sowie die Völkerorakel in Ezechiel 25–32. Das Buch Ezechiel trat offenbar zunächst für den Vorrang der (zurückgekehrten) babylonischen Exulanten, mit denen die «Herrlichkeit JHWHs» ist (vgl. 11,22–25), vor den Daheimgebliebenen im nachexilischen Jerusalem ein und wandte sich erst in einem späteren Überlieferungsstadium ganz Israel und den in alle Welt zerstreuten Israeliten zu.

Aufs Ganze gesehen, hinterlässt die Lektüre des Buches den Eindruck, als ob man alles irgendwo schon einmal gelesen oder gehört habe. Das liegt daran, dass das Buch in hohem Maße von literarischen Vorbildern lebt, die zitiert und breit ausgeführt werden. Sinnbildlich ist das in der Berufungsvision (Ez 1–3) dargestellt, in der Ezechiel eine Schriftrolle zu essen bekommt. Das Motiv legt die Schriftstelle in Jeremia 15,16 aus: «Dein Wort ward meine Speise», und lässt den Propheten als das personifizierte Gotteswort erscheinen. Die Bestellung des Propheten zum «Wächter über Israel», der mit seinem Leben haftet (3,16–19; 33,1–9), wie auch die vielen Zeichenhandlungen, an die sich lange Reden anschließen (Ez 4–5; 12; 24,15–27; 37), weisen in dieselbe Richtung. Ezechiel wird durchweg als «Menschensohn», das heißt als Mensch angeredet, dem Gott in großem Abstand gegenübersteht. Mehr noch als bei Jeremia sind die Person und die Biographie des Propheten zum «Zeichen für Israel» geworden (12,6), so sehr, dass man bei Ezechiel sogar pathologische Züge diagnostiziert hat.

Auch die langen Drohreden selbst (z. B. Ez 6–7; 13–14) erinnern in Art und Diktion an Jeremia und seine Prosareden, anderes, wie die Bildreden (Ez 15; 16; 17; 19; 21; 24; 34; 37; 38–39), die Visionen (Ez 1–3; 8–11; 40–48) und die Geschichtsrückblicke (Ez 16; 20; 23) erinnern an Jesaja, Amos und Hosea. In immer neuen Anläufen kreist das Buch um ein und dasselbe Thema, die Zerstörung Jerusalems und den Untergang der judäischen Monarchie. Sowohl die Begründungen für das göttliche Gericht als auch die Heilsweissagungen haben etwas Monotones an sich und sagen im Vergleich zu den literarischen Vorbildern nicht viel Neues: Israel wird dafür gestraft, dass es mit Mord, Ehebruch, Inzest, Meineid und vielen anderen Vergehen seit alters die sakralen Ordnungen verletzt und das Gesetz, insbesondere das Fremdgötterverbot, übertreten hat. Doch unter bestimmten Bedingungen, etwa unter der Bedingung der individuellen Vergeltung (Ez 18 nach Jer 31,29–30), darf Israel darauf hoffen, dass JHWH das Gottesverhältnis aufs Neue begründen, die Zerstreuten sammeln und heimführen, das Land wiederaufrichten, Nord- und Südreich vereinigen, die Monarchie wiederherstellen, die Völker strafen und zuletzt Stadt und Tempel von Jerusalem, die Wohnstätte der «Herrlichkeit JHWHs», wiederaufbauen wird.

Die verschiedenen, offenbar schon topisch gewordenen Inhalte der prophetischen Überlieferung werden breit entfaltet. Sie sind im Sinne priesterlicher Sühnevorstellungen und Kategorien wie rein und unrein, heilig und profan akzentuiert und auf das – im

Zentrum kultischen Denkens stehende – Gottesverhältnis konzentriert. Es begegnen natürlich auch überraschend neue Züge. Besonders eindrucksvoll sind die Innenansicht der himmlischen Welt und der himmlische Plan des neuen Jerusalem, wie sie im Unterschied etwa zu Jesaja 6 die Visionen in Ezechiel 1–3; 8–11 und 40–48 bieten. Das Buch ist ein einziger Midrasch, das heißt eine Auslegung über die Schriftprophetie in Form der prophetischen Weissagung, und ein Meilenstein auf dem Weg zu der späteren jüdischen Apokalyptik und Mystik.

Ezechiel ist «nicht nur Prophet, sondern auch Theologe» (Gerhard von Rad), ja, er ist eigentlich mehr Theologe als Prophet. Das Unheil, das er voraussagt, ist längst eingetreten. Es gewinnt dadurch an Aktualität, dass er das Ereignis mit der vorausgehenden prophetischen Überlieferung auf seinen theologischen Gehalt hin reflektiert, der für alle Zeiten gilt. Das wird nirgends so deutlich wie an der Formel: «damit ihr erkennt/sie erkennen, dass ich JHWH bin», mit der die Reden häufig schließen. Sie sind nicht selten ein literarischer Nachtrag, die den theologischen Gehalt auf den Punkt bringen. Die Gerichtsverkündigung wie die Heilsverheißung dienen demnach der Erkenntnis JHWHs. Gericht und Heil, konzentriert in der Ab- und Anwesenheit der «Herrlichkeit JHWHs», sollen nicht (allein) deshalb geschehen, um Israel zu strafen und zu heilen, sondern um das Gottsein Gottes ans Licht zu bringen. Die Zerstörung Jerusalems ist das Paradigma für das aus Amos (8,2) zitierte «Ende», das gekommen ist, «damit ihr erkennt, dass ich JHWH bin» (Ez 7,4). Die Sammlung Israels aus den Völkern soll die Heiligkeit des Namens Gottes demonstrieren, wofür Jesaja 52,5–6 zitiert wird:

> Darum sollst du zum Hause Israel sagen: So spricht der Herr JHWH: Ich tue es nicht um euretwillen, ihr vom Hause Israel, sondern um meines heiligen Namens willen, den ihr entheiligt habt unter den

> Völkern, wohin ihr auch gekommen seid. Denn ich will meinen großen Namen, der vor den Völkern entheiligt ist, den ihr unter ihnen entheiligt habt, wieder heilig machen. Und die Völker sollen erkennen, dass ich JHWH bin, spricht der Herr JHWH, wenn ich vor ihren Augen an euch zeige, dass ich heilig bin. (Ez 36,22–23)

Unheil und Heil werden im Ezechielbuch ins Unermessliche gesteigert. Das hat seinen Grund in der theozentrischen Betrachtung von beidem: je heiliger sein Name, desto größer die Schuld und desto härter das Gericht; je größer das Heil, desto heiliger sein Name.

In drei Geschichtsrückblicken, in denen sich bereits die Geschichtstheologie der jüdischen Apokalyptik abzeichnet (siehe Kapitel VIII und IX), wird dieser Gedanke für die Geschichte Gottes mit Jerusalem (Ez 16), den Hauptstädten der beiden Reiche (Ez 23) und dem Gottesvolk im Ganzen (Ez 20) durchgeführt. Jerusalem und Samaria wird vorgehalten, dass sie von Geburt an (so Ez 16) bzw. von Jugend an (so Ez 23) unzüchtig, treulos und hurerisch, sprich gottlos gewesen seien. Der Hang zur Gottlosigkeit wird auf die kanaanäische Abstammung der als Frauen vorgestellten Städte zurückgeführt und ist ihnen sozusagen angeboren. Vor diesem Hintergrund erscheint die Erwählung bzw. Ehelichung durch JHWH in neuem Licht. Sie erfolgte nicht nur ohne, sondern gegen jede Veranlassung und verdankt sich allein der Souveränität JHWHs. Umso härter trifft die Frauen, das heißt die Städte, das Gericht.

Einen ähnlich tragischen Verlauf nahm die Geschichte des Volkes, dessen Vergehen weit zurückdatiert werden bis zur Erwählung in Ägypten. Dass JHWH das Volk immer wieder verschont hat, geschah nicht aus Gnade, Reue oder Mitleid und schon gar nicht aufgrund von Verdienst, sondern allein um seines heiligen Namens willen, «damit er nicht entweiht würde vor den Augen der Völker» (Ez 20,8f.13f.21f.). Und wie die Verschonung, so dienen auch das Gericht Gottes (Vers 23 ff.) und der heilvolle Neuanfang (Vers 33 ff.) dem Aufweis der Unantastbarkeit, Selbigkeit und Einzigkeit JHWHs. Die ganze Geschichte Israels wird so zum Zeugnis für den heiligen Namen Gottes:

> Und ihr werdet erfahren, dass ich JHWH bin, wenn ich so an euch handle zur Ehre meines Namens und nicht nach euren bösen Wegen und verderblichen Taten, du Haus Israel, spricht der Herr JHWH. (Ez 20,44)

VII.
«Tröstet, tröstet mein Volk!»: Der Ausgang der prophetischen Überlieferung

Nicht nur das Buch Ezechiel, sondern auch weite Teile der anderen bisher besprochenen Bücher entstanden in den Spätphasen der prophetischen Überlieferung in persischer und hellenistischer Zeit. Das trifft insbesondere auf die Heilsweissagungen zu, die überall nachgetragen sind. Sie setzen das Ende der Reiche Israel und Juda voraus und reaktivieren auf dieser Grundlage die klassische, vorexilische Kult- und Heilsprophetie. Diese nimmt unter den veränderten Bedingungen eine neue Gestalt an und schließt nicht aus, dass daneben auch die Gerichtsansage ihre Bedeutung behält, sei es als Erinnerung an das zurückliegende (und noch anhaltende) Unheil, sei es als Ankündigung des bevorstehenden Endes der Welt, mit dem das Heil anbricht. Das Wiedererwachen der Heilsprophetie lässt sich am besten am Übergang von der babylonischen zur persischen Epoche beobachten, der im zweiten Teil des Buches Jesaja (ab Kapitel 40) ausdrücklich thematisiert und auch in den Büchern Haggai, Sacharja und Maleachi die literarische Überlieferung angestoßen hat.

1. Der Zweite Tempel von Jerusalem

Für die biblische Überlieferung bedeutet das erste Jahr des persischen Königs Kyros II. (559–539) in Babylon, das Jahr 539 v. Chr., den Beginn einer neuen Ära. Es ist das Jahr, in dem die von Jeremia geweissagten siebzig Jahre für Babylon, in denen das Land brach lag und seine Strafe verbüßte (vgl. Lev 26,34), abgelaufen sind. Auf Geheiß des Kyros sollen die Gefangenen aus Babylon ins Land der Väter zurückkehren und den Tempel in Jerusalem an seiner alten Stelle wiederaufbauen (2. Chr 36,20–23; Esr 1; 6,3–5).

Das biblische Narrativ entspricht nicht den historischen Tatsachen. Es stammt aus einer Zeit, in der der unter Dareios I. (522–486) restaurierte Tempel wieder stand, und ist aus verschiedenen Schriftstellen rekonstruiert. Für diejenigen, die aus der babylonischen Gefangenschaft zurückgekehrt waren und am Zweiten Tempel das Sagen hatten, stellte sich die Geschichte im Nachhinein so dar, dass mit der Einnahme Babylons unter Kyros II. und dem Beginn der Oberherrschaft der Perser über Syrien und Palästina das Gericht beendet und das Heil angebrochen war. Kyros und seine Nachfolger, das Geschlecht der Achämeniden, waren in ihren Augen die von JHWH selbst eingesetzten legitimen Erben der davidischen Dynastie. Als solche tragen sie in der Überlieferung die Verantwortung für den Wiederaufbau des Tempels (Esr 1–6; 7,27), die Einführung des Gesetzes (Esr 7–10; Neh 8) sowie den äußeren und inneren Wiederaufbau Jerusalems (Neh 1–13) und entsenden dazu autorisierte Vertreter nicht von ungefähr aus dem Kreis der babylonischen Exulanten, der sogenannten Gola: Seschbazar, Serubbabel und Jeschua, Esra und Nehemia.

Tatsächlich aber hatte sich mit dem Jahr 539 v. Chr. für die Juden in Babylon und Jerusalem nichts geändert. Sie mögen Hoffnungen auf Kyros gesetzt haben, der zunächst Medien und Lydien unterwarf und es als Nächstes erkennbar auf Babylon abgesehen hatte. Doch die Einnahme der Stadt brachte nicht die erhoffte Befreiung vom babylonischen Joch. Im Gegenteil: Die Stadt wurde nicht zerstört, sondern kampflos eingenommen. Kyros restituierte die babylonischen Kulte und nahm den Titel «König von Babylon» an. Von da an war und blieb Babylon die Hauptstadt des Westens im persischen Reich. Der Herrschaftsantritt Kyros' II. in Babylon war für die Juden zunächst einmal eine große Enttäuschung. In der prophetischen Überlieferung hatte das zur Folge, dass man noch lange so schrieb, als lebe man unter dem babylonischen Joch.

Eine Wende zum Besseren brachte erst der Wiederaufbau des Tempels unter Dareios I., der nach der Eroberung Ägyptens durch Kambyses II. (530–522) den achämenidischen Thron bestieg und das persische Reich auf seine Höhe führte. Unter Dareios wurde die Idee des persischen Vielvölkerstaates entwickelt, in dem jedes unterworfene Volk nach seinen eigenen Gewohnheiten und Gesetzen leben sollte, solange es den vom höchsten Gott, dem Reichsgott Ahuramazda, autorisierten achämenidischen König als die in der Ordnung der Schöpfung verankerte höchste politische Instanz anerkannte und keinen Aufstand machte. Gemäß den Datierungen im Buch Haggai und in Esra 5–6 ist der Bau des Zweiten Tempels von Jerusalem in den Jahren 520–515 v. Chr. erfolgt, sofern es sich bei dem genannten König tatsächlich um Dareios I. handelt und nicht, wie von manchen vermutet, um Dareios II. oder einen ganz anderen persischen König. Da der Wiederaufbau des Tempels von der Erlaubnis der persischen Behörden abhing, widerfuhr nun auch Juda und Jerusalem, was zwanzig Jahre zuvor Babylon unter Kyros widerfahren war: die Gewährung der kultischen und bald auch der begrenzten politischen Autonomie. Juda wurde persische Provinz, und Jerusalem erhielt eine schützende Mauer.

Aus der Zeit des Tempelbaus sind zwei Orakel des Propheten Haggai erhalten, die das vom persischen König geförderte Bauprojekt auch im Namen JHWHs unterstützen:

> Ist denn eure Zeit da, dass ihr in euren getäfelten Häusern wohnt, aber dies Haus muss wüste stehen? … Geht hin auf das Gebirge und holt Holz und baut das Haus! Und ich will Wohlgefallen daran haben und ich will meine Herrlichkeit erweisen, Spruch JHWHs. (Hag 1,4.8)

> Wer ist unter euch noch übrig, der dies Haus in seiner früheren Herrlichkeit gesehen hat? Und wie seht ihr's nun? Sieht es nicht wie nichts aus? … Es soll die Herrlichkeit dieses (neuen) Hauses größer werden, als die des ersten gewesen ist, spricht JHWH Zebaoth. (Hag 2,3.9a)

Die rhetorischen Fragen geben zu erkennen, dass das Bauprojekt nicht überall auf Begeisterung stieß. Man hatte andere Sorgen oder ließ sich durch den Zustand der Zerstörung abschrecken. Vielleicht hegten einige auch Zweifel, ob das durch den persischen König sanktionierte Unternehmen im Sinne JHWHs sei, der Jerusalem mit der Zerstörung des Tempels gestraft hatte. Die Appelle des Propheten, die zur Aufnahme der Arbeiten anspornen, halten dagegen und nehmen ungebrochen die vorexilische Tradition der Kultprophetie auf. Sie heben auf die «Herrlichkeit JHWHs» ab, die in dem Tempel zu wohnen pflegt (vgl. Jes 6,3) und auch dessen äußere Erscheinung prägt. Die Zerstörung des Tempels ist nicht JHWHs Wille. Er will das Haus mit Wohlgefallen annehmen und mit «Herrlichkeit» erfüllen.

Die beiden Orakel scheinen regelrecht archiviert gewesen zu sein. Wie im Alten Orient üblich, ist jedes mit einer Datierung versehen: «Im zweiten Jahr des Königs Dareios, im sechsten Monat, am ersten Tag des Monats» bzw. «im siebten Monat, am einundzwanzigsten Tag des Monats, geschah das Wort JHWHs durch den Propheten Haggai folgendermaßen: ...» (1,1 + 1,4.8; 1,15b/2,1 + 2,3.9a). Die Datierung nach dem persischen König trägt den faktischen politischen Verhältnissen Rechnung, die in Einklang mit dem Willen JHWHs stehen. In der biblischen Überlieferung diente sie als Anhaltspunkt, um die Tempelworte des Haggai mit den Nachtgesichten des Sacharja in Sacharja 1–8 zu einer prophetischen Chronik des Tempelbaus nach Art von Esra 1–6 zusammenzustellen (vgl. Hag 1,1.15a; 1,15b/2,1; 2,10.20; Sach 1,1.7; 7,1).

Die Nachtgesichte des Propheten Sacharja, Sohn des Iddo, haben nur indirekt mit dem Tempelbau zu tun, stammen aber ungefähr aus derselben Zeit. Sie setzen sich aus einzelnen, nach und nach entstandenen visionären Szenen zusammen. Das älteste Paar hat den Wiederaufbau Jerusalems zum Inhalt (2,5–9 und 4,1–6a.10b–14). Ein weiteres Paar stellt den Wiederaufbau in den Rahmen der befriedeten Völkerwelt (1,8–11 und 6,1–8), ein himmlisches Abbild des persischen Weltreichs mit Jerusalem im Zentrum. Historische Konkretionen (Sach 3; 4,6–10) sowie die Wahrnehmung äußerer und innerer Gefahren (2,1–4; 5,1–4.5–11) halten die Symmetrie des Visionszyklus ein, sind aber später zugefügt.

In den Hinzufügungen macht sich die prophetische Überlieferung bemerkbar. Auf sie gehen auch die Kommentare und Fortschreibungen in Sacharja 1–8 (bes. Kap. 1–2; 6,9–15; 7–8) zurück, die die Nachtgesichte ausdrücklich auf den Tempelbau unter Serubbabel und Jeschua beziehen und auf diese Weise mit Haggai verbinden. In dieser Komposition wird der Tempelbau zum Wendepunkt vom Fluch zum Segen (Hag 1,6.9–11; 2,15–19; Sach 8,9–13), oder anders ausgedrückt: vom Gericht zum Heil (vgl. Dtn 28 und Lev 26). Die Einführung der Alternative zieht die Mahnungen, Bußpredigten und andere Bedingungen nach sich, die sich in den Büchern Haggai und Sacharja sowie in der Anfügung des Büchleins Maleachi, einer weiteren Fortschreibung der aus Haggai und

Sacharja 1–8 gebildeten literarischen Komposition, angelagert haben. Der Tempel allein reicht nicht aus. Ohne innere Umkehr und ohne die Reinheit der Opfer wird sich die «Herrlichkeit JHWHs» nicht zeigen und der auf dem Volk lastende Fluch sich nicht in Segen wandeln.

Die prophetische Überlieferung kann das Heil nicht ohne das vorausgehende Gericht denken. Darum wurden die Tempelworte eines Haggai und die Nachtgesichte eines Sacharja in diesen Zusammenhang gebracht. Sobald sich das Heil verzögerte, nahm regelmäßig die Reflexion auf die Schuld des Volkes und das anhaltende oder noch ausstehende Gericht wieder zu. Das erreichte seinen Höhepunkt am Übergang von der persischen in die hellenistische Zeit gegen Ende des 4. Jahrhunderts v. Chr. Aus dieser und der folgenden Zeit haben sich keine Prophetien der klassischen Art erhalten, das heißt, wir finden keine politische Propaganda für oder gegen Ptolemäer und Seleukiden, und es sind auch keine neuen Prophetenbücher entstanden, die diese Zeit ausdrücklich zum Thema machten. Die prophetische Überlieferung ging ihrem Ende entgegen. Sie fasste ihren Standpunkt in späten Fortschreibungen zusammen, die JHWH Gericht über alle Völker und die ganze Erde halten lassen. Nach verschiedenen Kriterien werden aus diesem Gericht die Frommen aus Israel und den Völkern aussortiert. Die Entwicklung lässt sich in den Fortschreibungen des Sacharjabuches (Kapitel 9–14) und in vielen anderen späten Stücken der prophetischen Literatur beobachten. Hierher gehören auch die Bücher Joel, Obadja und Habakuk, die im Wesentlichen, wenn nicht ganz, in hellenistischer Zeit entstanden sind. Wir wollen die Entwicklung am Buch Jesaja verfolgen, dessen zweite Hälfte (Kapitel 40–66) teilweise in die persische, teilweise in die hellenistische Zeit gehört.

2. Deuterojesaja

Das Buch Jesaja zerfällt deutlich in zwei Teile, Jesaja 1–39 und Jes 40–66. Die beiden Teile unterscheiden sich in Sprache und Stil und gehen von verschiedenen historischen Voraussetzungen aus. Während der erste Teil Material enthält, das vom 8. bis ins 2. Jahrhundert reicht, setzt der zweite Teil überall bereits das Ende Judas im 6. Jahrhundert und die sich anschließende exilisch-nachexilische Epoche voraus. Aus diesem Grund spricht man von einem «Ersten» und einem «Zweiten Jesaja». Innerhalb des Zweiten Jesaja wird nach einem Vorschlag von Bernhard Duhm gerne noch einmal zwischen «Deuterojesaja» (Jes 40–55) und «Tritojesaja» (Jes 56–66) unterschieden. Das relative Recht dieser Unterscheidung besteht darin, dass Deuterojesaja – anders als die späten Stücke im Ersten Jesaja (Protojesaja) und anders als Tritojesaja – einmal separat oder unter dem Namen eines anderen Propheten überliefert worden zu sein scheint, bevor Redaktoren das Buch in Tritojesaja fortschrieben, das Ganze an Protojesaja anhängten und sämtliche Teile literarisch miteinander verzahnten.

Mit Deuterojesaja beginnt etwas Neues in der prophetischen Überlieferung. Schon die Grundschrift, die man in Jesaja 40–48 findet, ist reine Heilsprophetie. Sie ist nicht, wie sonst, die Umkehrung der älteren Gerichtsansage. Die Schrift könnte auf einen Kultpropheten alten Stils zurückgehen, der unter den Exilierten in Babylon seines Amtes waltete, als sei nichts geschehen, doch lassen sich ursprüngliche Orakel und Überlieferung nicht mehr voneinander unterscheiden. Anders als die Tempelworte des Haggai oder die Nachtgesichte des Sacharja führen die deuterojesajanischen Reden die vorexilische Kultprophetie nicht ungebrochen weiter, sondern setzen den in der prophetischen Überlieferung entwickelten Gottesbegriff voraus. Deuterojesajas Heilsprophetie ist zwar nicht als Gegenstück zur Gerichtsprophetie konzipiert, doch steht diese bei jedem einzelnen Wort im Hintergrund. Das zeigt sich an der Art und Weise, wie die Gattungen und theologischen Denkmuster der vorexilischen Nationalreligion aufgegriffen und den neuen Bedingungen angepasst werden.

Dass Gott der Schöpfer und Erhalter der Erde ist, wusste im Alten Orient jedes Kind. Es gehörte in dieser oder jener Form auch zum Credo der vorexilischen Nationalreligion in Israel und Juda. Das Wissen wird in Deuterojesaja abgerufen:

> Wer misst die Wasser mit der hohlen Hand, und wer bestimmt des Himmels Weite mit der Spanne und fasst den Staub der Erde mit dem Maß und wiegt die Berge mit einem Gewicht und die Hügel mit einer Waage? (Jes 40,12)

> Wisst ihr denn nicht? Hört ihr denn nicht? Ist's euch nicht von Anfang an verkündigt? Habt ihr's nicht gelernt von Anbeginn der Erde? Er thront über dem Kreis der Erde, und die darauf wohnen, sind wie Heuschrecken; er spannt den Himmel aus wie einen Schleier und breitet ihn aus wie ein Zelt, in dem man wohnt. (Jes 40,21–22)

> Hebt eure Augen auf in die Höhe und seht! Wer hat dies geschaffen? Er führt ihr Heer vollzählig heraus und ruft sie alle mit Namen; seine Macht und starke Kraft ist so groß, dass nicht eins von ihnen fehlt. (Jes 40,26)

Die rhetorischen Fragen gehören zum Stil der hymnischen Präsentation des Schöpfergottes. Bei Deuterojesaja gewinnen sie einen neuen Klang. Hier reagieren sie auf Zweifel an der Fähigkeit und dem Willen JHWHs, seinem schwachen Volk aufzuhelfen und es vor den feindlichen Völkern und ihren Göttern zu schützen. Im Hintergrund steht die verzweifelte Klage Israels: «Mein Weg ist vor JHWH verborgen, und mein Recht geht vor meinem Gott vorüber» (Jes 40,27). In einer Art Disputation sucht JHWH den Vorwurf zu entkräften, indem er an den Schöpfer und Erhalter der Welt erinnert, dessen Wirken in Natur und Geschichte «vom Anbeginn der Erde» an zutage liegt. Der argumentative Gebrauch verleiht dem Schöpfungsglauben eine ganz neue, eigenständige Bedeutung. Er avanciert hier fast schon zum Gottesbeweis.

Der direkte Zuspruch des Heils erfolgt in der Gattung des Heilsorakels. Es ist die Form, in der die altorientalischen Propheten ihren Königen den Beistand der Götter und den Sieg über die Feinde verheißen haben. Beides klingt in den deuterojesajanischen Beispielen nach:

> Du aber, Israel, mein Knecht, Jakob, den ich erwählt habe …: Fürchte dich nicht, ich bin mit dir; weiche nicht, denn ich bin dein Gott. Ich stärke dich, ich helfe dir auch, ich halte dich durch die rechte Hand meiner Gerechtigkeit.
> Siehe, zu Spott und zuschanden sollen werden alle, die dich hassen; sie sollen werden wie nichts, und die Leute, die mit dir hadern, sollen umkommen. … Denn ich bin JHWH, dein Gott, der deine rechte Hand fasst und zu dir spricht: Fürchte dich nicht, ich helfe dir! (Jes 41,8–13)

Die deutlichste Veränderung gegenüber der ursprünglichen Form der Heilsorakel ist der Adressat. An die Stelle des Königs ist das Volk Israel getreten, das den königlichen Ehrentitel des «Knechtes Gottes» erhält und nach dem Stammvater Jakob, dem Vater der zwölf Stämme Israels, heißt. An anderen Stellen in Deuterojesaja sind es Kyros (44,28; 45,1), der Knecht ohne Namen (42,1–4; 49,1–6) oder Zion-Jerusalem (54,4–6), die in ähnlicher Weise angesprochen werden. Sie alle sind von JHWH erschaffen, beim Namen gerufen und von Mutterleib an erwählt wie einst der davidische König, den es nicht mehr gibt. Dementsprechend haben sich auch die Inhalte der Heilszusage verändert. Außer der Rettung vor den Feinden (41,8–13) wird dem königlichen Gottesvolk die Bewahrung vor Gefahren aller Art (43,1–4) und die Restitution durch den Geist Gottes (44,1–5) zugesprochen. Beides kann bildlich verstanden werden, lässt sich aber ebenso als konkrete Verheißung der Heimkehr (vgl. 43,5–7) und der natürlichen Versorgung und Mehrung des Volkes auf seinem Heimweg lesen (vgl. die Heilsworte 41,17–20; 42,14–16; 43,14–21). Grund des Glaubens ist hier nicht die Schöpfung, sondern die göttliche Erwählung des Königs, die nach dem Untergang des Königtums nicht obsolet wird, sondern auf die übertragen wird, für die auch der König einmal da war.

Die radikalste Transformation des hergebrachten Bekenntnisses betrifft JHWH selbst und seine Stellung unter den Göttern. Für Deuterojesaja ist er nicht nur der höchste, auch nicht nur der eine Gott, der keine anderen neben sich duldet, sondern der einzige, außer dem es keinen anderen gibt. Hier hat der Monotheismus im strikten Sinne seinen Ursprung. Die Einzigkeit JHWHs wird in einem Beweisverfahren vorgeführt, das an eine Verhandlung vor Gericht erinnert. Die Angeklagten sind die Völker und ihre Götter. Als Zeuge wird Israel aufgerufen, als Beweismittel dient Kyros, der Eroberer der Völker. JHWH ist Ankläger und Richter in einem. Die Verhandlung dreht sich um die Frage, wer für das Frühere und für das Kommende verantwortlich ist. Wer es weissagt und in die Tat umsetzt, der ist Gott:

> Bringt eure Sache vor, spricht JHWH, womit ihr euch verteidigen wollt, spricht der König in Jakob. Sie sollen herzutreten und uns verkündigen, was kommen wird. Verkündigt, was das Frühere ist, damit wir darauf achten und seinen Ausgang erkennen! Oder lasst uns hören, was das Kommende ist, verkündigt uns, was hernach kommen wird, damit wir erkennen, dass ihr Götter seid! Wohlan, tut Gutes

> oder tut Schlechtes, damit wir uns verwundern und erschrecken. Siehe, ihr seid nichts, und euer Tun ist auch nichts. (Jes 41,21–24)

JHWH hat hingegen einen berufen, die Völker zu unterwerfen, und er kam (41,25; vgl. 41,1–4; 46,9–11). Daraus folgt: JHWH ist Gott und keiner sonst: «Ich bin JHWH, der Erste, und bei den Letzten bin ich derselbe» (41,4; vgl. 44,6; 48,12). Die Beweisführung für den Monotheismus ist zwar nicht zwingend, war aber durchschlagend. Spätere konnten sich danach ungeniert über die im Alten Orient übliche Herstellung und Verehrung der Götterbilder lustig machen (40,19–20; 41,6–7; 44,9–20; 45,20; 46,1–2.6–7).

Der Monotheismus Deuterojesajas ist nicht vom Himmel gefallen, markiert aber einen tiefen Einschnitt in der Religions- und Theologiegeschichte Israels. Ältere Gottesvorstellungen schimmern noch durch. So hat die Aussage der Unvergleichlichkeit JHWHs (40,18.25; 44,7) im Polytheismus ihren Ort und ist im Alten Orient für andere Götter vielfach belegt. Der Königstitel in 41,21 (vgl. 43,15; 44,6) erinnert an den Herrn der ganzen Erde und König über alle Götter, als der JHWH in der vorexilischen Kultreligion bezeichnet und verehrt wurde (vgl. Ps 47,3; 95,3; 96,4; 97,5.9) und der hier zum König Israels geworden ist. Im Rahmen der Grundschrift Jesaja 40–48 dient der alte (israelitisch-judäische) Mythos von der Thronbesteigung JHWHs (vgl. Ps 29; 93) als Bild für den Wiedereinzug JHWHs in Jerusalem vor den Augen aller Völker (Jes 40,1–5; 52,7–10). In der alten Zeit galt JHWH als der höchste Gott unter vielen. Schon vor Deuterojesaja hat ihn die biblische Überlieferung zum einen und einzigen Gott für Israel erklärt (Dtn 6,4–5; Ex 20,2–6/Dtn 5,6–9). Doch erst in Deuterojesaja wird der «Beweis» geführt, dass er der einzige überhaupt und außer ihm kein anderer Gott sei. Der Beweisführung liegt die Schlussfolgerung natürlich voraus. Sie hat sich den Schreibern auf der Grundlage der prophetischen Überlieferung und ihrer Vorstellung von einem transzendenten, über Israel und den Völkern stehenden Gott aufgedrängt. Unter den religionspolitischen Verhältnissen der Perserzeit, in der die Götter aller Völker unter dem einigenden Dach des persischen Hochgottes Ahuramazda Platz fanden, haben die Schreiber, um nivellierenden Tendenzen entgegenzuwirken, ihren Gott nicht nur an die Stelle des persischen Hochgottes, sondern an die Stelle aller Götter gesetzt.

JHWH, der Schöpfer und Erhalter, Herrscher über Israel und die Völker und einziger Gott, und Jakob-Israel, der königliche Knecht, beherrschen die Szene in der Grundschrift Deuterojesajas (Jes 40,1–5; 40,12–48,21; 52,7–10). Beide befinden sich auf dem Heimweg aus Babylon nach Jerusalem, ein zweiter Exodus (vgl. Jes 43,14–21; 48,20–21). Das Gericht an Israel und Jerusalem ist vorbei, die Sünden sind vergeben, das Heil ist da. Die Schrift beginnt mit den Worten: «Tröstet, tröstet mein Volk, spricht euer Gott, redet mit Jerusalem freundlich!» (Jes 40,1–2) Wir wissen nicht, was diese Zuversicht und den Jubel über die kommenden Dinge ausgelöst hat. Waren es die Hoffnungen, die man vor der Einnahme Babylons in die Perser gesetzt hatte? Waren es der Wiederaufbau des Tempels und andere Vergünstigungen unter der Herrschaft der Perser? Waren es die Revolten in Babylon, in denen immer wieder einmal ein neuer Nebukadnezar auftrat, die von den Persern aber stets niedergeschlagen wurden? Vielleicht war es auch alles zusammen, was in Deuterojesaja den Anstoß dazu gab, das göttliche Gericht für beendet zu erklären und mit den Mitteln der vorexilischen Kultprophetie den Anbruch des Heils auszurufen.

Doch der Eintritt des Heils ließ auf sich warten. Die Trümmer Jerusalems waren noch lange nicht beseitigt, die in alle Welt verschleppten Juden blieben, wo sie waren, sei es, dass sie nicht zurückkehren konnten, sei es, dass sie es nicht wollten, weil sie sich in den fremden Ländern eingerichtet hatten und dort ein gutes, zufriedenes Leben führten.

Die Überlieferung reagierte auf die Verzögerung, wie gewohnt, mit der Auslegung des überlieferten Textes. Nach und nach wurden in Jesaja 49–55 und 60–62 die Stücke ergänzt, die um Zion-Jerusalem kreisen. Von dem Volk Jakob-Israel erbt die Stadt den Königstitel und wandelt sich zur Person. Sie wird als Ehefrau des Gottes und Königs JHWH angesprochen, ihre verbliebenen Einwohner und die unter die Völker zerstreuten Israeliten bzw. Judäer werden als ihre und JHWHs Kinder bezeichnet. Verheißen werden der Wiederaufbau der zerstörten Stadt und die Rückkehr der Kinder, die der Königin Zion von den Völkern als Tributgeschenke dargebracht werden sollen. Die verwunderten Fragen von Jesaja 49,21, «Wer hat mir diese geboren?», «Wer hat mir diese aufgezogen?» und «Wo waren diese?», lassen erkennen, dass sich die Hoffnung bereits auf die zweite Generation richtet. In Jesaja 60 sind dann mehr die von den Völkern erwarteten Pretiosen als die Heimkehrer im Blick. Aber auch der Sieg JHWHs über die Völker lässt auf sich warten. Jesaja 51,9–10 appelliert an den «Arm JHWHs», endlich gegen sie einzuschreiten, wie zu Anbeginn der Welt, als er gegen das Chaos gekämpft und gesiegt hat (vgl. Ps 93), und wie beim Auszug aus Ägypten (vgl. Ex 15). Doch mit der Zeit wird den Überlieferern deutlich: Dass das Heil auf sich warten lässt, liegt nicht an JHWH, sondern an Israel und den Kindern Zions. Wegen ihrer Sünden wurde ihre Mutter verkauft und ist es noch immer (Jes 50,1–2; vgl. 51,12–13).

Außer dem Volk Jakob-Israel und der Stadt Zion-Jerusalem nimmt in Deuterojesaja noch eine weitere Gestalt die Rolle des Königs an. Die Figur trägt keinen Namen, sondern wird nur als «Knecht JHWHs» bezeichnet; für die Texte hat sich der Begriff der Gottesknechtslieder eingebürgert. Der Gottesknecht trägt königliche und zugleich prophetische Züge. Als der von JHWH erwählte und eingesetzte König, aber auch als JHWHs Prophet hat er eine Aufgabe an den Völkern. Er soll bei ihnen «das Recht», das heißt eine stabile Weltordnung, etablieren und sie darin unterweisen (42,1–4). Zum ersten Mal in der prophetischen Überlieferung kommt hier die Teilhabe der Völker, also aller Menschen, am Heil JHWHs in den Blick (vgl. Jes 45,22). Doch zuerst hat der Knecht eine Aufgabe an dem Volk Jakob-Israel zu erfüllen, weswegen er mit diesem auch nicht identisch sein kann: Er soll «die Stämme Jakobs aufrichten» und «die Zerstreuten Israels wiederbringen» (49,1–6). Schließlich teilt er das Schicksal der meisten Propheten JHWHs: Er wird verachtet, angefeindet und zuletzt getötet. Nur gehört sein persönliches Schicksal zu seinem Auftrag. Leiden und Sterben des Gottesknechts geschehen stellvertretend für die vielen (50,4–9; 52,13–53,12).

Wer dieser Knecht ist, weiß niemand. Gerne wird er mit dem Propheten «Deuterojesaja» identifiziert. Dafür gibt es Anhaltspunkte in der biblischen Überlieferung, doch gehen schon hier die Meinungen auseinander. Manche sehen in ihm den Propheten (vgl. 43,10; 44,26; 50,10–11; 59,21 nach 42,1 und Jer 1,9), andere identifizieren ihn mit Kyros als dem guten Hirten und Messias, der die Gefangenen befreit und den Tempel in Jerusalem baut (42,5–7; 44,28; 45,1–7.12–13), wieder andere mit einem Teil Israels, das dem anderen Teil zum Heil verhilft (42,18–25; 49,3.7–13; «Knechte» in 63–66), oder mit Zion-Jerusalem (54,11–17 nach 50,4–9; vgl. 60–62). Der Auslegung sind keine Grenzen gesetzt, weil die Texte vermutlich gar nicht von einer konkreten Person handeln und auch nicht von einer Hand stammen. Sie leben von Themen und Motiven des Buches, die sie auf eine Person projizieren, damit der Leser sich mit ihr als Gegenüber und mithin mit der Botschaft des Buches identifizieren kann. Insofern ist die Gleichsetzung von Gottesknecht und Deuterojesaja durchaus richtig, nur dass Deuterojesaja keine reale Person, sondern ein Buch ist und der Gottesknecht das fleischgewordene Gotteswort des Buches Deuterojesaja.

3. Tritojesaja

«Tritojesaja» ist weder ein Prophet noch ein Prophetenbuch. Es handelt sich um die Bezeichnung für den Textkomplex Jesaja 56–66, der sukzessive an Deuterojesaja und das Jesajabuch im Ganzen angefügt wurde. Der literarische Kern befindet sich in den Kapiteln 60–62. Er ist in Kapitel 60 aus der Auslegung des Motivs der Völkerwallfahrt von Jesaja 49 erwachsen, was alles andere nach sich zog. Die Fortschreibung setzt die ziontheologische Bearbeitung von Deuterojesaja fort und malt die Verherrlichung Zions in immer neuen Farben aus. Der literarische Grundbestand setzt den Zweiten Tempel voraus und dürfte noch in persischer Zeit verfasst worden sein. Ähnlich wie in den Nachtgesichten des Sacharja stellt Jerusalem das kultische Zentrum des Vielvölkerstaates dar. Das «Licht der Völker» (Jes 49,6) geht vom Zion aus: «Mache dich auf, werde licht, denn dein Licht kommt, und die Herrlichkeit JHWHs geht auf über dir.» (Jes 60,1)

Ein Thema, das in Jesaja 60–62 wenig Beachtung findet, ist die Heimkehr der Zionkinder. Das mag darin begründet sein, dass zur Zeit der Abfassung andere Probleme im Vordergrund standen oder dass das Thema bereits in Jesaja 40–55 erschöpfend behandelt ist. Umso mehr fällt auf, dass Jesaja 62 mit einer Aufforderung an die Heimkehrer schließt, die nicht nur an den Anfang Deuterojesajas (Jes 40,1–11), sondern vor allem an Protojesaja erinnert und das letzte Stück eines dort (Jes 11,11–16; 27,13; 35) beschriebenen Weges markiert (62,10–12). Die fraglichen Verse sind ein später Nachtrag. Sie gehen auf das Konto einer Redaktion, die den Ersten Jesaja mit dem Zweiten Jesaja verbindet, und bildeten einmal den Abschluss des Jesajabuchs.

Die Redaktion rechnet mit einem universalen Weltgericht, wie es in Jesaja 24–27 und 34 angekündigt wird. Der geschichtliche

Hintergrund dieser Erwartung, die auch in anderen Büchern aufkommt (vgl. Jer 25,27–38; Ez 38–39; Joel 4; Ob 15–21), ist der Zerfall des von Alexander dem Großen eroberten Perserreichs in die sich permanent bekriegenden Diadochenstaaten der Ptolemäer und Seleukiden. Das gab auch dem Thema der Heimkehr erneuten Auftrieb. Bevor die ganze Erde gerichtet würde, mussten die Juden aus aller Welt in Jerusalem oder in den wiedervereinigten Reichen Israel und Juda versammelt sein, um das Gericht zu überleben. Der historische Zusammenhang ist in Sacharja 9–10 mit Händen zu greifen: Die Söhne Zions werden, so eine gelehrte Glosse, gegen die Söhne «Jawans» (Griechenlands) aufgeboten (Sach 9,13); nicht Alexander der Große (vgl. Josephus Ant. XI, 329–339), sondern der judäische König, gerecht und arm, soll in Zion einziehen (Sach 9,9). Auch die Erwartung eines neuen David passt ins Bild. Er ist der «gute Hirte», der die «schlechten Hirten», die hellenistische Fremdherrschaft, ersetzt (Sach 10,3; 11,3) und über die vereinigten Reiche Israel und Juda und ihre Heimkehrer herrscht (vgl. Jes 11,10–16; Jer 23,1–8; Ez 34; 37,15–28; Mi 5).

Gegen die «schlechten Hirten» wendet sich auch die nächste Fortschreibungswelle in Tritojesaja, der Komplex Jesaja 56–59 (ab 56,9), der sich zwischen Jesaja 1–55 und 60–62 geschoben hat. Nur sind hier wie auch in der Allegorie in Sacharja 11 (nach Ez 34) nicht die fremden Herrscher, sondern die eigenen Führer des Volkes gemeint, die JHWH selbst zum Guten oder zum Bösen eingesetzt hat. Wie schon so oft in der Geschichte der prophetischen Überlieferung sind es wieder Probleme innerhalb der jüdischen Gemeinschaft, die dafür verantwortlich gemacht werden, dass sich der Eintritt des Heils, hier der Anbruch des Lichts von Jesaja 60, verzögert: «Wir harren auf Licht, und siehe, so ist's finster, auf Helligkeit, so wandeln wir im Dunkeln» (59,9).

Diesmal geht es um kultische Praktiken und soziale Umwälzungen, die das Zeitalter des Hellenismus mit sich brachte. Sie provozieren alte und neue prophetische Polemik und münden in Mahnungen, die den offiziellen Kult und das Fasten durch eine radikale Armenethik ersetzen, aber auch zur Einhaltung des Sabbats aufrufen. Der Text lebt von Zitaten aus dem Jesajabuch, die auf eigentümliche Weise ausgelegt werden. Man hat diese Art der Hermeneutik «Spiritualisierung» genannt, richtiger wäre vielleicht die Bezeichnung «Ethisierung». Der Heimkehr von Jesaja 62,10–12 muss die Umkehr vorausgehen, um die Heilshemmnisse «aus dem Weg» zu räumen (57,14). Der Befreiung und Heimführung des Volkes aus der Diaspora muss die Freilassung und Versorgung der Armen vorausgehen, damit das in Jesaja 60–62 verheißene Licht aufstrahlt und die Herrlichkeit JHWHs erscheint (58,6–12).

Wieder ist eine gewisse Verwandtschaft zu den späten Fortschreibungen im Sacharjabuch nicht zu übersehen. Nach einem Ansturm der Völker auf Jerusalem, das verschont bleibt (Sach 12), soll auch hier der Kult gereinigt werden, außer von den Götzen vor allem von den Propheten und dem Geist der Unreinheit (Sach 13). Gedacht ist an die klassischen Ekstatiker, die «falschen Propheten» der Hebräischen Bibel, die demnach auch in hellenistischer Zeit aufgetreten sind und denen der prophetische Geist abgesprochen wird. Doch auch in der biblischen Überlieferung erlischt allmählich der prophetische Geist. An die Stelle tritt das Gesetz, das die historischen wie die literarischen Propheten mehr und mehr für sich vereinnahmt.

Bevor der prophetische Geist erlosch und die Fortschreibung im Jesajabuch zum Stillstand kam, wurden noch die Kapitel 63–66 angefügt. Wieder war es die Verzögerung der in Jesaja 60–62 angekündigten Verherrlichung Zions, die zur Fortschreibung trieb. Von Blut triefend, kommt JHWH aus Edom, wo er Gericht über die Völker gehalten hat (63,1–6 nach Jes 34). Doch das Heil bleibt aus. So sehen es jedenfalls die Verfasser des großen Buß- und Bittgebetes in Jesaja 63,7–64,11, die sich selbst als «Knechte» JHWHs bezeichnen und nicht Abraham und Israel, sondern JHWH ihren «Vater» nennen (63,16–17). Für sie liegen Zion-Jerusalem und der Tempel in Trümmern (64,9–10), so als sei inzwischen nichts geschehen. Für sie zählt weder Serubbabel noch Nehemia. Was zählt, ist die Schuld vor Gott, die auf dem Volk lastet und noch nicht vergeben ist. Für sie hält das Gericht von 587 v. Chr. bis in ihre eigene, die hellenistische, Zeit an.

Worauf sie hoffen, ist denn auch nicht der Zweite Tempel, an dem die hier schreibenden Ausleger des Jesajabuchs nichts Gutes finden (vgl. 65,1–7.11–12; 66,1–4.17), sondern etwas Größeres: In Anspielung auf Genesis 1 hoffen sie auf einen neuen Himmel und eine neue Erde (65,17), die nach der Zurücknahme der Schöpfung, die in Jesaja 24–27 beschrieben wird, diese überbieten sollen. In einem neuen Jerusalem soll wahr werden, was das Jesajabuch vorher verheißen hat (65,18–25; 66,7–24). Nicht nur der neue Himmel und die neue Erde (vgl. Jes 1,2), sondern auch eine Fülle von literarischen und sprachlichen Rückbezügen in Jesaja 65–66 schlagen eine Brücke vom Ende zum Anfang des Buches und Jesaja 1.

Doch nicht alle werden an den Verheißungen partizipieren. Es geht ein tiefer Riss durch Israel, der die Gerechten und Auserwählten, die «Knechte JHWHs», von den Sündern trennt (65,9–16; 66,5). Die scharfe Scheidung, wie man sie etwa auch im Buch Habakuk und außerhalb der Propheten in späten Psalmen (z. B. Ps 1) oder in der Weisheit in den Sprüchen von den Gerechten und Gottlosen antrifft, ist ein Charakteristikum der Fortschreibung in den Kapiteln 65–66. Sie ist der Ausdruck von Gruppenbildungen im Judentum der hellenistischen Zeit, eine Folge der sozialen und religiösen Verwerfungen, die der wirtschaftliche und kulturelle Boom des Hellenismus auslöste und die in der Krise der Makkabäerzeit gipfelten (siehe Kapitel VIII und IX). In Tritojesaja wird die Scheidung im Gericht vollzogen, an Israel wie an den Völkern. Da weder die Abstammung noch die Volkszugehörigkeit, sondern allein die Treue zu JHWH zählt, sind außer den «Knechten JHWHs» in Israel auch die Frommen aus den anderen Völkern zum Heil und zum endzeitlichen Kult auf dem Zion zugelassen (66,15–24; vgl. 56,1–8 sowie Sach 14).

4. Das Erlöschen der Prophetie

Die prophetische Überlieferung nahm ihren Ausgang bei dem Bruch mit der traditionellen, kultisch vermittelten Beziehung zwischen JHWH und seinen Verehrern. Dieser Bruch führte in der gesamten biblischen Überlieferung zu einem Nachdenken über dieses Verhältnis und darüber, wie es wiederherzustellen sei. Eine Frucht dieses Nachdenkens ist der Begriff des «Bundes», den JHWH allein aus Gnade mit Israel schließt: «Ich will euer Gott sein, und ihr sollt mein Volk sein.» Wie sich der Bund im Einzelnen konkretisiert, wird unterschiedlich bestimmt. Meistens, so besonders im Buch Deuteronomium, ist damit die Verpflichtung auf das Gesetz gemeint, die aus der Erwählung folgt. In Jesaja 59,21 lesen wir eine ungewöhnliche Bestimmung des Bundes:

> Und dies ist mein Bund mit ihnen, spricht JHWH: Mein Geist, der auf dir ruht, und meine Worte, die ich in deinen Mund gelegt habe, sollen von deinem Mund nicht weichen noch von dem Mund deiner Kinder und Kindeskinder, spricht JHWH, von nun an bis in Ewigkeit.

Damit sind diejenigen in Zion-Jerusalem und im Volk Jakob-Israel gemeint, die sich von der Sünde abwenden und gerettet werden (59,29). Mit ihnen wird der Bund geschlossen. Angesprochen ist jedoch eine Einzelperson, mit der nur der Prophet des Buches, Jesaja, gemeint sein kann. Er wird mit dem Gottesknecht aus Jesaja 42,1 (vgl. 61,1) identifiziert, der wie der Prophet Jesaja (8,16) Nachkommen hat (53,10). Darüber hinaus wird er den Propheten Jeremia und Ezechiel an die Seite gestellt, die in Jeremia 1,9; 15,16 (im übertragenen Sinne) und Ezechiel 2,8–3,3 (ganz konkret) die Worte JHWHs in den Mund gelegt bekommen. Das Deuteronomium (18,18) schreibt dies für den angekündigten Propheten, der wie Mose ist, vor. Für Jesaja 59,21 ist Jesaja gewissermaßen alles in allem, weil in seinem Munde die Worte Gottes sind, die im Mund seiner Kinder und Kindeskinder, zu denen man die Überlieferer zählen muss, weitergegeben werden. Nicht das Gesetz (vgl. Dtn 6,6–9), sondern das Jesajabuch ist danach die Urkunde des Bundes zwischen JHWH und seinem Volk Israel, von nun bis in Ewigkeit.

Das ist ein hoher Anspruch, der, nimmt man die Querverweise der Zitatkombination ernst, nicht nur für das Jesajabuch, sondern für die ganze Reihe der Propheten im Corpus propheticum erhoben wird. Im Kanon der Hebräischen Bibel ragt das Buch Jesaja als das erste in der Reihe der prophetischen Bücher bzw. der hinteren Propheten heraus. In ihm ist alles schon da, was in den folgenden Büchern entfaltet wird. Gleichzeitig mit Hosea, Amos und Micha ins 8. Jahrhundert datiert (Jes 1,1//Hos 1,1; Am 1,1; Mi 1,1), erstreckt sich sein «Gesicht» über die assyrische (Jes 1–12; 28–32; 36–38), babylonische (Jes 13–27; 33–35; 39) und persische (Jes 40–66) Epoche bis ans Ende der Welt, mit Ausblicken auf das endzeitliche Geschick von Israel (Juda und Jerusalem) und den Völkern, die aus der Perspektive der hellenistischen Zeit, dem Standort der jüngsten Überlieferer, verfasst sind. Mit dieser Gesamtschau des Weltgeschehens und der Rolle Gottes in ihm steht das Buch Jesaja für das Ganze der prophetischen Überlieferung. Zusammenstellung, literarische Verknüpfungen und Angleichungen der Bücher untereinander sorgen dafür, dass die im Jesajabuch exponierte Totalperspektive die ganze Sammlung prägt. Was Israel zum Leben und Sterben vor Gott braucht, findet es danach nicht (nur) in der Tora des Mose, sondern (auch) im Jesajabuch und dem Corpus propheticum.

In der literatur- und theologiegeschichtlichen Entwicklung folgte das Gesetz auf die Propheten und hat diese zur Voraussetzung. Mit der Zeit kehrte sich das Verhältnis jedoch um. Anders als im Corpus propheticum bekommt darum im Rahmen des Kanonteils «Propheten», der auch die Geschichtsbücher von Josua bis Könige umfasst, das Gesetz den Vorrang vor den Propheten:

> Sei nur getrost und ganz unverzagt, dass du hältst und tust in allen Dingen nach dem Gesetz, das dir Mose, mein Knecht, geboten hat. Weiche nicht davon, weder zur Rechten noch zur Linken, damit du es recht ausrichten kannst, wohin du auch gehst. Und lass das Buch dieses Gesetzes nicht von deinem Munde kommen, sondern betrachte es Tag und Nacht, dass du hältst und tust in allen Dingen nach dem, was darin geschrieben steht. Dann wird es dir auf deinen Wegen gelingen, und du wirst es recht ausrichten. (Jos 1,7–8)

Die Propheten werden nun zu Auslegern des Gesetzes und zu Schriftstellern der heiligen Geschichte (Chronik), zu berühmten und frommen Männern der Vorzeit (Sir 44–49), an denen sich Israel ein Beispiel nehmen soll. In diesem Sinne lässt man in der Tradition den Geist der Propheten von Mose bis Artaxerxes, dem persischen König, unter dem Esra und Nehemia dienten, entbrannt sein und erklärt die prophetische Sukzession danach für abgebrochen (Josephus), bis das Ende kommt und wieder ein Prophet erscheint (vgl. 1. Makk 4,46; 9,27 und 14,41). Doch bis dahin gilt die Devise:

> Gedenkt an das Gesetz meines Knechtes Mose, das ich ihm befohlen habe auf dem Berge Horeb für ganz Israel, an alle Gebote und Rechte! Siehe, ich will euch senden den Propheten Elia, ehe der große und schreckliche Tag JHWHs kommt. Der soll das Herz der Väter bekehren zu den Söhnen und das Herz der Söhne zu ihren Vätern, auf dass ich nicht komme und die Erde mit dem Bann schlage. (Mal 3,22–24)

Die Auffassung vom Erlöschen der Prophetie koinzidiert mit dem Ende der literarischen Produktion in den Prophetenbüchern in hellenistischer Zeit. Schon die biblische Überlieferung selbst zieht die Grenze in der Perserzeit. Die jüngsten Datierungen beziehen sich auf den Tempelbau unter Dareios und die beiden Propheten Haggai und Sacharja (vgl. Esr 5,1; 6,14). Nach ihnen gelten nur noch Maleachi sowie Esra und Nehemia unter Artaxerxes als vom prophetischen oder mosaischen Geist erfüllt. Alles andere sind «falsche» Propheten. In dieser Grenzziehung wirkt sich nicht etwa ein Gefühl der Inferiorität gegenüber der älteren Überlieferung aus, sondern das Bewusstsein, am Ende der Zeiten zu leben. Die Tradenten der Prophetenbücher rechneten seit dem Epochenwechsel von der persischen zur hellenistischen Zeit fest damit, dass das Ende gekommen sei. Der Abschluss der Prophetie und die Zusammenstellung der Überlieferung im Corpus propheticum dienten der Selbstklärung und Orientierung der Frommen für die letzten Zeiten.

Demgegenüber richtete sich der Kanon mit der Tora des Mose im Zentrum auf einen längeren Zeitraum ein. Die sich bildende Kanontheorie, wie man sie in der Chronik, in Jesus Sirach und schließlich bei Josephus und den Rabbinen findet, erhebt die Grenzziehung «von Mose bis Artaxerxes» zum Dogma. Für sie ist das Erlöschen der Prophetie ein Zeichen dafür, dass die Phase der Offenbarung Gottes abgeschlossen ist. Von da an steht endgültig und für das ganze Judentum verbindlich fest, worauf man sich künftig zu beziehen hat, um ein Gott wohlgefälliges Leben zu führen, gleichgültig, wie lange es bis zum Ende währt. Dass sich das Ende hinziehen kann, hat man auch in der prophetischen Überlieferung wahrgenommen. In der jüdischen Apokalyptik ist es zum beherrschenden Thema geworden.

VIII.
«Das Ende steht noch aus»: Das Buch Daniel und die jüdische Apokalyptik

Der Geist weht, wo er will. Kaum war er in der prophetischen Überlieferung erloschen, flammte er an anderer Stelle schon wieder auf: in der jüdischen Apokalyptik. Unter Exegeten wird viel darüber gerätselt, wo die Apokalyptik ihren Ursprung habe und was genau darunter zu verstehen sei. Das Rätselraten ist müßig, denn die apokalyptischen Schriften haben nicht nur eine, sondern viele Wurzeln und sagen nicht alle dasselbe. Was sie verbindet, sind weniger bestimmte Gattungen und Inhalte als vielmehr die Art und Weise, wie sie ein breites Spektrum an Überlieferung und Wissen in den Dienst der Eschatologie stellen. Gemeinsam ist ihnen auch, dass sich ihre Eschatologie, von Vorstufen abgesehen, vor allem an der Religionskrise unter dem Seleukidenkönig Antiochos IV. Epiphanes (175–164 v. Chr.) entzündet hat. Beispiele dafür gibt es in Fülle, doch konzentriere ich mich auf das Danielbuch, das als einzige apokalyptische Schrift in den hebräischen Kanon gelangt ist. In Qumran zählte Daniel zu den «Propheten», wo ihn auch die Septuaginta und die deutschen Übersetzungen einreihen. In der Hebräischen Bibel steht das Buch im dritten Teil, «Schriften».

1. Das aramäische Danielbuch

Das Danielbuch ist zweisprachig. Der erste Teil, der in Kapitel 2–6 Erzählungen und in Kapitel 7 eine Vision im Ich-Stil enthält, ist in aramäischer Sprache verfasst. Ihm geht in Daniel 1,1–2,4a eine hebräische Einleitung voraus, die wahrscheinlich eine Übersetzung aus dem Aramäischen ist. An das aramäische Danielbuch schließen sich in den Kapiteln 8–12 die hebräischen Visionen Daniels an, die wie Daniel 7 als Selbstbericht stilisiert sind. An dem sprachlichen und stilistischen Befund lässt sich in groben Zügen die Entstehung des Buches Daniel ablesen: Am Anfang steht die Sammlung der aramäischen Erzählungen in Daniel 1–6. Sie wurde in Daniel 7 durch eine aramäische Vision, in Daniel 8–12 durch die hebräischen Visionen ergänzt, die auch die Übersetzung von Daniel 1,1–2,4a ins Hebräische nach sich zogen.

Der Sprachunterschied weist allerdings nicht nur auf verschiedene Verfasserkreise hin, sondern ist auch inhaltlich von Bedeutung. Das Aramäische war die Verwaltungssprache im Westen des Perserreichs und löste das Hebräische als gesprochene Sprache ab. Wie im Buch Esra (Kapitel 4–6) ist das Aramäische bewusst gewählt, um den Erzählungen über die fremden (babylonischen, medischen und persischen) Herrschern den Anstrich der Authentizität zu verleihen und zugleich die Integrationsfähigkeit der Judäer in das neue Herrschaftssystem bzw. die Möglichkeit der Hinwendung der fremden Herrscher zum Gott der Judäer zu demonstrieren. Der Wechsel der apokalyptischen Visionen in die biblische Schriftsprache des Hebräischen ab Kapitel 8 und die hebräische Rahmung des Buches erfolgten daher nicht zufällig, sondern signalisieren die Rückwendung zu der eigenen, israelitischen Identität und die Abgrenzung vom fremden Staat.

Die Danielerzählungen in den Kapiteln 1–6 haben mit Apokalyptik oder Eschatologie ursprünglich jedoch noch nichts zu tun. Ihre Helden, Daniel und seine drei Freunde, die aber nur in Daniel 1–3 auftreten, sind Angehörige der jüdischen Exulanten, der Gola, die Nebukadnezar nach Babylon gebracht hat (Dan 1). Dort tun sie sich durch außergewöhnliche mantische Fähigkeiten (Dan 1–2; 4–5) und das standhafte Bekenntnis zu ihrem Gott (Dan 3 und 6) hervor und machen dank der Hilfe ihres Gottes Karriere am Hof unter Nebukadnezar (Dan 1–4), seinem Sohn Belsazar (Dan 5) und dem «Meder» Dareios bis zum ersten Jahr des Persers Kyros (Dan 6; vgl. 1,21).

Die Erzählungen stammen aus der persischen oder frühhellenistischen Zeit und basieren teilweise auf älteren Stoffen, die von der innerbabylonischen Auseinandersetzung um den letzten neubabylonischen König Nabonid und dessen Sohn Belsazar handeln. Aus Nabonid ist im Danielbuch Nebukadnezar geworden. Die Sammlung gehört in den Umkreis des chronistischen Schrifttums. Sie vertritt den Standpunkt der babylonischen Exulanten, denen Gott nicht erst, wie in den Büchern Esra und Nehemia, in nachexilischer Zeit das Herz der persischen Könige, sondern schon während der siebzig Jahre des Exils das Herz der babylonischen und medischen Könige zugewandt haben soll. Zu diesem Zweck werden aus den heidnischen Herrschern im Regelfall Bekenner des jüdischen Gottes, so wie man es aus Deuterojesaja (Jes 45,3–4) sowie Esra und Nehemia von Kyros und seinen Nachfolgern kennt. Solange die Könige erkennen, dass Gott sie zum Wohle aller Menschen und speziell der jüdischen Gola als Nachfolger der Davididen in sein Reich eingesetzt hat, existieren Weltreich und Gottesreich in bester Harmonie. Den Geist der Erzählsammlung fassen die hymnischen Stücke in Worte, die sowohl Daniel (2,20–23) als auch den heidnischen Herrschern in den Mund gelegt sind (2,47; 3,28–29; 3,31–33/4,31–34; 5,18–21; 6,26–28). Und so schließt die Sammlung in 6,29, wie sie in 1,21 beginnt, mit einem Ausblick auf das Heilsdatum für die babylonische Gola, das aus 2. Chronik 36,22–23 bzw. Esra 1 stammt: «Und diesem Daniel erging es gut unter der Regierung des Dareios (des Meders) und unter der Regierung des Persers Kyros.»

Die Sammlung Daniel 1–6 kennt zwei Ausnahmen, die die Regel bestätigen: die Hybris Nebukadnezars in Daniel 4, der sich jedoch bekehrt und daher wieder zum König über die Welt eingesetzt wird, und den Frevel Belsazars in Daniel 5, der sich nicht bekehrt und deswegen ein böses Omen, das Menetekel, erhält und dementsprechend von Dareios dem Meder abgelöst wird. In Daniel 7 wird die Ausnahme mit einem Mal zur Regel. Nicht von ungefähr wird der Leser in die Zeit Belsazars zurückversetzt, und zwar ins erste Jahr seiner Regierung (7,1). Am Ende der babylonischen Herrschaft kündigt sich der Untergang aller Weltreiche an: Vier Tiere, die vier Weltreiche, steigen aus dem Meer und treiben ihr Unwesen auf der Erde; am schlimmsten von allen gebärdet sich das vierte. Das Gericht unter dem «Alten der Tage», dem höchsten Gott, tritt zusammen und gibt die vier Weltreiche dem Untergang preis. Danach kommt einer auf den Wolken des Himmels, der aussieht «wie ein Mensch». Ihm und den «Heiligen des Höchsten» wird das Reich und die Herrschaft auf ewig übertragen.

Man hat viel Fleiß darauf verwendet, um Analogien aus der altorientalischen Umwelt für die seltsame Tierreihe und den «Menschensohn» in Daniel 7 zu finden, doch mit mäßigem Erfolg. Das verwundert nicht, denn der Gegensatz von bestialischer und menschlicher Herrschaft stammt aus Daniel 4, die meisten Formulierungen sind aus Daniel 1–6 genommen. Der «Menschensohn» in Daniel 7 ist noch keine eigenständige Figur, sondern ein Symbol für das menschliche Antlitz der Herrschaft, vertreten durch die «Heiligen des Höchsten», worunter ursprünglich Engel zu verstehen sind. Zu einer Person wird der «Menschensohn» erst in der Rezeption von Daniel 7 in den Bilderreden des 1. Henochbuches (JSHRZV/6), im 4. Buch Esra (JSHRZV/4) sowie im Neuen Testament.

Daniel 7 ist allerdings nicht die ursprüngliche Fortsetzung von Daniel 1–6, sondern eine Fortschreibung der Erzählsammlung, die diese in neuem Licht erscheinen lässt. Die neue Sicht erklärt sich aus der Rolle des vierten Tieres. Nach den aus Daniel 1–6 bekannten ersten drei Reichen, Babylon, Medien und Persien, symbolisiert das vierte das Reich der Griechen, aus dem die zehn Hörner, die Könige der Ptolemäer und Seleukiden, hervorgehen. Der Zerfall des persischen Weltreichs nach dem Tod Alexanders und die Grausamkeit der Diadochenkriege haben zum Umdenken geführt und außer in Daniel 7 auch in der Deutung des Traums von Daniel 2 (Verse 31–45) ihre Spuren hinterlassen. Zielten die beiden Bilder von der Statue mit goldenem Haupt und dem Stein, der zum Berg wird, ursprünglich auf den Wechsel vom babylonischen Reich zum Doppelreich der Meder und Perser, so wird die Statue nun zum Symbol der vier Weltreiche und der Stein zu einem Symbol des Gottesreichs, das die Weltreiche zerschmettert und ersetzt. Die Berührungen der Nachträge mit Daniel 7 sind so eng, dass man an denselben Verfasser denken möchte. Für ihn ist der theologische Standpunkt der Erzählsammlung Daniel 1–6 an der Wirklichkeit zerbrochen. Er lässt darum die Weltreiche fahren und rettet das Gottesreich in die Eschatologie. Der Traum des Königs in Daniel 2 bezieht sich von jetzt an auf das, was «am Ende der Tage» geschehen soll (2,28).

Ob man für das aramäische Danielbuch bereits den Begriff der Apokalyptik verwenden möchte, ist Geschmacksache. Mit Daniel 7 und den Nachträgen in Daniel 2 ist jedenfalls der Schritt in die Eschatologie getan. Diese gehört zu den Voraussetzungen der jüdischen Apokalyptik, ist aber nicht damit identisch. Typisch für die Apokalyptik ist dagegen, dass sie sich verschiedener Stoffe und Überlieferungen bedient, um mit ihnen das Schicksal Israels im

Rahmen der Weltgeschichte zu bedenken. Im 1. Henochbuch sind es astronomische Stoffe (1. Hen 72–82) und eine eschatologisierte Auslegung der Sintflutgeschichte von Genesis 6–9 (1. Hen 1–36), die als Basis für die Deutung der Geschichte Israels von den Anfängen bis in die Zeit der Religionskrise unter Antiochos IV. dienen. In Daniel 7 sind es die Lehrerzählungen über Daniel und seine Freunde und die Eschatologisierung der Sammlung. Das Geschick Israels kommt erst mit den hebräischen Visionen in Daniel 8–12 in den Blick.

2. Die hebräischen Visionen

Auch die hebräischen Visionen in Daniel 8–12 sind Fortschreibungen und damit Auslegungen des aramäischen Danielbuchs. Sie bewegen sich durchweg im historischen Rahmen der Erzählungen und lassen Daniel aus der Perspektive der Exilszeit die Geschichte der Weltreiche und des Volkes Israel bis in die hellenistische Zeit voraussehen. Ziel sind die Vorgänge unter Antiochos IV., der in den Jahren 169–167 v. Chr. einem jüdischen Aufstand in Jerusalem entgegentrat und hart durchgriff. Auf dem Rükweg von einem seiner ägyptischen Feldzüge zog er nach Jerusalem, baute die seleukidische Militärpräsenz aus und installierte zur Demonstration seiner Macht – nicht ohne Beteiligung führender jüdischer Kreise – auf dem Tempelplatz den Kult des Zeus Olympios, des Gottes der Griechen. In der biblischen und parabiblischen Literatur wurde ihm dies als Kultfrevel angelastet und der Vorwurf erhoben, er habe per Dekret das jüdische Gesetz außer Kraft gesetzt (1. Makk 1). Die Unruhen dauerten an und entwickelten sich zu einem landesweiten militärischen Aufstand unter Führung der Makkabäer. Der Aufstand war erfolgreich und endete – vorläufig – mit der Reinigung und Wiedereinweihung des

Tempels im Dezember des Jahres 164 v. Chr. (1. Makk 4,36–59; 2. Makk 10,5–8).

Auch im Danielbuch erscheint Antiochos IV. als Inbegriff des gottfeindlichen Königs. In Daniel 8 und in Ergänzungen zu Daniel 7 ist er das kleine Horn, das große Dinge redet und Krieg gegen den Höchsten und seine Heiligen führt (7,8.20–21.24–25; 8,9–12.21–25). Und er ist der letzte der Könige des Nordens, der «verächtliche Mensch» (11,31–45), der den «Gräuel der Verwüstung» in Jerusalem aufgestellt hat (11,31; vgl. 9,26–27; 12,11). Doch die Verfasser der Visionen zählen nicht zu den makkabäischen Kämpfern, aus denen später das hasmonäische Königtum hervorgegangen ist. Diese gelten ihnen nur als eine «kleine Hilfe» (11,34). Sie zählen allein auf ihren Gott, der ihnen – der historischen Fiktion entsprechend – durch Daniel vor der Zeit offenbart hat, was in den Drangsalen der Zeit, in der sie leben, auf sie zukommt. Wie Daniel und seine Freunde sollen sie nur beharrlich an ihrem Bekenntnis festhalten und sich gedulden. Sowohl aus der fiktiven Perspektive Daniels als auch aus der Perspektive der Verfasser gilt: «Das Ende steht noch aus» (11,27; vgl. 8,17.19; 9,27; 11,35.40; 12,13).

Doch auch wenn die Visionen allesamt auf «das Ende» zielen, so gehen sie doch auf verschiedenen Wegen darauf zu. In immer neuen Anläufen suchen sie «das Ende» zu fixieren. Der Übergang zum ersten Anlauf wird durch den Zusatz in 7,28b vorbereitet: Daniel ist auch nach der Deutung von Daniel 7 noch unruhig und behält die Sache im Herzen. Zwei Jahre später, im dritten Jahr des Belsazar, wird ihm eine zweite Vision zuteil. Der Unterschied ist nicht sonderlich groß, doch bezeichnend. Während sich die Vision von den vier Tieren und dem «Menschensohn» in Daniel 7 noch ganz in der Metaphorik und Sprache von Daniel 1–6 bewegt und auch inhaltlich den Erzählungen insoweit nahesteht, als sie Weltreich und Gottesreich gegenüberstellt, wendet sich Daniel 8 im Bild von Widder und Ziegenbock und ihren Hörnern nur noch den Weltmächten zu. Die Vision in Daniel 8 sucht «das Ende» dadurch zu fixieren, dass sie Daniel 7 gewissermaßen ins Hebräische übersetzt und die drei letzten, in Daniel 7 nur verschlüsselt offenbarten Reiche, das medische, das persische und das griechische, beim Namen nennt. Alles über das kleine Horn (Antiochos IV.) ist hier wie in Daniel 7 aus Daniel 11 nachgetragen.

Nach 8,27b versteht Daniel aber auch diese Vision und ihre Deutung nicht. Dies ist die Brücke für den nächsten Anlauf, «das Ende» zu fixieren. Aufschluss gibt die Vision in Daniel 10–12, die den Deuteengel Gabriel von Daniel 7 und 8 selbst zum Gegenstand hat und die Geschichte der vier Reiche, zusammengefasst in 11,2–4, bis zur Leidenszeit unter Antiochos IV. fortschreibt. Die Metaphorik ist darin ganz aufgegeben, die Vision wendet sich unmittelbar den Details der Tagespolitik zu, den Kriegen und Heiraten zwischen dem König des Nordens (Seleukiden) und dem König des Südens (Ptolemäer) und den Angriffen auf das Gottesvolk. Leitend ist jedoch nicht das historiographische, sondern das theologische Interesse. An die Stelle von Vision und Deutung tritt das von dem Deuteengel überbrachte Wort Gottes. In ihm wird jede Einzelheit festgehalten und als Indiz für das erwartete Ende der Vorbestimmung Gottes zugeschrieben. Dazu fügt sich, dass sich die Auskunft des Engels im Danielbuch an nicht wenigen Stellen aus der prophetischen Überlieferung und insbesondere aus dem Jesajabuch speist (vgl. 11,10.40 mit Jes 8,8; Dan 11,36 mit Jes 10,23). In der hier vorgefundenen historischen Konstellation mit Jerusalem zwischen Assur und Ägypten fand man sich selbst und die Kriege zwischen dem König des Nordens und dem König des Südens wieder, was übrigens beweist, dass auch das Jesajabuch selbst einmal in diesem Sinne gelesen (und fortgeschrieben) wurde.

Um die Auslegung einer Schriftstelle aus den Propheten geht es auch in Kapitel 9, das sich zwischen Daniel (7–)8 und 10–12 geschoben hat. Hier sind es die siebzig Jahre aus dem Jeremiabuch

(25,11–12; 29,10), die Daniel Kopfzerbrechen bereiten. Denn die Frist ist bald abgelaufen. Die Begebenheit wird mit Daniel 6 unter Dareios dem Meder datiert (9,1), das heißt kurz vor dem ersten Jahr des Kyros (1,21; 6,29), das die Wende bringen sollte, nach der Datierung in Daniel 10,1 aber schon vorüber ist.

Das Problem ist Anlass für ein großes Bußgebet (9,4–20), in dem die biblische Geschichte des Volkes Israel rekapituliert und die Sünden der Väter beklagt werden. Das Gebet ist vermutlich nachgetragen, bringt aber die theologische Haltung auf den Punkt, aus der heraus die Visionen geschrieben sind. Es ist dieselbe Haltung, die wir aus dem Bußgebet in Jesaja 63–64 kennen. Nicht von ungefähr identifizieren sich die Verfasser der Visionen mit dem Daniel der Exilszeit. Für sie hält der Zorn JHWHs, konkret die Zerstörung Jerusalems und des Tempels, bis in ihre Gegenwart unter Antiochos IV. an. Auch sie leben nach ihrem Selbstverständnis noch unter dem Gericht und tragen die Folgen der Sünden ihrer Väter wie ihrer Zeitgenossen. Dagegen hilft nach ihrer Meinung nichts außer Gott allein. Darum beteiligen sie sich nicht am makkabäischen Aufstand, sondern warten geduldig auf Gott und das von ihm vorherbestimmte «Ende».

Was die Verfasser in besonderer Weise bewegt, ist jedoch die Frage, für wann «das Ende» bestimmt ist. Dazu leistet die Auslegung der jeremianischen siebzig Jahre in Daniel 9, ein Musterbeispiel für die innerbiblische Schriftexegese, einen besonderen Beitrag. Da die Frist, wörtlich genommen, bald abgelaufen ist und sich der Zorn hinzieht, von der Zerstörung Jerusalems bis zur Tempelschändung unter Antiochos IV., wird die Frist gestreckt: Aus den siebzig Jahren werden siebzig Jahrwochen zu je sieben Jahren, das heißt 7 × 70 = 490 Jahre (9,24). Diese werden in 9,25–27 auf drei Phasen verteilt, wobei die Berechnung nicht ganz aufgeht. Die erste Phase umfasst 7 Wochen (49 Jahre) und reicht vermutlich von der Zerstörung Jerusalems (587) bis zum ersten Jahr des Kyros und dem kümmerlichen Wiederaufbau der Stadt (539), was zeitlich ungefähr hinkommt. Die letzte Phase umfasst eine Woche (7 Jahre) und bezieht sich auf die Ereignisse unter Antiochos IV. zwischen 169 und 164 v. Chr. Dazwischen liegen 62 Wochen (434 Jahre), an deren Berechnung sich schon viele Generationen die Zähne ausgebissen haben, ohne das Rätsel zu lösen. Vielleicht ergeben sie sich ganz einfach nur aus der Differenz. Doch schon im Danielbuch selbst hat man zu rechnen begonnen, wobei sich das Interesse auf die letzte Phase und die Halbierung der letzten Woche in 9,27 konzentriert: Die letzte Hälfte wird in 7,25 und 12,5–7 noch einmal in drei Phasen von zwei, einer und einer halben Zeit zergliedert; in 8,13–14 und 12,8–13 werden schließlich sogar die Tage gezählt.

Mit der Periodisierung der Geschichte Israels zur Berechnung der Endzeit steht das Danielbuch keineswegs allein. Die Chronologie war seit jeher von zentraler Bedeutung, insbesondere in der königlichen Annalistik und im Kult zur Berechnung der Festzeiten. Diesen Zwecken diente auch die Astronomie, um die Zeitrechnung auf Erden mit der Ordnung der von Gott gelenkten (mit Göttern oder Engeln gleichgesetzten) Himmelskörper in Einklang zu bringen. Es besteht ein innerer Zusammenhang zwischen dem Lauf der Gestirne, der göttlichen Ordnung im Himmel und den Ordnungen auf Erden, insbesondere denen des Kults, in dem sich Himmel und Erde berühren. So erklärt sich, dass der Eingriff Antiochos' IV. in die Kultordnung (vgl. Dan 7,25) als Griff nach den Sternen aufgefasst wurde (vgl. 8,10–11) und warum man sich im 1. Henochbuch oder in vielen Qumranschriften so sehr um Kalenderfragen kümmerte.

Die Berechnung der Endzeit ist die Anwendung der Kalenderfragen auf Geschichte und Zukunft. So kommt es, dass die heilige Geschichte schon in der Bibel selbst und noch deutlicher in der jüdischen Apokalyptik den Gesetzen heiliger Zahlen und Zyklen, insbesondere denen des Sabbats, folgt. Konsequent wird dies etwa im Jubiläenbuch (JSHRZII/3) für die Geschichte von der Schöpfung bis zum Auszug aus Ägypten (Gen 1–Ex 15) durchgeführt. Die freie Wiedergabe des biblischen Textes erfolgt in einem chronologischen Gerüst von Jahrwochen (7 Jahre) und Jubiläen (7 × 7 Jahre) und ordnet die Geschichte damit in die Zeitstruktur der Schöpfung ein, das heißt in die Siebentagewoche mit dem Sabbat Gottes am Ende der ersten Woche (Gen 1,1–2,4). Anderen Zeitschemata folgen die Geschichtsabrisse im Buch der Träume und im paränetischen Buch des 1. Henochbuchs, die Zehn-Wochen-Apokalypse (1. Hen 92–93 + 91,11–17) und die Tierapokalypse (1. Hen 83–90 + 91,1–10.18–19). Beide rekapitulieren die Geschichte Israels von Adam bis zu den Makkabäern in einer fiktiven Weissagung und Offenbarung Henochs, der vor der Sintflut und noch vor seinem Tod in den Himmel entrückt wurde und daher die himmlischen Geheimnisse kennt (Gen 5,21–24). Wie in Daniel 9 wird auch hier die Geschichte Israels unter dem Aspekt der Sünde und des anhaltenden Gerichts gesehen und bis zum Ende in Perioden eingeteilt.

Uns mag diese Art der exakten Berechnung und Nachberechnung der Endzeit aus der Geschichte, die in bestimmten Zirkeln bis heute praktiziert wird, absurd und lächerlich vorkommen. Man muss sich allerdings klarmachen, unter welchen Verhältnissen sie entstanden ist. Damals wie heute entspringt sie einer tiefen Verunsicherung über die Zeichen der Zeit, die durch exakte Berechnung der Tage bis zum Ende überwunden werden soll. Interessanter als die Berechnung selber sind ihre Ursachen und die selbstkritische Sicht der eigenen Vergangenheit, die sich zumindest im Judentum aus der Berechnung der Geschichte ergab. Beides hat die Apokalyptiker vor der Überschätzung der menschlichen Möglichkeiten und der Errichtung eines Gottesstaates bewahrt. Wie alle «Frommen» (Chasidim) dieser Zeit waren die

Apokalyptiker Fundamentalisten, das heißt, sie nahmen die heiligen Schriften ganz wörtlich und richteten ihr ganzes Leben und Denken danach aus. Doch Fundamentalismus muss nicht notwendig in Gewalt ausarten. Meist sind es andere Interessen, deren Durchsetzung Gewalt verlangt und dafür die «Frommen» instrumentalisiert.

Auffallend wenig sagen die hebräischen Visionen in Daniel 8–12 darüber, was nach «dem Ende» kommt. Für die Frommen, die sich nach ihm sehnen, scheint die Beendigung der gegenwärtigen Leidenszeit das einzige Ziel zu sein. Lediglich in Daniel 12 ist angedeutet, was sie erwartet: eine Auferstehung aller Toten, für die einen zum ewigen Leben, für die anderen zu ewiger Schmach, sowie die Aussicht, zu leuchten wie die Sterne am Himmel (12,2–3; vgl. Mal 3,20–21). Die Hoffnung auf die endzeitliche Scheidung der Gottlosen von den Gerechten teilt das Danielbuch mit den späten Schichten der prophetischen Überlieferung. In der übrigen apokalyptischen Literatur, etwa im 1. Henochbuch, ist das Motiv breit entfaltet und bis in die Ethik hinein ausgeführt. Den Danielvisionen scheint dieses Motiv wichtiger zu sein als die im Buch selbst verankerte Erwartung des Gottesreiches (Dan 2 und 7), oder anders gesagt: Das Gottesreich ist da, wo der Hirte die Schafe zur Rechten und die Böcke zur Linken stellt.

Antiochos IV. ist 164 v. Chr. gestorben, bald nach der Reinigung und Wiedereinweihung des Tempels. «Das Ende» war dies nicht. Im jüdischen Chanukka-Fest wird bis heute des Ereignisses gedacht.

IX. «Seine Deutung ist»: Die Propheten in den Texten vom Toten Meer

An den Feierlichkeiten zur Wiedereinweihung des Tempels von Jerusalem nahmen damals 164 v. Chr. viele teil, aber nicht alle. Am meisten Grund zur Freude hatten die Makkabäer, die nach dem Tod Antiochos' IV. weiter um die politische Unabhängigkeit kämpften und nach ihrem Sieg über die Seleukiden das hasmonäische Königtum errichteten. Mit ihnen feierten die herrschenden Priester am Jerusalemer Tempel, die von Flavius Josephus so genannten Sadduzäer. Auch manche aus der Gruppe der Frommen (Chasidim), die für das jüdische Gesetz eintraten und sich zeitweise mit den Makkabäern verbündet hatten, schlossen sich an und wuchsen zu der starken und zeitweise sehr einflussreichen Religionspartei der von Josephus so genannten Pharisäer an. Doch der Großteil der Frommen, die so dachten wie das Danielbuch, blieb den Feierlichkeiten des ersten Chanukka-Festes fern. Dazu gehört auch die Gemeinschaft von Qumran, der wir in den Texten vom Toten Meer begegnen. In ihren Kreisen nahm die prophetische Überlieferung der Hebräischen Bibel eine prominente Stelle ein, worauf in den vorausgehenden Kapiteln schon verschiedentlich hingewiesen wurde.

1. Die Gemeinschaft von Qumran

1947 stieß man am nördlichen Westende des Toten Meeres bei der Siedlung Khirbet Qumran auf elf Höhlen, die Fragmente hebräischer, aramäischer und sogar einiger weniger griechischer Handschriften enthielten. Auch in der Umgebung von Qumran bis hin nach Masada wurden solche Fragmente gefunden. Schon bald stellte sich heraus, dass es sich um den wohl spektakulärsten Fund jüdischer Handschriften des 20. Jahrhunderts handelte. Die Handschriften wurden in der Zeit zwischen ca. 250 v. Chr. bis 150 n. Chr. angefertigt und bezeugen Texte, die teilweise um einiges älter sind.

In den Höhlen vom Toten Meer wurden drei Sorten von Texten gefunden, die in der Forschung nach dem Fundort und mit einer Nummer bzw. einem Kürzel für den Titel bezeichnet werden (z. B. 1QJes^{a} für die Handschrift a des Jesajabuches aus Höhle 1 von Qumran; 1Q8 = 1QJes^{b} für die Handschrift b des Jesajabuches aus Höhle 1 von Qumran). Die drei Sorten sind: erstens Handschriften biblischer Bücher, die ältesten, die wir kennen; zweitens hebräische und aramäische Originale von Apokryphen und Pseudepigraphen, die wir bisher nur aus antiken Übersetzungen wie der Septuaginta oder gar nicht kannten; drittens Texte, die in der Gemeinschaft von Qumran selbst entstanden sind. Zur dritten Gruppe gehören die Kommentare zu den biblischen Propheten, die *Pescharim*, deren Bezeichnung sich von der in den Texten gebrauchten Formel *pischro* «seine Deutung» herleitet.

Was war das für eine Gemeinschaft? Bis vor kurzem schien es so, als könne man sie mit einer der religiösen Parteien des antiken Judentums in hellenistisch-römischer Zeit identifizieren, die wir aus Flavius Josephus und dem Neuen Testament kennen. Neben Sadduzäern, Pharisäern, Zeloten und den frühen Christen ist bei

Josephus und in anderen antiken Quellen von den Essenern die Rede. Sie zeichnen sich durch eine Art biblischen Fundamentalismus und eine radikale Lebensweise aus. Aufgrund mancherlei Berührungspunkte kam die Forschung zu dem Schluss, dass es sich bei der Gemeinschaft von Qumran und den Essenern um ein und dieselbe Gruppe handeln müsse. Doch diese Auffassung ist umstritten, so dass man sich am besten an die Selbstbeschreibung der Gemeinschaft in ihren eigenen Schriften hält.

Die Gruppe bezeichnete sich selbst als *Ha-Yachad*, was nichts anderes als «die Gemeinschaft» heißt. Sie hatte sich von anderen Teilen des damaligen Judentums abgespalten und nahm für sich in Anspruch, das wahre und einzige Israel zu sein. Die Abspaltung dürfte gegen Ende des 3. oder Anfang des 2. Jahrhunderts v. Chr. erfolgt sein und war in sozialen und religiösen Verwerfungen begründet, die die Hellenisierung des Judentums mit sich brachte. Die Verwerfungen sind schon in späten Partien der Hebräischen Bibel in dem Gegensatz zwischen Gerechten und Frevlern zu greifen.

Mit der Zeit ist die Gemeinschaft gewachsen. Die Regeln ihres Zusammenlebens wurden in mehreren Fassungen den neuen Verhältnissen angepasst und immer weiter ausdifferenziert. Innerhalb der Gemeinschaft scheint es dabei zu Lehrstreitigkeiten und einer Spaltung gekommen zu sein. In der Damaskusschrift und den Pescharim wird diese Spaltung mit einer Figur in Verbindung gebracht, die «Lehrer der Gerechtigkeit» genannt wird und an der sich die Geister schieden. Außerdem wurde die Gemeinschaft immer mehr in Auseinandersetzungen mit den Sadduzäern und Pharisäern verwickelt, die sich nach dem erfolgreichen Aufstand der Makkabäer im hasmonäischen Königtum am Tempel zu Jerusalem eingerichtet hatten.

Im Zuge dieser politischen, sozialen und geistigen Auseinandersetzungen gewannen auch die Bücher der Propheten eine zentrale Bedeutung. Die Gemeinschaft entwickelte zunehmend ein eschatologisches Selbstverständnis und wähnte sich selbst in der letzten Zeit, am «Ende der Tage», in der sich die Weissagungen der Propheten erfüllen sollten, Gott Gericht über die Frevler halten und die Gerechten retten würde. Dass sich die Mitglieder der Gemeinschaft zu den Gerechten zählten, versteht sich von selbst. Um sich und ihre Situation zu begreifen, vertieften sie sich in die biblische und ihr nahestehende parabiblische Literatur und leiteten daraus ihre eigenen Anschauungen ab.

So entstanden Werke, in denen kosmologische Spekulationen über den göttlichen Plan der Welt angestellt oder der endzeitliche Kampf der guten mit den bösen Geistern im Himmel wie auf Erden beschrieben werden. Auch begann die Gemeinschaft, ihren eigenen Standort in der biblischen Geschichte zu bestimmen und diese Geschichte bis zum erwarteten «Ende der Tage» weiterzuspinnen.

Außer der heiligen Geschichte in der Tora und den vorderen Propheten spielten dabei die hinteren Propheten, das heißt die prophetischen Schriften einschließlich des Buches Daniel und der – als Prophetie aufgefassten – Psalmen Davids, eine entscheidende Rolle. Hiervon zeugen die vielen Abschriften der biblischen Prophetenbücher, die Zitate aus den Propheten, die prophetischen Apokryphen und nicht zuletzt die Auslegung der Prophetenbücher in den Pescharim.

Auch die Gemeinschaft von Qumran hat das «Ende der Tage», auf das sie so sehr hoffte, nicht erlebt. Obwohl sie sich nicht aktiv an den jüdischen Aufständen gegen die römische Besatzungsmacht der Jahre 66–74 und 132–134 n. Chr. beteiligte, fiel sie den römischen Heeren zum Opfer, die das Westufer des Toten Meeres besetzten und die Aufstände niederschlugen. Um ihre Schriften vor den unreinen Händen der Römer zu schützen, verbargen die Mitglieder der Gemeinschaft sie in den Höhlen von Qumran und

Umgebung, wo sie – von vereinzelten Funden in der Antike abgesehen – rund zweitausend Jahre lagen und leider arg verfaulten, bis ihre Reste in der Mitte des 20. Jahrhunderts wiederentdeckt wurden.

2. Prophetie und Schriftgelehrsamkeit

In seinem Werk über den jüdischen Krieg des ersten nachchristlichen Jahrhunderts schreibt Flavius Josephus über die Gruppe der Essener:

> Unter ihnen finden sich aber auch solche, die das Zukünftige vorherzuwissen behaupten, da sie sich in den heiligen Büchern, diversen Reinigungsriten und den Sprüchen der Propheten geschult hatten. Und es geschieht selten, dass sie in ihren Vorhersagen fehlgehen. (Bell. II.8.12,159)

In dieser Beschreibung fand man gerne eine Bestätigung für die Identifikation der Essener mit der Gemeinschaft von Qumran. Das Zeugnis ist jedoch nicht ganz so eindeutig. Während Josephus an eine aktuelle prophetische Wirksamkeit denkt und in seinem Hauptwerk, den *Jüdischen Altertümern*, verschiedentlich Beispiele von Weissagungen der Essener anführt, die in Erfüllung gingen, ist in den Texten vom Toten Meer davon nirgends die Rede. Im Gegenteil: Die Gemeinschaft von Qumran scheint es eher mit Nehemia 6 und Sacharja 13 gehalten und aktuelle als «falsche» Propheten angesehen zu haben. Nicht von ungefähr wurde in Qumran eine Liste mit Namen «falscher» Propheten gefunden, die nach der Auflistung alter Bekannter aus der Hebräischen Bibel möglicherweise auch einen zeitgenössischen Propheten nennt; doch ist der Text leider zu zerstört, um Sicheres sagen zu können.

In den Texten vom Toten Meer wird denn auch das hebräische Wort für Prophet und prophetisches Reden (nābiʾ, nibāʾ) ausschließlich für biblische Propheten und «falsche Propheten» gebraucht. Weder wird einem Mitglied der Gemeinschaft der Titel «Prophet» oder «Seher» verliehen, noch treten Personen auf, die im Namen Gottes eine aktuelle göttliche Mitteilung verkünden. Wenn dennoch Voraussagen über die Zukunft und das «Ende der Tage» gemacht werden, so sind diese von den biblischen Propheten oder vergleichbaren Schriften abgeleitet. Die Voraussagen werden Autoritäten wie Henoch oder den Patriarchen und den zwölf Söhnen (Stämmen) Israels in den Mund gelegt. Oder sie werden unter Berufung auf die Weissagungen der biblischen Propheten formuliert, die abgeschrieben, zitiert und interpretiert und dabei auf die eigene Gruppe sowie die eigene Zeit bezogen werden.

Das alles bedeutet jedoch nicht, dass der prophetische Geist nicht auch in Qumran wehte. Nur wehte er nicht direkt, sondern vermittelt durch die Bücher der biblischen Propheten und deren Auslegung. Aus dem Kommentar zum Buch Habakuk (1QpHab VI–VII) geht hervor, dass die Auslegung der Propheten als Entschlüsselung der «Geheimnisse Gottes» verstanden wurde, die in dem überlieferten Text der Prophetenbücher verborgen sind und ihm entlockt werden müssen. Das «Geheimnis» besteht darin, auf welche Zeit sich die Weissagungen der Propheten beziehen und auf wen sie zutreffen. Um die «Geheimnisse» zu entschlüsseln, bedarf es einer besonderen Form der Auslegung. Nichts anderes besagt das Wort Pescher, «Deutung», im Plural Pescharim. Es ist der Fachterminus für die Kommentare zu den Propheten in Qumran. Das Wort hat eine lange Vorgeschichte, die zum einen in den Bereich der professionellen Traum- und Rätseldeutung (vgl. Dan 2–5), zum anderen in den der Omenwissenschaft und divinatorischen Gelehrsamkeit der altorientalischen Schreiber weist. Schriftgelehrsamkeit und (prophetische) Inspiration schließen sich somit keineswegs aus, sondern gehören von Hause aus zusammen.

Im Pescher Habakuk kommt als spezielle Voraussetzung der Auslegung eine aktuelle göttliche Offenbarung hinzu, die einem Priester (1QpHab II) bzw. dem «Lehrer der Gerechtigkeit» (1QpHab VI–VII) zuteilgeworden sein soll. Ihm habe, so sagt der Pescher Habakuk, Gott die Geheimnisse kundgetan und Einsicht verliehen, um die Worte der Propheten zu deuten. Auf der Grundlage dieser Sonderoffenbarung legen der Pescher das Buch Habakuk und andere Pescharim die anderen Prophetenbücher aus. Was es mit dem «Lehrer der Gerechtigkeit» historisch auf sich hat, geht aus den Texten nicht eindeutig hervor. Vielleicht handelt es sich gar nicht um eine bestimmte historische Persönlichkeit, sondern um eine hermeneutische Kunstfigur oder um ein Amt, das erst im Nachhinein personalisiert und entsprechend stilisiert wurde. Die Vorstellung von einer Sonderoffenbarung, die den hermeneutischen Schlüssel zur Interpretation der Propheten an die Hand gibt, erinnert an die durch einen Deuteengel vermittelte himmlische Offenbarung an Daniel zur Deutung der jeremianischen siebzig Jahre in Daniel 9.

Doch ob mit oder ohne das Medium des «Lehrers», die Auslegung der biblischen Propheten in Qumran zeugt von einer professionellen und zugleich inspirierten Schriftgelehrsamkeit, in der sich fortsetzt, was wir bereits bei der Entstehung der biblischen Prophetenbücher und ihrer permanenten Fortschreibung beobachtet haben. Es ist ein Vorgang, bei dem verschiedene Techniken der Textüberlieferung und -rezeption angewandt werden, um den Sinn der überlieferten biblischen Schriften, in denen die Ausleger das Wort Gottes fanden, für die eigene Gegenwart und Zukunft zu erschließen oder umgekehrt den eigenen Standort durch Rekurs auf die biblische Überlieferung zu klären. Dem dienen die Abschrift und Pflege der biblischen Handschriften ebenso wie das

Zitat, die Reformulierung biblischer Vorlagen ebenso wie die Kommentierung der Prophetenbücher in den Pescharim, in denen sich die Entschlüsselung der «Geheimnisse Gottes» in oft ihrerseits geheimnisvollen und rätselhaften Verbindungen zwischen Bibeltext und Auslegung vollzieht.

3. Abschrift und Zitat

Bevor die Pescharim näher erläutert werden, sollen kurz andere Techniken der Prophetenauslegung in Qumran betrachtet werden, die der Gattung der Pescharim vorausgehen und sie vorbereitet haben. Dazu gehört die Textüberlieferung, die bei aller Treue zum Text eine große Freiheit dem Buchstaben gegenüber aufweist, etwa in Jesaja 8,11, wo es heißt:

> Denn so sprach JHWH zu mir, als seine Hand über mich kam und er mich unterrichtete, nicht (oder: und er mich davon abhielt) auf dem Weg dieses Volkes zu wandeln, indem er sprach …

In der großen Jesajarolle von Qumran (1QJes[a]) lesen wir dagegen:

> Denn so sprach JHWH zu mir, als seine Hand über mich kam und er uns davon abhielt, auf dem Weg dieses Volkes zu wandeln, indem er sprach …

Der Unterschied macht sich im hebräischen Text nur in zwei Buchstaben bemerkbar, ist aber von enormer Tragweite. Durch die Hinzufügung eines Vokalbuchstabens stellt der Schreiber in der Handschrift von Qumran klar, dass er an das Verbum «abwenden», im Kausativstamm «abbringen», und nicht an die andere Möglichkeit, «unterrichten», gedacht hat. Er löst damit ein lexikalisches Problem, das der ältere (masoretische) Text bietet, der in seiner Schreibweise beide Bedeutungen zulässt. Darüber hinaus änderte der Schreiber das Personalpronomen an dem fraglichen Verbum («und er brachte mich/uns ab»), wobei er sich die graphische Ähnlichkeit von «mich» (*-ēny*) und «uns» (*-ēnw*) im Hebräischen zunutze machte.

Die Lesart in der großen Jesajarolle stellt eine bewusste Änderung des Textes dar, um ihn auf den Kreis der Tradenten zu beziehen und zu aktualisieren: Was JHWH dem Propheten offenbart hat, ist eine Offenbarung an «uns». Die Gemeinschaft von Qumran bezog dieses «uns» auf sich selbst, womit sie in die Fußstapfen des Propheten tritt und sich im Unterschied zum übrigen Volk auf dem richtigen Weg weiß. Dieses Verständnis des Textes geht auch aus anderen Werken hervor, die Jesaja 8,11 zitieren (4Q174) oder dieselbe Formulierung gebrauchen (CD A VIII,16 / B XIX,29).

Die biblischen Handschriften vom Toten Meer gewähren einen einzigartigen Einblick in die Textüberlieferung in hellenistisch-römischer Zeit. Praxis und Gewohnheiten der antiken Schreiber zeugen von unbedingter Texttreue. Unbeschadet dessen gab es jedoch noch keinen einheitlichen Standardtext und waren Änderungen wie die Variante in Jesaja 8,11 durchaus möglich. Ja mehr noch, die Handschriften vermitteln den Eindruck einer großen Vielfalt. So etwa repräsentiert die große Jesajarolle (1QJes^{a}) einen eigenen Texttyp im Vergleich zu der im masoretischen Text überlieferten Fassung. Vom Jeremiabuch haben sich Fragmente erhalten, die teilweise die masoretische Fassung (4QJer^{a,c,e}), teilweise den davon abweichenden, kürzeren Text der griechischen Übersetzung, der Septuaginta, bezeugen (4QJer^{b,d}). Daneben gab es allerdings auch Ansätze zur Harmonisierung und Standardisierung des Bibeltextes, wie die hebräischen und griechischen Handschriften der Zwölf Propheten aus Wadi Muraba'at (Mur 88) und Naḥal Ḥever (8Ḥev1) beweisen.

Wie man die Vielfalt zu erklären hat, ist ein viel diskutiertes Problem. Die einen postulieren einen – wenn auch nur annäherungsweise zu erreichenden – Urtext, von dem ausgehend sich die Vielfalt entwickelt habe. Andere denken dagegen an unabhängig voneinander entstandene Texttraditionen. Der hohe Anteil an Übereinstimmung im Textbestand spricht eher für die erste Möglichkeit. Deutlich ist jedenfalls, dass die Vielfalt nichts an der Wertschätzung und Autorität der Texte änderte. Nur herrschte alles andere als eine sklavische Buchstabentreue. Auch wenn die Lesarten variierten, so handelte es sich für die Schreiber und Benutzer der biblischen Bücher stets um denselben Text, der das Wort Gottes für alle Zeiten und also auch für sie und ihre Zeit enthielt.

Einen Mittelweg zwischen der Textüberlieferung und der Abfassung eigener Werke stellt die Gattung der *rewritten-bible*-Texte dar. In den Texten dieser Gattung werden biblische Stoffe reformuliert und auf die eigene Situation bezogen. So hat man es auch mit den Propheten Jeremia und Ezechiel und anderen biblischen Gestalten gemacht, denen man prophetische Qualitäten zuschrieb. In sämtlichen Texten geht die am biblischen Stoff orientierte Erzählung über den Propheten gelegentlich in Weissagungen der eschatologischen Zeit über. Es ist nicht immer leicht zu entscheiden, ob diese Werke der Gattung *rewritten bible* in der Gemeinschaft von Qumran selbst entstanden oder anderer Herkunft sind und von der Gemeinschaft nur übernommen wurden. Jedenfalls fügen sie sich vorzüglich in das Bild ein, das sich aus der Textüberlieferung wie auch aus der Auslegung der biblischen Propheten ergibt.

Bevor man ganze biblische Bücher kommentierte, hat man zunächst einzelne Zitate ausgewählt und ausgelegt. Am deutlichsten ist die Auslegung bei expliziten Zitaten zu greifen, die in den Schriften der Gemeinschaft im Laufe der Zeit zunehmen. So etwa, wenn in der Gemeinschaftsregel ein Zitat aus Jesaja 40,3 eingefügt wird (1QS VIII,14), das in einer anderen Handschrift mit einer älteren Textfassung (noch) fehlt (4QS[d]), um auszudrücken, dass der Weg der Gemeinschaft «in die Wüste» zum Studium der Tora die Erfüllung einer prophetischen Weissagung ist.

In die Zukunft gerichtet ist die Auslegung einer Zitatkombination aus Jesaja 7,17 und 8,14 in der anderen, jüngeren Regel der Gemeinschaft, der Damaskusschrift (CD VII,10–13), die im Vergleich zu den älteren Regeln (*Serekh ha-Yachad* oder *Serekh ha-Milchama*) erheblich mehr explizite Zitate von (nachmals) biblischen Schriften enthält. Hier geht es um die künftige Vergeltung an den Gottlosen und Verächtern der Tora. Auch ihr Schicksal ist, so die Meinung der Verfasser der Damaskusschrift, bereits in den Büchern der Propheten angekündigt. In etwa dasselbe sagt auch die andere Handschrift der Damaskusschrift (CD B XIX), die allerdings an derselben Stelle im Text nicht aus Jesaja, Amos und Numeri, sondern aus Sacharja und Ezechiel zitiert.

Dies sind nur einige wenige Beispiele dafür, dass sich die Gemeinschaft von Qumran intensiv mit der biblischen Überlieferung auseinandersetzte. In immer neuen Anläufen suchte sie sowohl ihre Geschichte als auch ihre gegenwärtige Situation im Lichte biblischer, besonders prophetischer Zitate zu rekonstruieren und zu deuten, aus denen sie auch die Perspektiven für die Zukunft, das «Ende der Tage», gewann.

4. Text und Kommentar

Das «Ende der Tage» haben auch die Pescharim, die Kommentare zu den biblischen Propheten und den Psalmen Davids, fest im Blick. Neben der Textüberlieferung und der Reformulierung von biblischen Stoffen in den *rewritten-bible*-Texten wuchsen sich die biblischen Zitate und ihre Auslegung zu regelrechten Exzerpttexten und ganzen exegetischen Werken aus, die um bestimmte, meist eschatologische Themen kreisen. Man spricht darum von thematischen Midraschim oder auch thematischen Pescharim. Berühmte Vertreter dieser Textgruppe sind die beiden Exzerpte 4Q175 (Testimonia) und 4Q176 (Tanchumim) sowie die exegetischen Werke 11Q13 (Melchisedek) und 4Q174 (Florilegium); Letzteres wurde in der Forschung mit 4Q177 (Catena A) zu einem Werk, dem «Midrasch zur Eschatologie» (4QMidrEschat), zusammengeschlossen. Auch eine Reihe anderer Texte wird unter die «Kommentare» gezählt.

Die thematischen Midraschim (oder thematischen Pescharim) bilden die Vorläufer der Gattung der kontinuierlichen Pescharim, in denen prophetische Bücher ganz oder in Teilen Vers für Vers zitiert und anschließend, markiert durch die Formel *pischro*, «seine Deutung ist» o. Ä., kommentiert werden. Der Unterschied zu den thematischen Midraschim und anderen exegetischen Werken besteht also vor allem in der formalen Anlage: Interpretiert wird nicht eine Auswahl von biblischen Zitaten oder Textpassagen, sondern der Bibeltext in seinem überlieferten Zusammenhang und in der vorgegebenen Reihenfolge. Außerdem sind die genuinen Pescharim auf die Prophetenbücher und die Psalmen beschränkt.

Eindeutig identifiziert sind insgesamt 17 Exemplare solcher kontinuierlichen Pescharim: 6 Handschriften zum Buch Jesaja, je 2 Handschriften zu Hosea, Micha und Zefanja, je 1 Handschrift zu Nahum und Habakuk, 3 Handschriften zu den Psalmen Davids, der zu den Propheten gezählt wurde. Von den meisten Handschriften sind nur Bruchstücke erhalten; nahezu unversehrt ist allein der Pescher Habakuk (1QpHab), in weiten Teilen auch der Pescher Nahum (4QpNah). Beide, Pescher Habakuk und Pescher Nahum, zählen zu den jüngsten Vertretern der Gattung und repräsentieren die Gattung in einer besonders ausgereiften Form.

Ganz gleich, welches Prophetenbuch in den Pescharim ausgelegt wird und welcher Text aus dem biblischen Buch zugrunde liegt, lautet die Auslegung des Pescher oft sehr ähnlich. Von äußeren Feinden aus den «Völkern» ist die Rede, die als «Kittim» bezeichnet und nur ganz selten beim Namen genannt werden. Daneben ist viel von inneren Feinden die Rede, die der Gemeinschaft von Qumran das Leben schwer machen. Auch die inneren Feinde haben Decknamen: Efraim und Manasse, Haus Absalom und Haus Peleg, «die nach glatten Dingen suchen», «Frevelpriester», «Lügenmann» und «Lügenprediger». Und schließlich ist in den Pescharim von der Gemeinschaft die Rede, die sich selbst «die Erwählten», «Täter der Tora» oder einfach «die Gemeinschaft» nennt, den «Lehrer der Gerechtigkeit» zu ihrem Oberhaupt erklärt und sich als das wahre Juda oder das wahre Israel sieht.

Die meisten dieser Selbst- und Fremdbezeichnungen in den Deuteteilen der Pescharim stammen direkt aus dem biblischen Sprachgebrauch oder lassen sich davon ableiten. Gleichzeitig werden damit aber nicht einfach biblische Geschichten nacherzählt, sondern akute Auseinandersetzungen zwischen zeitgenössischen Gruppen beschrieben, wobei die Pescharim ganz eindeutig für nur eine Gruppe, die Gemeinschaft von Qumran, Partei ergreifen und heftig gegen die äußeren und inneren Gegner in Juda und Jerusalem polemisieren. Das Ziel der Auseinandersetzung ist die große, nach Meinung der Pescharim in den Prophetenschriften geweissagte und kurz bevorstehende Wende «am Ende der Tage», in der Gott die Feinde endgültig zu Fall bringen und seine Getreuen, die Mitglieder der Gemeinschaft, aus allem Übel retten wird.

Angesichts dieses Befundes stellt sich die Frage, wie sich der biblische Referenztext aus den Prophetenbüchern zu den biblischen Metaphern in den Auslegungsteilen und wie sich beides zu der aktuellen historischen Situation verhält, in der die akute Auseinandersetzung stattfindet. Hier ein Beispiel aus dem Pescher zum Buch Nahum (4Q 169 3–4 i, 1–2 und iii, 1–9):

> *Wehe über die Blutstadt, ganz und gar voll von Lüge und Raub.* (Nah 3,1) Seine Deutung: Dies ist die *Stadt* Efraims, derer, die nach glatten Dingen suchen am Ende der Tage, die in *Lüge* und Betrügereien wandeln.
>
> …
>
> *Und ich werfe Unrat auf dich, erniedrige dich und mache dich abstoßend* (im masoretischen Bibeltext: *zum Schauspiel*); *und alle, die dich sehen, werden vor dir fliehen.* (Nah 3,6–7a) Seine Deutung bezieht sich auf diejenigen, die nach glatten Dingen suchen, deren böse Taten am Ende der Zeit ganz Israel offenbar gemacht werden. Und viele werden ihre Sünden erkennen und werden sie hassen und *abstoßend* finden wegen ihres schändlichen Übermuts. Und wenn die Herrlichkeit Judas offenbar ist, werden die Einfältigen Efraims aus der Mitte ihrer Gemeinde *fliehen* und ihre Verführer verlassen und sich Israel anschließen.
>
> *Und sie werden sagen* (im masoretischen Bibeltext: *und man sagt*): *Ninive ist zerstört, wer wird um sie klagen. Wo soll ich Tröster für dich suchen?* (Nah 3,7b)
>
> Seine Deutung bezieht sich auf diejenigen, die nach glatten Dingen suchen, deren Rat zugrunde gehen wird und deren Versammlung zerstreut werden wird. Und sie können nicht fortfahren, die Gemeinde zu verführen, und die Einfältigen werden ihren Rat nicht mehr unterstützen.
>
> *Bist du besser als No-Amon, das an den (Nil-)Strömen lag?* (Nah 3,8)
>
> Seine Deutung: *Amon*, das ist Manasse, *die Ströme*, das sind die Großen Manasses, die Geehrten …

Aus der Perspektive des heutigen Lesers haben der biblische Text (in Kursivschrift), der Vers für Vers zitiert wird, und die Auslegung des Pescher, die sich eingeleitet mit «Seine Deutung ist …» anschließt, wenig miteinander zu tun. Der biblische Text des Nahumbuches stammt in seinem Grundbestand aus dem späten 7. Jahrhundert v. Chr. (siehe Kapitel VI,1). Die Prophetenschrift enthält in allen drei Kapiteln und so auch in dem Abschnitt Nahum 3,1–8 eine Weissagung gegen Ninive, die Hauptstadt des neuassyrischen Reiches, die 612 v. Chr. gefallen ist. Ihr Schicksal wird in einer rhetorischen Frage ironisierend mit dem Schicksal der ägyptischen Stadt No-Amon (Theben) verglichen, die im Jahre 664 v. Chr. von Assurbanipal, also von den Assyrern selbst, vernichtend geschlagen und eingenommen wurde. In den prophetischen Orakeln gegen die «Blutstadt» Ninive drückt sich die Erleichterung und der Triumph Judas und seines Reichsgottes JHWH über den Niedergang des einstigen Unterdrückers aus.

In der Deutung des Pescher ist von alldem keine Rede. Vielmehr werden die Verse – ganz im Sinne der hermeneutischen Regel des «Lehrers der Gerechtigkeit» im Pescher Habakuk – auf die eigene Zeit und die eigene Gruppe gedeutet. Efraim und Manasse heißen die Gegner, die mit der «Blutstadt» Ninive und mit No-Amon identifiziert werden. Sie werden als solche apostrophiert, «die nach glatten Dingen suchen» und die «Einfältigen Efraims» sowie «die Gemeinde» verführen. Der Untergang Ninives ist der Untergang dieser Gegner, der für das bevorstehende «Ende der Tage» erwartet wird, an dem die «Herrlichkeit Judas» offenbar werden soll. Dann sollen sich «die Einfältigen Efraims» bekehren und sich dem wahren Israel anschließen.

Aus der Perspektive des antiken Schreibers und jüdischen Schriftgelehrten stellt sich die Sache jedoch anders dar. Er liest den Text des Nahumbuches nicht wie wir (primär) als historisches Zeugnis aus dem ausgehenden 7. Jahrhundert, sondern als Wort Gottes, das einen verborgenen Sinn enthält. Der Text gleicht gewissermaßen dem Menetekel in Daniel 5, das dem Schriftgelehrten ein Rätsel aufgibt, das es zu lösen gilt. In dieser Perspektive sind offensichtliche und versteckte Bezüge zwischen dem biblischen Text und seiner Auslegung aufschlussreich, die von den Verfassern hergestellt wurden.

Die Bezüge bestehen hauptsächlich in gemeinsamen Stichwörtern im biblischen Referenztext, die die Auslegung aufgreift. Sie sind oben kursiv gesetzt. Diese Stichwörter fließen auf zweierlei Weise in die Deutung ein: entweder durch direkte Identifizierung («Seine Deutung: Dies ist die Stadt Efraims …») oder im Rahmen einer pauschalen Gleichung («Seine Deutung bezieht sich auf …»), die mit dem Wortmaterial der Bibelstelle arbeitet. Dazu kommen weitere Verbindungen, die nur am hebräischen Text zu sehen sind, etwa Assonanzen, Paranomasien, Homonyme, Synonyme sowie Stichwortverbindungen zu vorhergehenden Pescher-Teilen, die den vorhergehenden Bibelversen gewidmet sind.

Hinter all diesen Verbindungen zwischen dem zitierten Bibeltext und seiner Auslegung verbirgt sich ein ausgetüfteltes Regelwerk der Textinterpretation, deren subtile Techniken bis in die Literargeschichte der biblischen Bücher zurückreichen und die in der späteren rabbinischen Tradition wie auch im Neuen Testament verwendet und verfeinert wurden. Außer altorientalischen Parallelen zur Gattung des Pescher könnte bei der Ausbildung der Techniken in hellenistisch-römischer Zeit auch die alexandrinische Philologie und das aufkommende Kommentarwesen in der griechischen und lateinischen Literatur Pate gestanden haben.

5. Biblische Geschichte und Zeitgeschehen

Die Auslegungstechniken lassen erkennen, auf welchem Wege der Verfasser des Pescher auf seine Auslegung gekommen ist. Sie erklären jedoch nicht den inhaltlichen Zusammenhang, der zwischen dem Bibeltext und seiner Auslegung besteht. Allerdings ist es nicht ausgemacht, ob ein solcher Zusammenhang überhaupt intendiert ist. Die Qumranforschung scheint in dieser Hinsicht wenig zu erwarten. In ihr hat es sich eingebürgert, die Pescher-Teile für sich zu betrachten, sie auf mehr oder weniger deutliche Hinweise auf historische Sachverhalte zu befragen und darin die Aussageabsicht des Pescher zu erkennen. Die Anspielungen in den Pescharim und anderen Schriften vom Toten Meer auf die historische Situation zur Zeit ihrer Entstehung werden mit Nachrichten in anderen zeitgenössischen jüdischen Quellen, besonders Flavius Josephus, kombiniert. Daraus erschließt man die historische Situation im 1. Jahrhundert v. Chr. und erklärt in einem Zirkelschluss damit wiederum die Auslegung der biblischen Prophetenbücher in den Pescharim.

Grundlage dieses Vorgehens ist der Umstand, dass nicht nur die erhaltenen Handschriften der Pescharim, sondern auch die Werke selbst nicht älter als das 1. Jahrhundert v. Chr. sind und zahlreiche Anspielungen auf Personen und Ereignisse des späten 2. und 1. Jahrhunderts v. Chr. enthalten. So nennt gerade der Pescher Nahum, dessen Handschrift aus der Zeit zwischen 50–25 v. Chr. stammt, die Akteure teilweise beim Namen. An einer Stelle spricht der Pescher von «den Königen Jawans von Antiochos bis zum Auftreten der Herrscher der Kittim» und steckt damit einen Zeitraum ab, der sich mit ziemlicher Sicherheit auf die Zeit von Antiochos IV. Epiphanes (175–164 v. Chr.) bis zur Einnahme Jerusalems durch die Römer unter dem Feldherrn Pompeius im Jahre 63 v. Chr. datieren lässt. Im selben Zusammenhang wird ein seleukidischer König mit Namen Demetrios erwähnt, bei dem es sich um Demetrios III. Eukairos (95–88 v. Chr.) handeln dürfte. Zu seiner Zeit herrschte in Jerusalem der Hasmonäerkönig Alexander Jannaios (103–76 v. Chr.), der im Pescher in Auslegung von Nahum 2,12 «Löwe des Zorns» heißt. Gegen ihn erhoben sich weite Kreise des damaligen Judentums, vermutlich unter Beteiligung der Pharisäer, die sich im Pescher hinter den Chiffren «Efraim» und «die nach glatten Dingen suchen» verbergen. Die Aufständischen hatten sich zeitweise mit Demetrios III. verbündet und wurden dafür von Alexander Jannaios auf grausame Weise bestraft: Lebendigen Leibes wurden sie ans Kreuz geschlagen, was ebenfalls im Pescher erwähnt und von Flavius Josephus bestätigt wird. Hinter der Chiffre «Manasse» scheinen sich die Sadduzäer, die führende Priesterpartei am Jerusalemer Tempel, zu verbergen.

Der Pescher Nahum lässt sich historisch damit ziemlich präzise einordnen und in die Zeit nach 63. v. Chr. datieren. Doch die zentrale Aussage des Pescher und das Verhältnis zu seiner biblischen Vorlage sind damit noch nicht hinreichend erfasst. Es stellt sich die Frage, warum die Bezüge auf die eigene Zeit in biblisch geprägten Chiffren und Bildern erfolgt und man nicht ohne den Umweg über die Auslegung der Propheten schreibt, was man zu sagen hatte. Doch die kommentierenden Teile greifen nicht selten auch auf biblische Wendungen und implizit auf Zitate aus anderen biblischen Büchern zurück. Das legt die Vermutung nahe, dass sich die Pescharim von Qumran in ihren Anspielungen auf die eigene Zeit ganz in der Welt des biblischen Israel bewegen und sich primär in der heiligen Geschichte verorten wollen.

Das wird nirgends so deutlich wie bei der Verwendung der Namen Efraim und Manasse als Bezeichnungen für die gegnerischen Gruppen der Pharisäer und Sadduzäer. Die Chiffrierung ist nicht erst im Pescher Nahum erfunden worden. Vielmehr ist sie hier literarisch abhängig von älteren Pescharim zu Jesaja, Hosea und Micha. Das alles sind biblische Bücher, in denen der Antagonismus von Efraim und Manasse auf der einen Seite (beides bezeichnet das nördliche Israel, in dem das feindliche Samaria liegt und die konkurrierenden Samaritaner wohnen) und Juda (das südliche

Israel mit Jerusalem als Zentrum) auf der anderen Seite eine große Rolle spielt. In den älteren Pescharim scheint der klassische biblische Antagonismus von Efraim und Juda zunächst als historisches Beispiel für innerisraelitische oder innerjudäische Konflikte oder als Mittel zur antisamaritanischen Polemik gedient zu haben. Der Pescher Nahum geht einen Schritt weiter und überträgt den historischen Antagonismus auf den Streit der verschiedenen Religionsparteien in Juda selbst.

Juda, Efraim und Manasse sind demnach in den Pescharim und anderen Werken von Qumran weder nur geographisch-politische Bezeichnungen noch einfach Chiffren für bestimmte Gruppen des damaligen Judentums. Vielmehr wird mit ihnen die biblische Geschichte aufgerufen, in der diese Namen eine ideelle Bedeutung haben und für die Taten, das Schicksal und die Hoffnungen stehen, die sich mit ihnen für die Zukunft des biblischen «Israel» verbinden. Die Gemeinschaft von Qumran scheint die historische Konstellation der biblischen Geschichte in ihrer eigenen Zeit, den Verhältnissen des 2. und 1. Jahrhunderts v. Chr., wiederentdeckt zu haben und schrieb die biblische Geschichte entsprechend weiter bzw. schrieb sich selbst in das biblische Narrativ hinein. Der Konflikt, in dem sich die Gemeinschaft sah, spielt sich so in «Israel» ab, in dem Juda und Efraim (Manasse) miteinander konkurrieren, und gleichzeitig im «Haus Juda», das (das wahre) Israel repräsentiert, gegenwärtig aber – so wie Israel, ja sogar wie das in Verführer und Verführte geteilte Efraim – in Gerechte und Frevler gespalten ist. Erst «am Ende der Tage», wenn die «Herrlichkeit Judas» offenbar geworden ist, soll es wieder dem biblischen Ideal von «ganz Israel» entsprechen.

6. Prophetenbuch und Pescher

Wer in der biblischen Geschichte lebt und seine eigene Zeit in ihr verortet, dem gelten auch die Bücher der biblischen Propheten als Schriften, die ihn und seine Zeit direkt angehen. So lautet, wie wir schon gesehen haben, ja auch die hermeneutische Regel des «Lehrers der Gerechtigkeit» im Pescher Habakuk. Daher wäre es merkwürdig, wenn die Deutung in den Pescharim außer den Stichwortverbindungen und sonstigen auslegungstechnischen Brücken keinerlei substantielle Beziehung zu ihrem biblischen Referenztext hätten. Die Frage drängt sich vor allem bei dem Beispiel aus dem Pescher zum Buch Nahum auf, in dem die äußeren Feinde des 7. Jahrhunderts v. Chr., Ninive und No-Amon, auf israelitische Größen, Efraim und Manasse, und mit ihnen auf aktuelle Feinde im Innern Israels und Judas im 1. Jahrhundert v. Chr. gedeutet werden.

In der Forschung ist man vielfach der Auffassung, dass die Anspielungen auf die eigene Zeit mehr oder weniger willkürlich in die überlieferten Prophetenbücher hineingelesen und daher an passender oder unpassender Stelle als Auslegung des Prophetentextes angebracht werden konnten. Diese Erklärung ist jedoch unbefriedigend. Als Alternative bietet es sich an, die Pescharim nicht nur als Deutung der eigenen Zeit zu verstehen, sondern in erster Linie als Auseinandersetzung mit der biblischen Vorlage und ihren exegetischen Problemen. Beide Zugangsweisen schließen sich nicht aus. Die Pescharim sind demnach als textimmanente Reflexion über den Bibeltext im Lichte der eigenen historischen Situation zu verstehen.

Um die Rolle zu erkennen, die dabei die biblische Vorlage für die Pescharim spielt, ist es nötig, die biblischen Bücher ihrerseits literarhistorisch zu analysieren. Denn nur, wenn man die Literar-

und Textgeschichte kennt, lässt sich die Geschichte der Rezeption und Auslegung nachvollziehen, die sich im Zuge des Wachstums eines biblischen Buches vollzieht. Hierfür sei auf die früheren Kapitel dieses Buches (IV–VIII) verwiesen. Die Erklärung der Pescharim muss also mit der Entstehung der biblischen Prophetenbücher selbst in Beziehung gesetzt werden.

Um bei unserem Beispiel, dem Pescher zum Buch Nahum, zu bleiben, so ist schon immer aufgefallen, dass der Untergang der Stadt Ninive im Buch Nahum mit Vorwürfen begründet wird, die in der Hebräischen Bibel sonst dem eigenen Volk, Samaria oder Jerusalem, Efraim oder Juda, kurz Israel selbst gemacht werden. Für diese Übertragung der Vorwürfe auf eine fremde Stadt werden verschiedene Erklärungen diskutiert. Am wahrscheinlichsten ist es, dass dem Buch Nahum ältere prophetische Orakel gegen die Feindmacht Assur und Ninive zugrunde liegen, die in diversen Fortschreibungen mit Vorwürfen aus dem Repertoire der klassischen Schriftprophetie gegen Israel garniert und ausgeführt wurden. Das Ergebnis ist, dass der vorliegende Text des Buches Nahum selbst stark von dieser innerisraelitischen Polemik geprägt ist. Aufgrund unklarer syntaktischer Verhältnisse oder kryptischer Sprache und vor allem im Gesamtzusammenhang der biblischen Überlieferung betrachtet, wirft der biblische Text, und zwar in seiner hebräischen und noch mehr in der griechischen Fassung, an vielen Stellen die Frage auf, wer eigentlich gemeint ist: der äußere Feind (Ninive) oder das eigene Volk. Hätte Daniel in Daniel 9 nicht über dem Buch Jeremia, sondern über dem Buch Nahum gesessen, hätte er vermutlich genauso wenig oder vielleicht noch weniger verstanden.

Dies scheint mir der entscheidende Ansatzpunkt für die Auslegung in den Pescharim zu sein, wo man sich sicher schon dieselben philologischen und inhaltlichen Fragen gestellt hat, die auch die moderne Wissenschaft beschäftigen. Sie ergeben sich aus einer genauen Lektüre des Prophetenbuches, insbesondere dann, wenn man den Text nicht – wie wir es gewohnt sind – nur im Zusammenhang des Buches, sondern – wie in der jüdischen Exegese weithin üblich – punktuell Vers für Vers bedenkt und quer durch die biblischen Schriften mit anderen Schriftstellen kombiniert. Im Pescher Nahum werden diese Fragen beantwortet, indem die eigene Gegenwart und andere Schriftstellen bemüht werden, um dem zitierten Bibelvers einen Sinn abzugewinnen.

Eine Hilfe zur Orientierung dürfte dem Verfasser des Pescher eine der jüngsten literarischen Schichten des Nahumbuches gewesen sein, der Hymnus in Nahum 1,2–8. Der Text führt den Gott ein, der gemäß den folgenden Weissagungen das Gericht an Ninive vollzieht (Nah 2,14; 3,5–6). Der Gott des Gerichts an Ninive und dieses Gericht selbst gewinnen so einen neuen Charakter: Es ist der eifernde, rächende und zornige Gott, vor dem die ganze Welt erzittert, wenn er im Gewitter erscheint, ein Gott, der nicht nur Ninive richtet, sondern generell zwischen Freund und Feind unterscheidet. Ein Zusatz in Nahum 1,1–3 hat, wenn man sich an den Wortlaut hält, keine anderen Feinde im Auge, sondern unterstreicht – mit Bezug auf Jesaja 1,24 (vgl. auch Jes 59,18) – die Neuausrichtung auf den generellen Gegensatz zwischen den Feinden JHWHs und denen, «die sich in ihm bergen». Mit dieser Neuausrichtung des Buches steht Ninive auf einer Stufe mit den Feinden JHWHs im eigenen Volk.

In Anlehnung an die Perspektive von Nahum 1,2–8 war es dem Verfasser des Pescher Nahum möglich, Ninive und No-Amon mit innerisraelitischen Gegnern seiner Zeit zu identifizieren. Er griff dafür auf die geprägte, in anderen exegetischen Werken bereits entwickelte Typologie oder Chiffrierung der Gegner als «Efraim» und «Manasse» zurück, auch wenn sie im Pescher Nahum anders als in den Auslegungen von Jesaja, Hosea oder Micha keinen direkten Anhaltspunkt im biblischen Referenztext des Nahumbuches hat. Das Verhältnis von biblischer Vorlage und Pescher ist jedoch keineswegs beliebig. Die Auslegung des Bibeltextes scheint vielmehr gesteuert oder jedenfalls ausgelöst zu sein von den exegetischen Problemen, die der Text selbst aufgibt und die durch Rekurs auf die aktuelle Situation der Gemeinschaft von Qumran gelöst werden, getreu der hermeneutischen Grundregel des «Lehrers der Gerechtigkeit», danach zu forschen, auf welche Zeit und auf wen sich die Weissagung der biblischen Propheten bezieht.

Hier wie auch sonst kann man beobachten, dass die Auslegung in den Pescharim in vielen Fällen nahtlos an Probleme und Lösungen anschließt, die bereits in der Entstehungsgeschichte des Bibeltextes selbst eine Rolle gespielt haben und im biblischen Text selbst nicht selten schon mit ähnlichen exegetischen Mitteln wie in den späteren Pescharim (Stichwortverbindung, Kombination von Schriftstellen, Aktualisierungen) bewältigt wurden. Die Auslegung in den Pescharim setzt also die innerbiblische Auslegung in der Entstehungsgeschichte der biblischen Bücher fort, freilich nun in einer anderen Gattung, die Text und Kommentar strikt voneinander trennt. Mit dieser Trennung sind zwei Dinge verbunden, die sich nur scheinbar widersprechen: eine Zunahme an Autorität des biblischen Referenztextes, den der Kommentar auslegt, und die Freiheit des Kommentars gegenüber dem biblischen Text, den er im Lichte der eigenen Zeit und ihrer Fragen auslegt. Indem die Ausleger den biblischen Referenztext in aller Freiheit auf sich und ihre Zeit bezogen, verliehen sie ihm umso größere Autorität.

X.
«Wir aber hofften, er sei es, der Israel erlösen werde»: Propheten in Judentum, Christentum und Islam

1. Die biblischen Propheten im Neuen Testament

«Dies ist der Anfang des Evangeliums von Jesus Christus, dem Sohn Gottes. Wie geschrieben steht im Propheten Jesaja: Siehe, ich sende meinen Boten vor dir her, der deinen Weg bereiten soll. Es ist eine Stimme eines Predigers in der Wüste: Bereitet den Weg des Herrn, macht seine Steige eben.» (Mk 1,1–2)

Mit diesem Mischzitat aus Maleachi 3,1 und Jesaja 40,3 leitet das älteste der vier Evangelien den Auftritt Johannes' des Täufers als Wegbereiter und von Jesus von Nazareth als dem angekündigten Herrn ein. Mit Jesaja 40,3 wird dieselbe Stelle zitiert, auf die sich auch die Gemeinschaft von Qumran für ihren Weg in die Wüste beruft, um dort die Tora zu studieren (1QS VIII,14). Doch in Markus 1 wie überall im Neuen Testament gelten die Propheten der Hebräischen Bibel, zitiert in der griechischen Übersetzung der Septuaginta, als die große Verheißung, die in Jesus Christus menschliche Gestalt angenommen hat und für die Zukunft bekräftigt wird. Mit Ausnahme der Gemeinschaft von Qumran hat sich kaum eine andere jüdische Gruppierung um die Zeitenwende zur Begründung ihres Selbstverständnisses derart extensiv auf die Propheten berufen wie das frühe Christentum.

Die vielen Prophetenzitate und die Berufung auf «das Gesetz und die Propheten» im Neuen Testament stehen in Kontinuität zur jüdischen Auslegung der Prophetenbücher, die, wie wir sahen, in diesen selbst beginnt und sich nach Abschluss des Corpus propheticum in der Apokalyptik, den Pescharim von Qumran und vielen anderen Schriften der hellenistisch-römischen Zeit fortsetzt. Mit ihnen allen teilen die neutestamentlichen Autoren die Techniken und hermeneutischen Grundsätze der Schriftauslegung. Selektion, Assoziation, Typologie usw. sind hier wie dort durch ein Sachkriterium gesteuert, das unabhängig von der zitierten Schriftstelle vorgegeben ist und als hermeneutischer Schlüssel der Interpretation zugrunde liegt, sich aber offenbar nicht anders als mit den Worten der Schrift angemessen zur Sprache bringen lässt.

Zwei Beispiele eines solchen hermeneutischen Schlüssels wurden bereits vorgestellt. In Daniel 9 ist es die Zusatzoffenbarung des Deuteengels, die Daniel die Schrift erschließt. Umgekehrt erhellen die siebzig Jahre Jeremias, berechnet nach der Offenbarung des Engels, die Situation Daniels und eröffnen den Verfassern und Lesern des Danielbuches eine Perspektive für die Zukunft. Im Qumran-Kommentar über das Buch Habakuk (1QpHab VII) ist es die Offenbarung an den «Lehrer der Gerechtigkeit», die die Ausleger der Prophetenschriften befähigt, dem Text die Deutung auf die eigene Zeit zu entnehmen. Von dieser Deutung hat Habakuk noch nichts geahnt, doch ist sie von Gott intendiert; die Deutung auf die eigene Zeit wohnt dem Text des Propheten implizit inne und ist ohne diesen offenbar nicht zu haben.

Nicht anders verhält es sich im Neuen Testament. «Verstehst du auch, was du liest?», fragt in der Apostelgeschichte Philippus den Kämmerer aus Äthiopien, der Jerusalem besucht hat und auf der

Heimfahrt im Jesajabuch liest (Apg 8,30). Philippus erklärt ihm die schwierige Stelle Jesaja 53,7–8, die vom Tod des «Gottesknechts» handelt, indem er das Evangelium von Jesus Christus predigt, woraufhin der Kämmerer sich auf der Stelle taufen lässt. Wer ein wenig in Jesaja 53 weiterliest, ist dadurch angeleitet, das stellvertretende Leiden des Gottesknechts auf den Kreuzestod und die Hingabe Jesu «für euch» (1. Kor 11,25) bzw. «für die vielen» (Mk 14,24) zu beziehen, wie es in den Einsetzungsworten des Abendmahls heißt, und in der Verheißung für den Gottesknecht in Jesaja 53,10–11 die Verheißung von Ostern zu erblicken.

Die Art der Schriftauslegung ist also dieselbe, wie sie uns bisher in den Schriften der Propheten selbst, in der jüdischen Apokalyptik und in den Kommentaren von Qumran begegnet ist. Nur der hermeneutische Schlüssel ist ein anderer. Es ist der Jesus, der nach seinem Tod am Kreuz für seine Anhänger noch lebt und von ihnen zum Christus erklärt wurde. Von ihm sagen sie, dass er nicht gekommen sei, «um das Gesetz oder die Propheten aufzulösen, sondern zu erfüllen» (Mt 5,17). Aus diesem Grund versuchen die Evangelien, das Leben Jesu unter großem exegetischem Aufwand in die heilige Geschichte der Hebräischen Bibel einzuordnen und fast jeden Schritt, den er getan hat, mit einem Schriftzitat, besonders aus den Propheten und den Psalmen, zu belegen.

Die berühmten Seligpreisungen (Mt 5,1–12; Lk 6,20–23), von denen einige die Propheten zitieren, machen deutlich, was mit der «Erfüllung» der prophetischen Weissagungen gemeint ist. Die Armen, denen das Reich Gottes gehört, und die Trauernden, die getröstet werden, erinnern an Jesaja 61,1–2, die Hungernden, die satt werden, an Jesaja 55,1–2. Gemäß den Evangelien ist Jesus selbst den Weg der Armen, der Hungernden und der Trauernden gegangen, bis ans Kreuz. Die «Erfüllung» besteht darin, dass Jesus einerseits verkörpert, was die Propheten geweissagt haben, andererseits selbst zur Verheißung wird: «Blinde sehen und Lahme gehen, Aussätzige werden rein und Taube hören, Tote stehen auf, und den Armen wird frohe Kunde gebracht» (Mt 11,5; Lk 7,22) – alles das, was Jesus bewirkt, verheißen die Propheten (Jes 35,5–6; 61,1 u. a.), und alles das verheißt nach Auffassung der Evangelien auch das von ihm überlieferte Evangelium vom «Ärgernis des Kreuzes» (1. Kor 1,23): «Selig ist, wer sich nicht an mir ärgert» (Mt 11,6; Lk 7,23).

Doch die Beziehung zwischen der prophetischen und der neutestamentlichen Literatur geht noch weiter. Nicht, dass Jesus und das Neue Testament – unter Umgehung des Gesetzes – nahtlos an die prophetische Überlieferung anknüpfen würden. Die Propheten waren in erster Linie «die Begründer der Religion des Gesetzes, nicht des Evangeliums» (Julius Wellhausen). Und Jesus ist nicht gekommen, «um Gesetz und Propheten aufzulösen, sondern zu erfüllen». Und doch ist die Entstehung des christlichen Bekenntnisses auf eine ähnliche Denkfigur zurückzuführen, die wir auch bei den biblischen Propheten beobachtet haben.

Wie die prophetische beginnt auch die christliche Überlieferung mit dem Bruch des Gottesverhältnisses. Dem Gericht Gottes, von dem die prophetische Überlieferung der Hebräischen Bibel kündet, entspricht im Neuen Testament die Rede vom Kreuzestod Jesu. Beide Male zerbricht der angestammte Glaube an die erhaltende und rettende Macht Gottes, und solange in diesem Geschehen nicht Gott wahrgenommen ist, herrscht Verzweiflung und Enttäuschung: «Mein Weg ist vor JHWH verborgen, und mein Recht geht an meinem Gott vorüber», heißt es im Buch Jesaja (40,27) – «Mein Gott, mein Gott, warum hast du mich verlassen» (Mt 27,46) und «Wir aber hofften, er sei es, der Israel erlösen werde» (Lk 24,21) im Neuen Testament.

Doch indem der Bruch als Tat Gottes interpretiert wird, richtet gerade er das zerbrochene Gottesverhältnis wieder auf. Im göttlichen Gericht kündigt sich nach Meinung der prophetischen

Überlieferung die Verheißung und im Kreuzestod Jesu nach Auffassung der neutestamentlichen Überlieferung die Auferstehung an. Für beide mahnt der Bruch zur Umkehr und verheißt neues Leben im Angesicht des richtenden und rettenden Gottes. Auf dieser Grundlage hat sich die gesamte Überlieferung des Alten und Neuen Testaments gebildet, die einmal mehr die Forderung Gottes, das Gesetz, das andere Mal mehr die Verheißung, das Evangelium, in den Vordergrund rückt. Beides ist aus der Interpretation der Niederlage als eines göttlichen Gerichts abgeleitet, das Israel in seiner leidvollen Geschichte und Jesus mit dem Kreuzestod am eigenen Leib erfahren haben.

«Jesus war Jude und nicht Christ» (Julius Wellhausen), und dasselbe gilt für seine Anhänger. Und doch haben sich mit dem Bekenntnis zu Jesus Christus als hermeneutischem Schlüssel der Schriftauslegung die Wege von Juden und Christen getrennt. Als Dritter im Bunde kam im 7. Jahrhundert schließlich der Islam hinzu, der nach Mose und Jesus den Gesandten Muhammad zum rechtmäßigen und letzten Propheten erklärte. In der Geschichte der drei sogenannten abrahamitischen Religionen des Judentums, des Christentums und des Islams spielten – mit unterschiedlicher Intensität und verschiedenen Akzentsetzungen – die Auslegung der biblischen Propheten und das Phänomen der Prophetie stets eine zentrale Rolle.

2. Rabbinische Propheten

Im Judentum setzte sich nach der Zerstörung Jerusalems durch die Römer im Jahr 70 n. Chr. die rabbinische Tradition durch, die in Talmud und Midrasch gesammelt und aufgezeichnet wurde. Für das rabbinische Judentum ist die Hebräische Bibel neben der mündlichen Tora eine von zwei Offenbarungsquellen. Es erkennt daher auch die biblischen Propheten als Autoritäten an. Doch ist das Bild des Propheten fast durchgängig das eines schriftgelehrten Toralehrers und hat sich in der Geschichte der rabbinischen Literatur mehr und mehr als solches verfestigt. Chana Safrai (TRE 27, 499–503) hat die dafür relevanten Belege zusammengetragen, auf die ich mich im Folgenden beziehe.

Schon im ältesten Stratum des Sammelwerks des Talmuds, der sogenannten tannaitischen Literatur (so benannt nach den frühen Lehroberhäuptern, den Tannaim) aus den beiden ersten Jahrhunderten n. Chr., gilt die Prophetie als abgeschlossen. Zeitgenössische, aktuell aktive Propheten, wie sie bei Josephus für das Judentum und im Neuen Testament und in der frühchristlichen Literatur für das Christentum belegt sind, kommen hier nicht mehr vor. Die biblischen Propheten gelten als Glieder in der Kette von Gesetzeslehrern, die mit Mose beginnt und zu den rabbinischen Schriftgelehrten, den Tannaim, führt, wofür noch einmal das berühmte Diktum aus den «Sprüchen der Väter» zitiert sei:

> Mose empfing die Tora vom Sinai und übergab sie an Josua, Josua an die Ältesten, die Ältesten an die Propheten, und die Propheten übergaben sie an die Männer der großen Versammlung. (Pirqe AbotI 1a)

Damit werden die biblischen Propheten zu Gesetzlehrern erklärt und umgekehrt die rabbinischen Lehrer den Propheten gleichgestellt: «Es sagte Rabbi Jochanan: Steht einer früh auf und ein Schriftvers fällt ihm in den Mund, ist dies eine kleine Prophetie» (bBerakhot 55b; 57b).

Im späteren Midrasch, den Auslegungswerken zur Hebräischen Bibel, und bei den Rabbinen der amoräischen Epoche (benannt nach ihren «Aussprüchen», Amoraim) im 3.–5. Jahrhundert wird dieses Bild immer weiter ausgebaut. Die Worte der Propheten werden – ähnlich wie in der Rahmung des Kanonteils «Prophe-

Toraschule, fränzösich-spanische Buchmalerei aus dem 14. Jahrhundert

צרכנו במדבר ארבעים
שנה האכילנו את המן
נתן לנו את השבת קרבנו
לפני הר סיני נתן לנו
את התורה הכניסנו לארץ
ישראל ובנה לנו בית
הבחירה לכפר על כל
עונותינו

108

ten» durch Josua 1,7–8 und Maleachi 3,22 – den Worten der Tora als Offenbarung vom Sinai an die Seite gestellt: «Auch was die Propheten erst zukünftig weissagten, haben sie alles vom Berg Sinai empfangen» (Tanchuma Jitro 11). Den Rabbinen gleich, werden den Propheten auch halachische Neuerungen zugeschrieben, die aus der Auslegung der Tora hervorgehen. Gleichzeitig wird ihnen jedoch verboten, die Halacha, das heißt die Auslegung der Tora, zu ändern oder eine neue Auslegung einzuführen: «Der Rabbi spricht … ‹Dies sind die Gebote› (Lev 27,34) – kein Prophet ist berechtigt, von nun an noch etwas zu erneuern» (Sifra Bechukotai 14,7). Das bedeutet, dass der Prophet nicht aufgrund seiner prophetischen Gabe, sondern nur in seiner Eigenschaft als Schriftgelehrter und Lehrer die Tora auslegen darf.

Damit setzen die amoräischen Rabbinen ihre eigene Profession gewissermaßen an die Stelle der Propheten: «Ohne Älteste keine Propheten» (Bereshit Rabba 42,3). Die scharfe Unterscheidung zwischen prophetischer Weissagung und Schriftgelehrsamkeit dürfte mit dem Auftreten aktueller Propheten in jüdischen und christlichen Gruppierungen zusammenhängen, die bei den Rabbinen auf strikte Ablehnung stoßen und in der negativen Wendung «Worte der Prophetie» gipfelt: «Es sagt Rabbi Yosei: Dies ist nichts anderes als Worte der Prophetie», das heißt ohne rationale, stichhaltige halachische Begründung (bBaba Batra 12a; vgl. bErubin 60b; bBekhorot 45a). Daneben spiegelt sich darin auch der Aufstieg des Rabbinats und die Bedeutung des Lehrhauses als der entscheidenden Lehrinstanz. Die Propheten (als geistbegabte Seher und Weissager, Ekstatiker und Wundermänner) werden nicht mehr lediglich als Toralehrer angesehen, sondern regelrecht verdrängt und durch den Weisen, sprich: den Rabbi, abgelöst:

> Es sagte Rabbi Abdimi von Haifa: Seit dem Tag, als der Tempel zerstört wurde, ist die Prophetie den Propheten genommen und den

> Weisen gegeben worden. Aber ist denn ein Weiser nicht auch ein Prophet? Dies ist, was er gemeint hat: Auch wenn sie (die Prophetie) den Propheten genommen wurde, wurde sie nicht den Weisen genommen. Es sagte Amemar: Der Weise ist dem Propheten überlegen, wie es heißt (Ps 90,12 nach dem hebräischen Text!), «Und der Prophet ist das Herz der Weisheit». Wer hängt von wem ab? Du musst sagen: «Das Kleine (das Herz) hängt vom Großen (der Weisheit) ab.» (bBaba Batra 12a)

Die in der rabbinischen Literatur entwickelte verächtliche Redeweise über «Worte der Prophetie» als Inbegriff für ein irrationales Denken, das den logischen Standards der rabbinischen Halacha nicht genügte, und die Ineinssetzung von (wahrem) Prophet und Toralehrer prägten das Prophetenverständnis in der jüdischen Literatur des Mittelalters. Bei dem berühmten Gelehrten Rabbi Salomo ben Isaak (kurz Raschi) findet sich die Unterscheidung zwischen Tora und Kabbala: Während die Tora als Weisung für Generationen gegeben wurde, haben die Propheten ihre «Überlieferung» (Kabbala) durch den Heiligen Geist jeweils zu einer bestimmten historischen Stunde «empfangen». In der Terminologie deutet sich an, wo die eigentliche Prophetie und die biblischen Propheten (besonders Ezechiel und Daniel), sofern sie nicht von der Toragelehrsamkeit vereinnahmt oder mit ihr identifiziert werden, eine neue Heimat gefunden haben: in der jüdischen Mystik, die «Kabbala» genannt wird. Sie repräsentiert nicht die führende Richtung, aber doch immerhin einen bedeutenden Zweig des mittelalterlichen Judentums, der auch von rabbinischen Gelehrten wie Maimonides gewürdigt wurde. Und so blieben die Propheten – sei es im Widerspruch, sei es in der positiven Aneignung – bis in die Neuzeit eine ständige Herausforderung für das Judentum: «Philosophen und Rationalisten zwingen die Prophetie unter den gesunden Menschenverstand, Halachisten unter die positiven Aussagen der Halacha, und Mystiker sehen in ihr einen Teil der notwendigen mystischen Erfahrung ihrer religiösen Welt» (Chana Safrai).

3. Christliche Propheten

Auch in der christlichen Tradition sind die biblischen Propheten Gegenstand der fortwährenden Auslegung und werden hier in erster Linie als göttliche Verheißung interpretiert, die in Leben und Sterben und schließlich in der von seinen Anhängern postulierten und geglaubten Auferstehung ihres Herrn Jesus von Nazareth ihre letztgültige Erfüllung gefunden haben soll. Die Verbindung zu den Propheten der Hebräischen Bibel wird nirgends so deutlich und anschaulich wie in der Verklärungsszene in Markus 9, in der Mose und Elia mit dem verklärten Christus Zwiesprache halten.

Die Deutung der biblischen Propheten wie der Hebräischen Bibel, des von den Christen so genannten Alten Testaments, insgesamt auf Jesus Christus dominiert in der christlichen Theologie von ihren Anfängen bis heute. Gesucht und gefunden wird, «was Christum treibet» (Martin Luther), wobei die Propheten das eine Mal mehr als Verkündiger des Christus, das andere Mal – wie im rabbinischen Judentum – mehr als Lehrer verstanden wurden. Da Jesus im Neuen Testament gelegentlich als «Prophet» (Mt 21,11 u. ö.), «Hohepriester» (Hebr 3,1) und «König» (Joh 18,37) bezeichnet wird, hat sich in der altkirchlichen Literatur die Lehre von dem dreifachen Amt Christi *(triplex munus Christi)* herausgebildet, die sowohl von der reformierten als auch der lutherischen Tradition aufgegriffen und weiter ausgebildet, aber auch in der katholischen Tradition rezipiert wurde. Danach soll Jesus die Erlösung des Menschen durch ein prophetisches, priesterliches und

Die Verklärung Jesu mit Mose und Elia. Syrisches Lektionar aus Mosul, 13. Jahrhundert

königliches Amt bewerkstelligen. Die drei Ämter ließen sich leicht auf die Kirche und ihre Ämter – Bischof, Priester, Diakon oder, so in der reformierten Tradition (Bucer, Calvin), Pastoren/Lehrer, Älteste, Diakone – übertragen oder dazu in Beziehung setzen.

Anders als in den Schriften des rabbinischen Judentums ist im Neuen Testament und in der christlichen Literatur neben der Auslegung der biblischen Propheten als Ankündigung von Jesus Christus aber auch noch recht häufig von Propheten die Rede, die in der Nachfolge oder nach Art der biblischen Propheten öffentlich auftreten. Außer Johannes dem Täufer (Mt 14,5; Mk 11,32; Lk 1,76) und Jesus selbst, die beide als Elia redivivus nach Maleachi 3,23–24 angesehen wurden (Mt 11,14; Lk 1,17; Mk 6,15; 8,28), sind vor allem in Briefen des Paulus und in der Apostelgeschichte verschiedene Propheten und Prophetinnen genannt. Sie bekleideten zwar kein regelrechtes Amt, gehörten aber gewissermaßen zum personellen Inventar der frühen christlichen Gemeinden, kündeten vom «Tag des Herrn» (2. Thess 2,2) und bekräftigten ihre Botschaft durch Zeichenhandlungen (Apg 21,10–11). Besondere Kennzeichen ihres Auftretens waren die Ekstase und die sogenannte Glossolalie, das heißt das «Reden in Zungen», das als eine besondere Gabe des Heiligen Geistes galt (1. Kor 12,10). Wie in der jüdischen Apokalyptik gehören auch Himmelsreisen zu den prophetischen Erfahrungen (2. Kor 12,1–4; Apokalypse des Johannes, bes. Apk 4,1–2), und wie in Qumran die Ausleger der Propheten und besonders begabte Mitglieder der Gemeinschaft haben bei den frühen Christen die Propheten Einblick in die «Geheimnisse Gottes» (1. Kor 13,2; 14,2; vgl. 1QpHab VII,7–8).

Das Auftreten von (männlichen wie weiblichen) Propheten und Ekstatikern hat allerdings nicht selten zu Konflikten im frühen Christentum geführt, die, wie sich herausstellen sollte, grundsätzlicher Art waren und die Christentumsgeschichte bis heute begleiten.

Mantiker, Ekstatiker, Zauberer oder Wundertäter waren im antiken (vorrabbinischen) Judentum und frühen Christentum um die Zeitenwende nichts Überraschendes, sondern Bestandteil des in der Antike zu allen Zeiten und so auch in hellenistisch-römischer Zeit weit verbreiteten religiösen Brauchtums. Ob mit oder ohne Berufung auf die biblische Überlieferung, gehörten sie im Osten wie im Westen zum damals üblichen religiösen System. Daran haben auch die Verbote und die Polemik der biblischen und parabiblischen Literatur, die allein die biblischen Propheten gelten lässt und alle anderen zu «falschen Propheten» erklärt, nichts geändert. Im frühen Christentum haben einige von ihnen ihre Botschaft lediglich an das neue Bekenntnis zu Jesus Christus angepasst.

Ebenso wie in der Hebräischen Bibel, den Apokryphen und Pseudepigraphen, den Schriften von Qumran und der rabbinischen Literatur sind diese Erscheinungen des religiösen Brauchtums jedoch auch im Christentum zunehmend in Verruf geraten. Der Apostel Paulus fordert im ersten Brief an die Thessalonicher (5,19–22) dazu auf, die vom Geist bewegte prophetische Rede genauestens zu prüfen, das Gute zu behalten und das Schlechte zu meiden. Im 1. Korintherbrief unterscheidet er zwischen prophetischer Rede und dem Zungenreden, der ekstatischen Glossolalie (Kapitel 14). Nicht, dass er die Zungenrede gänzlich ablehnt, doch besteht er darauf, dass sie der Auslegung bedarf. Während das Reden in Zungen ein Reden mit Gott und sich selbst und als solches unverständlich sei, sei nur die prophetische Rede verständlich und imstande, den Menschen zur Erbauung, Ermahnung und Tröstung zu dienen und auch den Ungläubigen zum Glauben an Gott zu bewegen. Sowohl für das Reden in Zungen als auch für die prophetische Rede verlangt Paulus, dass alles gesittet zugeht und nicht alle durcheinanderreden (wie in Apg 2,1–13), sondern einer nach dem anderen: «Denn Gott ist nicht ein Gott der Unordnung, sondern des Friedens» (1. Kor 14,27–33). Es ist nicht von ungefähr, dass Paulus in diesem Zusammenhang auch auf die Rolle der Frauen zu sprechen kommt und der Gemeinde von Korinth sein berühmt-berüchtigtes Diktum «Das Weib schweige in der Gemeinde» empfiehlt (1. Kor 14,33–35). Dabei dürfte vor allem an Ekstatikerinnen und Prophetinnen gedacht sein, die sich im frühen Christentum in besonderer Weise von dem neuen Bekenntnis angesprochen fühlten.

Im selben Kapitel (1. Kor 14,6) verbindet Paulus die prophetische Rede mit Verstand, Erkenntnis und Lehre. Damit deutet sich schon recht früh ein Konflikt an, der die Christentumsgeschichte bis heute begleitet. Wie im rabbinischen Judentum bildete sich auch im frühen Christentum bald eine theologische Lehre heraus, die die religiöse Überlieferung nach den Regeln der Vernunft auslegt und auf feste institutionelle Strukturen angewiesen ist. Dem Rabbinat trat das Episkopat, dem Lehrhaus die Kirche zur Seite. Mit dieser Entwicklung ging die Zurückdrängung oder Eingrenzung der Prophetie und ähnlicher Erscheinungen einher. Auch im Christentum wurden die Propheten zu theologischen Lehrern, und die Vertreter der theologischen Lehre traten an die Stelle der Propheten.

Von Zeit zu Zeit flammte jedoch – ob mit und ohne Rekurs auf die biblischen Propheten – immer wieder einmal der prophetische Geist auf und sorgte für Unruhe oder, um mit Paulus zu sprechen, für «Unordnung». In der alten Kirche war dies eine Bewegung, die nach ihrem Gründer Montanus «Montanismus» genannt wird und vom 2. bis ins 6. Jahrhundert andauerte. Montanus gab sich als die Verkörperung des Heiligen Geistes aus, der im Johannesevangelium Paraklet, «Tröster», genannt wird, und kündete das nahende Ende der Welt an. Um sich darauf vorzubereiten, rief er zu einem asketischen Lebenswandel und zum Martyrium auf. Neben ihm sind als Gründungsfiguren zwei Frauen,

Priscilla und Maximilia, namentlich bekannt, die als Prophetinnen auftraten. Die Bewegung ging von Phrygien in Kleinasien aus und breitete sich nach dem Tod des Montanus und der beiden Prophetinnen rasch bis nach Nordafrika und schließlich sogar im Westen bis nach Rom aus.

Auch die von dem Propheten und Religionsstifter Mani ausgehende Religion löste in der Alten Kirche bis ins frühe Mittelalter große Unruhe aus. Mani (216–276/77) war ein Perser, der dem judenchristlichen Milieu im zoroastrisch geprägten Sassanidenreich des 3. Jahrhunderts entstammte und einer christlichen Täufergemeinschaft in Babylonien, in der Gegend des heutigen Bagdad, angehörte. Er berief sich auf göttliche Offenbarungen und verstand sich als Nachfolger von Zarathustra, Buddha und Jesus. Seine Lehren sind – denen der Gemeinschaft von Qumran nicht unähnlich – von einem rigorosen Dualismus, einer radikalen Ethik und dem Bewusstsein der Auserwähltheit geprägt und werden von der Religionswissenschaft als Gnosis («Erkenntnislehre») bezeichnet. Seine Erneuerungsbewegung wurde zunächst von den zoroastrischen Sassaniden gefördert, doch hielt das Einvernehmen nicht lange an, und Mani wurde auf Betreiben zoroastrischer Priester ins Gefängnis gebracht, wo er verstarb. Der raschen Ausbreitung seiner Lehren zunächst in Babylonien und Persien, anschließend bis nach China und in die westliche Welt tat sein Tod keinen Abbruch, sondern beförderte sie sogar.

Solche und ähnliche Bewegungen machten der christlichen Kirche sehr zu schaffen, weil sie von innen kamen und sich auf die jüdische und christliche, nicht zuletzt auf die prophetische und apokalyptische Überlieferung berufen konnten. Ihren Ausgang nahmen sie meist bei der Unzufriedenheit über erstarrte Lehren und Institutionen der etablierten Kirche, die den anfänglichen Impuls der Naherwartung eines baldigen Endes nicht aufrechtzuerhalten vermochte und deren Sitten mehr und mehr verkamen und zu sozialen Verwerfungen führten. Das lebendige religiöse Umfeld des orientalischen Christentums in Syrien, Mesopotamien, Kleinasien und Ägypten führte zu einem vielfältigen Austausch, den man in der älteren Religionswissenschaft mit dem etwas unglücklichen Begriff des «Synkretismus» bezeichnet hat. Heute hat sich das Verständnis von Religion als einem dynamischen Prozess durchgesetzt, der sich in einem Geflecht von vielfältigen sozialen, politischen, kulturellen und religiösen Rahmenbedingungen vollzieht und zu unterschiedlichen Ausprägungen führt. Zwei solcher Ausprägungen, die neben dem lateinischen, griechischen und syrischen Christentum immerhin für ein paar Jahrhunderte bestanden, aber als Irrlehren bekämpft wurden, waren der Montanismus und der Manichäismus.

Die etablierten christlichen Kirchen und Theologen des Ostens und des Westens reagierten teils unsicher, teils ungehalten auf diese inner- und außerkirchlichen Entwicklungen. Sie versuchten, den Geist in der Lehre und im Amt zu zähmen, und brandmarkten die prophetischen Bewegungen und ihre Lehren mehr und mehr als Häresie, das heißt als Abfall von der reinen und wahren Lehre der einen Kirche. Das war auch bei der Reformation der Fall, die selbst aus einer solchen Erneuerungsbewegung, die sich auf die biblischen Propheten berief, hervorgegangen ist. Die Wichtigkeit gerade der biblischen Propheten für die Reformation zeigt der Wettlauf in der Anfertigung von deutschen Übersetzungen. Noch vor dem Erscheinen der berühmten Lutherbibel im Jahr 1534 kamen 1527 die «Wormser Propheten» heraus, die erste protestantische Übersetzung der Propheten des Alten Testaments ins Deutsche, die von Ludwig Hätzer und Hans Deck angefertigt wurde, vermutlich unter Beteiligung von jüdischen Gelehrten. Die Übersetzung wurde jedoch schon im Jahr ihres Erscheinens von dem Stadtrat in Nürnberg verboten und stieß auch unter den führenden Reformatoren, allen voran Martin Luther, der das Werk eigentlich hätte begrüßen müssen, auf Ablehnung. Der Grund für die Ablehnung war, dass die Übersetzung aus Kreisen der Täuferbewegung stammte, und wohl auch, dass Juden an ihr beteiligt waren.

Die Täufer oder «Schwärmer», als welche sie auch diffamiert wurden, waren der radikale Zweig der Reformation, in dem sich bei einigen herausragenden Gestalten wie Thomas Müntzer (1489–1525) oder Hans Hut (1490–1527) die sehr weit gehenden Forderungen nach religiöser, sozialer und politischer Erneuerung mit prophetischen und apokalyptischen Ideen mischten. Diese waren nicht nur der römischen Kirche, gegen die sich die reformatorischen Bewegungen erhoben, sondern auch den Weggefährten und Mitstreitern der Reformation selbst zu weitgehend und gefährlich und wurden von ihnen schließlich hart bekämpft. Auch in der Reformation setzte sich «der Gott des Friedens» gegen den «Gott der Unordnung», sprich: die Amtskirche, durch, in der die biblischen Propheten zu Kündern von Jesus Christus und Lehrern der kirchlichen Dogmen wurden. Auch wenn der Anlass – die Erstarrung der kirchlichen Dogmen, die Verkommenheit des Klerus und die nicht zuletzt dadurch verursachten politischen und sozialen Probleme der Zeit – derselbe war, hat auch die Reformation, wie bisher jede Revolution, ihre eigenen Kinder gefressen und Täufer und «Schwärmer» abgelehnt, um sich in der politischen Gemengelage ihrer Zeit behaupten und auf Dauer in neuen institutionellen Strukturen überleben zu können.

Doch auch das konnte die Flamme der Prophetie nicht löschen. In der Christentumsgeschichte der Neuzeit sind immer wieder religiöse und soziale Bewegungen entstanden, die sich auf biblische oder nichtbiblische Propheten beriefen oder es ihnen gleichtaten. So etwa die von Joseph Smith (1805–1844) ins Leben gerufenen Mormonen, die sich in ihrer Gründungsurkunde, dem Buch Mormon, auf obskure, apokryphe (vermutlich erfundene) Propheten wie den um 600 v. Chr. aus Jerusalem geflohenen Propheten Nephi und seine Nachkommen beziehen. Aber auch innerhalb der etablierten Kirchen gab es immer wieder Bewegungen, die sich auf die Propheten beriefen, etwa die in den 1960er-Jahren entstandene, überwiegend katholische Befreiungstheologie, die die soziale und kultische Kritik der Propheten unmittelbar auf ihre Lebenssituation in Lateinamerika bezog, oder die christliche Friedensbewegung vor allem in den 1980er-Jahren, die sich das prophetische Motto «Schwerter zu Pflugscharen» aus Jesaja 2 bzw. Micha 4 auf die Fahnen schrieb. Die zu Beginn des 20. Jahrhunderts entstandenen Pfingstkirchen haben das Zungenreden wiederentdeckt und verbreiten sich seit einigen Jahrzehnten vor allem in Südamerika und Afrika stark. Alle diese und viele andere Bewegungen sind aus dem Bedürfnis nach Spiritualität, Gemeinschaft und sozialer Gerechtigkeit entstanden, das die großen, institutionell verfassten Volkskirchen, sei es die römisch-katholische Kirche, seien es die orthodoxen oder die reformierten und lutherischen Kirchen, die im herrschenden politischen und sozialen System fest verankert sind und in denen alles nach festen Regeln zugeht, offenbar nicht in ausreichendem Maße zu befriedigen vermögen. Gelegentlich herrscht darum auch in der Kirche nicht nur der «Gott des Friedens», sondern auch der «Gott der Unordnung».

4. Islamische Propheten

Aus einer religiösen, sozialen und politischen Erneuerungsbewegung ist auch der Dritte im Bunde der abrahamitischen Religionen, der Islam, hervorgegangen. In ihm gehört der Glaube an die Propheten zu den sechs Artikeln des Glaubens: der Glaube an Gott, seine Engel, seine Bücher, seine Propheten, den jüngsten Tag und die Bestimmung des Guten und Bösen. Terminologisch

Muhammad und Mose. Persische Miniatur aus dem 15. Jahrhundert

besteht ein Unterschied zwischen dem Gesandten (rasūl) und dem Propheten (nābī), doch sind die beiden Begriffe im Koran nicht klar voneinander abgegrenzt. Mose, Jesus und Muhammad sind beides, Gesandter und Prophet.

Als Gesandte und/oder Propheten werden im Koran vor allem biblische Gestalten, daneben aber auch Figuren aus der altarabischen Tradition genannt. Merkwürdigerweise fehlen mit der Ausnahme von Jona die Namen der biblischen Schriftpropheten ganz. Das bedeutet nicht, dass sie vollkommen unbekannt gewesen wären. Manche Anspielung – wie der versteckte Hinweis auf Ebed-Melech (Jer 38,7–12; 39,15–18; 4. Baruch) und die Wiederbelebung der toten Gebeine (Ez 37) in Sure 2,259 – lässt auf die Kenntnis von biblischen und parabiblischen (apokryphen) Prophetenüberlieferungen schließen. Auch der religiöse und soziale Rigorismus sowie die eschatologischen Vorstellungen im Koran sind ohne den Hintergrund der biblischen Propheten sowie der jüdischen und christlichen Apokalyptik nicht zu denken. Das Phänomen erinnert an das «Prophetenschweigen» in der erzählenden Literatur der Hebräischen Bibel, in der die Schriftpropheten mit wenigen Ausnahmen (Jesaja in Könige und Chronik, Jeremia nur in der Chronik) ebenfalls nicht vorkommen, aber bekannt und vorausgesetzt sind.

Der Grund für das «Prophetenschweigen» im Koran ist, dass dieser sich in der Hauptsache auf die narrative (haggadische) Überlieferung der jüdischen und der christlichen Tradition bezieht. Darum gilt die namentliche Wertschätzung in erster Linie den Vorvätern und Vätern Israels von Adam bis Jesus (2,136/3,84; 3,33–34; 6,83ff.; 19,58), unter ihnen auch den Propheten Elia und Elisa, die in der erzählenden Literatur der Bibel begegnen (1. Kön 17–2. Kön 10), und als einzigem Schriftpropheten Jona. In Analogie zur Kette der prophetischen Toragelehrten in der rabbinischen Tradition und der Genealogie von Abraham bis Jesus in Matthäus 1 bilden die biblischen Ahnen im Koran eine Traditionskette göttlicher Gesandter und Propheten, deren krönenden Abschluss als «Siegel der Propheten» (Sure 33,40) ein Gesandter und Prophet verkörpert, der an vier Stellen im Koran den Namen «Muhammad» trägt: «Es gibt keinen Gott außer Allah, und Muhammad ist sein Gesandter», so heißt es im späteren Glaubensbekenntnis des Islams.

Die Auswahl der biblischen Vorfahren und ihre Interpretation als Propheten deutet auf ein eigenes Prophetenverständnis, das der frühe Islam im Kontext und in Auseinandersetzung mit der jüdischen und der christlichen Schriftexegese der Spätantike entwickelt hat. Gestützt auf die Arbeiten von Josef Horovitz (*Koranische Untersuchungen*, 1926, und *Jewish Proper Names and Derivatives in the Koran*, 1964) und anderen hat Angelika Neuwirth (*Der Koran als Text der Spätantike*, 2010, 613ff.) die Entwicklung rekonstruiert. Bei dem Prophetenbild des Korans handelt es sich demnach nicht um ein fertiges Konzept oder festes System, sondern um eine facettenreiche schriftgelehrte Exegese, die die historischen Etappen der Formierung des Islams in Mekka und Medina unter Muhammad sowie die damit einhergehenden und späteren Stadien der Entstehung des Korans widerspiegelt. Wie in Judentum und Christentum hat man es also auch im Islam mit verschiedenen Ausprägungen des Prophetenverständnisses in der Rezeption und Auslegung der biblischen und parabiblischen Überlieferung zu tun, wobei die islamische Rezeption nicht direkt aus den biblischen Quellen, sondern aus der jüdischen und christlichen Auslegungstradition schöpft und an ihr partizipiert.

Die zentrale Botschaft der Propheten im Koran ist der Glaube an den einen und einzigen Gott. Dieser Glaube ist der Kern der sogenannten Straflegenden, einer Gattung von Prophetenerzählung, die von zerstörten Städten und «untergegangenen Völkerschaften» handelt. Ihr Untergang wird damit erklärt, dass sie der Aufforderung eines von Gott gesandten Boten zum rechten Glauben nicht gefolgt seien und dafür bestraft wurden und untergegangen sind. Von Ferne erinnert das Erzählmuster an die Gerichtspropheten der Hebräischen Bibel: «Glaubt ihr nicht, so bleibt ihr nicht» (Jes 7,9) oder «Siehe, ich setze dich heute über Völker und Königreiche, dass du ausreißen und einreißen, zerstören und verderben sollst und bauen und pflanzen.» (Jer 1,10; vgl. 27,5–11) Auch wenn den Straflegenden die für die biblischen Propheten kennzeichnende Fokussierung auf ein auserwähltes Volk fehlt, dienen doch auch sie der Vergewisserung der eigenen Identität und der Richtigkeit des von dem Propheten eingeschlagenen Weges: Der Bote des Eingottglaubens wird gerettet und ist Vorbild für die Gläubigen; Verfall und Zerstörung einst bewohnter Städte und Überreste älterer, vorislamischer Zivilisation erhalten im Licht der Botschaft des Propheten einen neuen, geschichtstheologisch fundierten Sinn.

In nicht wenigen Suren des Korans (7, 11, 26, 29, 51, 54) aus verschiedenen Zeiten werden drei solcher Straflegenden von arabischen Propheten erzählt (Hud, Salih und Schuaib) und mit Episoden von Noah, Abraham/Lot und Mose verwoben (vgl. 22,42–44). Auch in diesen Episoden geht es um die Vernichtung eines ungläubigen Volkes und den rechten Glauben, für den die biblischen Gestalten in Anspruch genommen werden. Dem steht in anderen Suren (19, 21, 37, 38) die Auflistung der biblischen Ahnen von Noah bis Jesus gegenüber, denen Rettung oder andere Gnadenerweise zuteilwurden. Außer dem Bekenntnis zum einen und einzigen Gott verbinden sich mit ihnen verschiedene Vorstellungen und Züge, die teils aus der jüdischen und christlichen Auslegung genommen sind, teils aus der vorislamischen, altarabischen Lokaltradition stammen und teils von den Autoren oder Redaktoren des Korans hinzugefügt wurden und die biblischen Ahnen zu Propheten Gottes stilisieren. Im Hintergrund der sich wandelnden Stilisierung stehen die geschichtlichen Auseinandersetzungen des frühen Islams in Mekka und Medina.

Das sei am Beispiel der Karriere Abrahams kurz demonstriert, wie sie zuletzt Angelika Neuwirth (*Der Koran als Text der Spätantike*, 2010, 633–652) und Matthias Köckert (*Abraham*, 2017, 404–451) nachgezeichnet haben. In einem Strang der Überlieferung, der in die früheste mekkanische Epoche zurückreicht, ist Abraham noch nicht selbst Bote (Gesandter oder Prophet), sondern empfängt die Boten Gottes, die ihm frohe Kunde, die Verheißung von Nachkommen, bringen. Die Episode geht auf den Stoff in Genesis 18–19 zurück und mündet in die Straflegende gegen die Leute Lots (Suren 11, 15, 51). Dass Abraham die Verheißung erhält und Lot gerettet wird, lässt erkennen, dass beide wie selbstverständlich zu den Gläubigen zählen. Schon in den ältesten Suren wird Abraham namentlich erwähnt (87,19) und wie in der Hebräischen Bibel (Neh 9,7–8) mit dem Attribut der «Treue» versehen (53,37), das in der Bibel auf die Stelle Genesis 15,6, im Koran vermutlich auf die Prüfung Abrahams in Genesis 22 (Aqeda, «Bindung») anspielt.

Wie Abraham zum Glauben an den einen Gott gekommen ist, erzählt eine Episode, die sich ebenfalls in einer der in Mekka entstandenen Suren findet und durch den gesamten Koran zieht (Suren 6, 19, 21, 26, 29, 37). In diesem Zusammenhang wird Abraham auch als «Prophet» (nābī) bezeichnet (19,21). Die Episode stammt aus der parabiblischen jüdischen Überlieferung (Jub 12 u. ö.) und erzählt, wie Abraham – durch die Betrachtung der Gestirne und ihres Laufs (6,74–79) – sich zum einen und einzigen Gott bekehrt, die Götzen seines Vaters zerstört und seine Landsleute davon zu überzeugen versucht, dass die Bilder keine Götter, sondern nur leblose Gebilde von Menschenhand seien. Damit zieht er den Zorn seines Volkes auf sich und soll verbrannt werden, doch Gott rettet ihn aus dem Feuer (vgl. Dan 3). Nur Lot schenkt ihm Glauben und zieht mit Abraham in ein anderes Land (21,71; 29,26). Beide geben alles auf, ihren alten Glauben, ihre Familie und die Heimat, um Gott zu folgen und sich von ihm rechtleiten zu lassen (37,99). Abraham erweist sich damit als Urbild des Hanif, des «wahren Gläubigen» (6,79), wie es in einer relativ jungen Fassung der Episode heißt.

In der ältesten Fassung aus mekkanischer Zeit (37,99 ff.) wird der Glaube des gerade bekehrten Abraham auf die Probe gestellt, sobald er alle familiären Bindungen aufgegeben und sich der Leitung Gottes anvertraut hat. In loser Anlehnung an Genesis 22 wird berichtet, wie Abraham seinen Sohn, den Gott ihm zuvor geschenkt hat, opfern soll, was Gott im letzten Augenblick verhindert. Der Sohn wird nicht namentlich genannt. Wahrscheinlich war zunächst wie in der Hebräischen Bibel Isaak gemeint, in der islamischen Auslegungstradition gehen die Meinungen jedoch auseinander, ob es Isaak oder eher Ismael war, der älteste Sohn

Abrahams und Stammvater der Araber. Anders als in der Hebräischen Bibel, doch wie in der späteren jüdischen Auslegung, willigt nicht nur Abraham in das Opfer ein, sondern (vielleicht erst in einer späteren Ergänzung) auch sein Sohn. Beide erweisen sich damit als Urbild eines Muslim, eines «Gottergebenen» (37,103).

Doch die Episode hat noch eine zweite Pointe, die im Laufe der Überlieferungsgeschichte des Korans aufgegriffen und entfaltet wurde. In Sure 37 ist der Ort der Opferszene nicht genannt. Sie soll geschehen sein, als Abraham «mit ihm den Lauf erreichte» (37,102); möglicherweise ist damit der kultische «Umlauf» in Mekka gemeint, auch wenn schon die früheste islamische Tradition die Stelle gerade nicht im kultischen Sinne deutet. In der jüngeren Sure 2 aus medinischer Zeit und in der islamischen Tradition wird die Szene ausdrücklich in der Gegend von Mekka lokalisiert, so wie die jüdische Tradition – über die Ortsätiologie in Genesis 22,14 – den Ort mit Morija (2. Chr 3), dem Tempelberg in Jerusalem, in Verbindung bringt. Nach bestandener Prüfung wird das Opfer des Sohnes – wie in der biblischen Vorlage (Gen 22) – durch ein Tieropfer ersetzt, und zwar ein Schlachtopfer, wie es bei der Wallfahrt nach Mekka üblich war. Kurz: Schon die Opferszene in Sure 37 deutet an, dass Abraham nicht nur der erste Hanif und erste Muslim ist, sondern auch der Stifter des Wallfahrtsfestes von Mekka.

Abraham als Kultstifter ist denn auch das Thema von späteren Suren der medinischen Periode, die Abraham ein Gebet für Mekka sprechen lassen (14,35 ff.) und ihn zusammen mit seinem Erstgeborenen Ismael im Rückbezug auf die Prüfung Abrahams in Sure 37 zum Erbauer des Heiligtums, der Kaaba, und Gründer des Kults in Mekka erklären (2,124 ff.). Der Kultort heißt fortan die «Stätte Abrahams» (2,125; 3,97). Die Stilisierung Abrahams als Kultstifter hat eine doppelte polemische Stoßrichtung. Zum einen grenzt sie sich vom vorislamischen, altarabischen Kult von Mekka ab, von dem das Heiligtum durch Abraham und Ismael gereinigt worden sein soll. Zum anderen macht sie Juden und Christen den Anspuch streitig, die einzigen legitimen Nachfahren Abrahams zu sein, und setzt Mekka als religiösen Orientierungspunkt an die Stelle von Jerusalem. Der Platz, an dem Abraham seinen Sohn opfern sollte, die «Stätte Abrahams», wird zur «Stätte des Gebets» (2,125; vgl. Jes 56,7) und ist nicht mit Morija, dem Tempelberg in Jerusalem, sondern mit der Kaaba in Mekka identisch. Dementsprechend wird die Gebetsrichtung (Qibla) von Jerusalem (vgl. 1. Kön 8; Dan 6) nach Mekka verlegt (2,142–144), was auf eine konkrete religionspolitische Maßnahme hindeutet, die nach islamischer Tradition im Jahr 624, im zweiten Jahr nach der Auswanderung nach Medina, erfolgte.

Wie schon in den älteren Suren 37 und 6 aus mekkanischer Zeit ist Abraham auch in Sure 2 aus der medinischen Epoche «wahrer Gläubiger» (hanīf) und «Gottergebener» (muslim), doch ist er hier noch mehr. Er ist kein Heide, aber auch weder Jude noch Christ (2,135.140; 3,67), sondern – wie vermutlich in Aufnahme und Umdeutung von Genesis 12,3 gesagt wird – «Vorbild (imām) für die Menschen» (2,124). Sein Gott und seine Religion, der «Bund Abrahams» (millat Ibrahīm), sind älter als die Tora und das Evangelium (3,65) und daher für alle, die sich «dem Herrn der Weltbewohner ergeben» (2,131), verbindlich. Abraham nimmt hier eine vergleichbare Stellung ein wie bei Paulus in Römer 4 (bes. Vers 10–11) und Galater 3 (bes. Vers 17–18). Dient er Paulus zur Rechtfertigung der Öffnung des Glaubens für alle Völker jenseits des Judentums, so im Koran jenseits von Judentum und Christentum. Neben das Rabbinat und die Kirche tritt das Imamat.

Abraham, der «Freund Gottes» (4,125), wie er auch in der Hebräischen Bibel (Jes 41,8; 2. Chr 20,7), im Neuen Testament (Jak 2,23) und vielen parabiblischen Schriften genannt wird (Jub 19,9; 30,20–21; CD III,2–4; 4Q252 ii 8 u. ö.), ist am Ende alles in allem: «Prophet» (nābī), «wahrer Gläubiger» (hanīf), «Gottergebener» (muslim), «Vorbild» und «Vorbeter» (imām) für alle Menschen und nicht zuletzt Stifter der islamischen (abrahamitischen) Religion (millat Ibrahīm) sowie Erbauer und Gründer der heiligen Stätte in Mekka, der «Stätte Abrahams» (maqām Ibrahīm). Als solcher ist er das Urbild des «Gesandten» und «Propheten» schlechthin: Muhammad (3,68), der die Reihe der Propheten von Adam bis Jesus – unter ihnen vor allem Abraham, Mose und Jesus – ein für alle Mal abschließt, also ebenso wie Jesus im Neuen Testament die Verheißung der Propheten «erfüllt» und vollendet.

Auch die Rolle Muhammads als abrahamitischer Prophet hat eine doppelte polemische Stoßrichtung, die mit dem Verständnis der biblischen Propheten in der jüdischen und der christlichen Tradition vergleichbar und davon abgeleitet ist:

Nach innen wird Muhammad damit von konkurrierenden monotheistischen Propheten seiner Zeit sowie von vorislamischen, altarabischen («heidnischen») Propheten abgegrenzt, so wie auch die Propheten der Hebräischen Bibel von dem altorientalischen, auch in Israel und Juda selbst vorherrschenden Prophetentum sowie Jesus und die christlichen Propheten von den «falschen» Propheten ihrer Zeit und Umwelt abgesetzt werden. Aus dem altarabischen «Seher» (kāhin) ist der «Gesandte» (rasūl) und «Prophet» (nābī) nach abrahamitischem Vorbild und Dichter-Prophet des Korans geworden. Es ist ein neuer, schwer fassbarer Typus von Prophet, der – ähnlich wie der biblische Amos (7,10–17) – den Vorwurf vehement von sich weist, ein «Seher» oder Ekstatiker und von Dämonen besessen zu sein (81,19–27) oder auch nur Dichter und Erfinder der göttlichen Offenbarung zu sein (52,29–34). Wie bei den Propheten der Hebräischen Bibel und bei Jesus im Neuen Testament stehen der Glaube an den einen und einzigen Gott und die persönliche, religiöse wie ethische Verantwortung vor diesem Gott im Zentrum, mit all den radikalen Konsequenzen, die dies für den Kultus und das soziale Verhalten der Menschen hat. Wie die Propheten als schriftgelehrte Toralehrer das rabbinische Judentum, so begründen die Propheten von Abraham bis Muhammad die spätere islamische Tradition und das islamische Gesetz. Der jüdischen, rabbinischen Halacha («Wandel») tritt die islamische Scharia («Wegweisung») zur Seite.

Nach außen wird im Laufe der Zeit mehr und mehr eine Grenze gegen die jüdischen und christlichen Propheten, besonders Mose und Jesus, gezogen. Zwar gelten auch sie als Künder und Vorläufer des wahren Glaubens an den einen und einzigen Gott, doch treten sie hinter dem Urbild der islamischen Religion, Abraham, und ihrem Vollender, Muhammad, weit zurück. Muhammad nimmt damit den Platz von Mose und Jesus ein, so wie zuvor Jesus den Platz von Mose und den Propheten, und davor Mose und die Propheten den Platz der althergebrachten Religion Israels und Judas eingenommen haben.

Was die drei abrahamitischen Religionen des Judentums, Christentums und Islams eint, trennt sie zugleich. Wie das biblische und darauf gründende rabbinische Judentum seine eigene (kanaanäisch geprägte) israelitisch-judäische Herkunft in sich aufgenommen und sich gleichzeitig davon verabschiedet hat und wie das Christentum das Judentum fortgeführt und sich mehr und mehr davon distanziert hat, so absorbiert der Islam beides, Judentum und Christentum, und setzt sich doch von ihnen entschieden ab. Alle drei Religionen beten den einen Gott an, alle drei Propheten – Mose, Jesus, Muhammad – beziehen sich auf den Bund Gottes mit Abraham, verstehen darunter aber Grundverschiedenes. Eine Annäherung der drei abrahamitischen Religionen ist daher kaum mit der Beschwörung der Gemeinsamkeiten zu erreichen, sondern beginnt mit dem Verstehen der Unterschiede und dem Verständnis für das Trennende auf dem Weg zum gemeinsamen Ziel. Auf diesem Weg kann allerdings nur eine konsequente Historisierung der drei Ausprägungen der abrahamitischen Religionen zum Verstehen und gegenseitigen Verständnis führen und so vielleicht auch den radikalen, fundamentalistischen Tendenzen wehren, die allen drei abrahamitischen Religionen inhärent sind. Von einem Dialog, der darauf basiert, dass alle Dialogpartner nicht nur die jeweils andere, sondern in erster Linie die eigene Religion konsequent historisieren, sind wir allerdings noch weit entfernt.

Anhang

Offene Fragen der Prophetenforschung

Wer über die Propheten forscht, sollte dem gegenwärtigen Stand der Forschung entsprechend von den folgenden Voraussetzungen ausgehen: Eine Einheit von Prophet und Prophetenbuch ist nicht gegeben, ganz gleich, ob man den Propheten oder das Buch in den Vordergrund stellt. Die Aussagen, die ein Prophetenbuch überliefert, können historisch nicht beim Wort genommen werden. Schließlich bildet ein Prophetenbuch keine literarische, konzeptionelle, dramatische oder wie auch immer definierte Einheit. Wer es kritisch liest, muss zwischen typischen Phänomenen der altorientalischen Prophetie und der individuellen, nur in der biblischen Überlieferung greifbaren Ausprägung von Prophetie sowie zwischen älteren und jüngeren Bestandteilen der biblischen Überlieferung unterscheiden. Aus diesen Voraussetzungen ergeben sich die Fragen und Aufgaben, die heute auf der Tagesordnung der Prophetenforschung stehen.

1. Prophetenwort und Prophetenbuch

Propheten und Prophetinnen des Alten Orients standen in geheimnisvollem Kontakt zu den Göttern, deren Botschaften sie übermittelten. Die Botschaften wurden auf verschiedene Weise, mündlich wie schriftlich, weitergegeben und gelegentlich einzeln oder in kleinen Sammlungen festgehalten und archiviert, so dass auch wir durch den archäologischen Zufall Kenntnis davon haben. Soweit wir sehen, haben die Propheten des Alten Orients wie auch die in den Lachisch-Briefen erwähnten judäischen Propheten jedoch keine Bücher geschrieben.

Vor diesem Hintergrund geben die biblischen Bücher der Propheten und noch mehr die Sammlung der Prophetenbücher im Corpus propheticum große Rätsel auf. Der Forschung ist es bisher noch nicht gelungen, die Gattung Prophetenbuch eindeutig zu bestimmen und zu erklären. Worte, die einstmals mündlich ergingen und für eine konkrete historische Situation bestimmt waren, Weissagungen, die sich als Worte des Propheten ausgeben, aber aus späterer Zeit stammen und von vornherein für das Buch formuliert wurden, sowie Erzählungen über den Propheten sind darin zu einer Einheit zusammengefasst, die von einer die Zeiten überdauernden Bedeutung und Aussagekraft ist. Doch im Grunde wissen wir nicht, was wir in den biblischen Prophetenbüchern vor uns haben. Wir wissen nicht, für welchen Zweck die Bücher verfasst wurden, wer sie ursprünglich gelesen hat und wie sie benutzt wurden. Vor allem wissen wir nicht, wer für die Abfassung der Bücher verantwortlich war, der Prophet selbst, seine «Schüler» oder anonyme Schreiber.

Erst die Pescharim von Qumran, die ältesten Kommentare zu den Prophetenbüchern, belegen für die Zeit ab dem 1. Jahrhundert v. Chr. einen konkreten Gebrauch. Hier werden die Bücher Zeile für Zeile oder in Auswahl zitiert, anschließend für die eigene Zeit ausgelegt und dabei auf die Situation der Gemeinschaft von Qumran bezogen. Das erinnert an das Ideal des Schriftgelehrten, der nicht nur über die Tora nachsinnt, sondern die Weisheit aller Vorfahren erforscht und so auch die Prophezeiungen, die Reden berühmter Männer sowie die Geheimnisse und Rätsel der Weisheitssprüche studiert (Sir 39). Doch wo war ein solcher Schriftgelehrter ansässig, wo hat er die Schriften studiert und wem hat er seine Einsichten gelehrt? In den Schriften vom Toten Meer treffen wir ihn an. Sollten die Prophetenbücher selbst von Anfang an für das Schriftstudium in gelehrten und frommen Zirkeln wie der Gemeinschaft von Qumran geschaffen worden sein? Wurden sie – in Analogie zur Sammlung von Weisheitssprüchen – als eine Art allgemeines Bildungsgut und Orientierungswissen für Gottesgelehrte und Fromme verfasst?

2. Worte und Erzählung

Eine andere Frage wirft das Nebeneinander von Prophetenrede und Prophetenerzählung in den Prophetenbüchern und der übrigen biblischen Überlieferung auf. Die Prophetenbücher bestehen mehrheitlich aus Prophetenrede, enthalten aber auch Erzählungen über die Propheten: Berichte über Zeichenhandlungen (Jes 8,1–4), kürzere Erzählungen (Am 7; Jes 7 oder Jer 20; 27–28) oder ganze Erzählzyklen (Jes 36–39; Jer 36–45). Umgekehrt finden sich in den Geschichtsbüchern, namentlich in den Königebüchern, mehrheitlich Prophetenerzählungen und nur gelegentlich Aussprüche oder Reden von Propheten. Im religionsgeschichtlichen Vergleich fällt auf, dass die Erzählungen in den Prophetenbüchern wie auch in den geschichtlichen Büchern der Hebräischen Bibel – von den Erscheinungsformen und oft auch vom Inhalt her – der übrigen altorientalischen Prophetie viel näher stehen als die Reden der biblischen Propheten, die mit den altorientalischen Parallelen lediglich die Redeformen, aber nicht die Inhalte teilen. Umgekehrt zeigt die literarische Analyse, dass die Reden oft älter und ursprünglicher sind als die Erzählungen.

Dieser Sachverhalt stellt die Erklärung der Propheten vor große Schwierigkeiten. In der Regel folgt man der Suggestion der biblischen Darstellung und bezeichnet die Prophetie, die in den Prophetenerzählungen (der geschichtlichen Bücher wie auch der Prophetenbücher) begegnet, als die «vorklassische» und die Prophetie der Reden und Aussprüche in den Büchern als die «klassische» Prophetie. Angesichts des religionsgeschichtlichen Vergleichs und der überlieferungsgeschichtlichen Verhältnisse ist diese Bezeichnung irreführend. Was in der Bibelwissenschaft «vorklassisch» genannt wird, entspricht der «klassischen» Prophetie im übrigen Alten Orient; was dagegen bei den biblischen Propheten «klassisch» heißt, stellt im übrigen Alten Orient eher die Ausnahme dar. So muss man offenbar mit einer komplizierten Entwicklung rechnen, in der sich die biblischen Propheten (in den Reden), ausgehend von der historischen Erscheinung der «klassischen» altorientalischen Prophetie, inhaltlich, aber auch formal von ihrem Ursprung entfernt haben, bevor die Überlieferung (in den Erzählungen) in späterer Zeit wieder zu den alten altorientalischen Mustern der «klassischen» Prophetie zurückkehrt, aber gleichzeitig eine inhaltliche Distanz dazu wahrt, bis hin zur Verurteilung mantischer und magischer Praktiken, die zum Phänomen der altorientalischen Prophetie von Hause aus dazugehören.

Inwieweit die Reden und Erzählungen auf einen historischen Propheten zurückgehen oder ihm von der späteren Überlieferung zugeschrieben wurden, steht wiederum auf einem anderen Blatt. Jedenfalls sollte der komplizierte religions- und überlieferungsgeschichtliche Befund den Ausleger davor bewahren, das eine vorschnell mit dem anderen zu korrelieren und aus der Vermischung von beidem eine Biographie des Propheten oder die Konturen seiner Botschaft zu konstruieren.

3. Ältere und jüngere Orakel

Nicht nur das merkwürdige Nebeneinander von Reden und Erzählungen, sondern auch das Verhältnis der in den Prophetenbüchern gesammelten Aussprüche und Reden untereinander steht nach wie vor auf der Tagesordnung der Prophetenforschung. Die Formgeschichte hat uns gelehrt, dass sich die Bücher der Propheten aus kleinen Einheiten zusammensetzen, die nicht selten als Rede des Propheten oder Worte Gottes eingeleitet oder auf andere Weise als solche zu erkennen sind. Es ist daher zu vermuten, dass hinter den Büchern der biblischen Propheten einzelne Orakel oder Prophetensprüche stehen. Auf der anderen Seite herrscht in der Forschung Einigkeit darüber, dass es Sprüche gibt, namentlich die Heilsweissagungen, die sich ebenfalls formgeschichtlich als kleine Einheiten isolieren lassen, aber keine mündliche Vorgeschichte haben und auch nicht auf den namengebenden Propheten zurückgehen, sondern von späteren, anonymen Schreibern im Namen des Propheten in dessen Buch eingefügt wurden. Auch diese späteren Orakel wollen als göttliche Botschaft verstanden werden, die dem Propheten des Buches auf geheimnisvolle Weise von Gott mitgeteilt wurde.

Die Aufgabe der Prophetenforschung besteht darin, den Weg von den ursprünglich mündlichen, bei Gelegenheit vielleicht auch schriftlich fixierten Sprüchen eines Propheten zum vorliegenden Prophetenbuch zu rekonstruieren. Da jedoch sämtliche Orakel als Aussprüche des namengebenden Propheten ausgegeben werden, wir aber sämtliches Wissen über den Propheten aus dem unter seinem Namen überlieferten Buch beziehen, fällt es nicht leicht, zwischen echten und unechten bzw. ehemals mündlichen und rein literarischen Orakeln zu unterscheiden. Hierfür fehlen uns schlechterdings die Kriterien. Aus diesem Grund empfiehlt es sich, die Untersuchung zunächst auf die literarische Gestalt des Prophetenbuches zu konzentrieren und hier – anhand der literarischen Abhängigkeitsverhältnisse – zwischen älteren und jüngeren Texten zu unterscheiden. In jedem Einzelfall ist sodann – anhand von literarischen oder sachlichen Differenzen im Text selbst – zu prüfen, ob ein Text Indizien für eine mündliche oder schriftliche Vorgeschichte aufweist und gegebenenfalls aus der prophetischen Praxis stammt oder einen rein literarischen Charakter hat. Schließlich ist damit zu rechnen und in jedem Einzelfall zu bedenken, dass ein älteres, ehemals selbständiges Orakel nicht unbedingt von dem Propheten stammen muss, der dem Buch den Namen gegeben hat, sondern auch aus einer anderen Quelle stammen kann.

4. Der religionsgeschichtliche Vergleich

Um die Frage zu beantworten, wie aus dem Prophetenwort ein Prophetenbuch geworden ist, kann außer der literarischen Analyse auch der religionsgeschichtliche Vergleich hilfreich sein. Auch er gehört nach wie vor zu den dringenden Aufgaben der Forschung. Die altorientalischen Parallelen in Mari, Assur und vereinzelt auch im nordwestsemitischen Raum lassen erkennen, dass die Übermittlung, Aufzeichnung und Überlieferung von Prophetensprüchen ein überaus komplexer Vorgang war, bei dessen Rekonstruktion Zeit und Anlässe sowie das soziale und politische Umfeld zu berücksichtigen sind. Die Quellen geben nicht nur einen Einblick in das Phänomen der altorientalischen Prophetie, ihre verschiedenen Erscheinungsweisen, Akteure und Inhalte, sondern auch in den Überlieferungsprozess von Prophetenworten, der nicht selten Veränderungen des ursprünglichen Wortlauts mit sich brachte. Die Propheten selbst, die eine göttliche Botschaft empfingen und weiterzugeben hatten, konnten in der Regel nicht schreiben. Um ihre Mitteilung aufzuzeichnen, musste man sich eines professionellen Schreibers bedienen (vgl. Jer 36), wobei die göttliche Auskunft durch mehrere Hände ging, bevor sie im Rahmen eines Briefes (abgekürzt) zitiert, auf Sammeltafeln niedergeschrieben und im königlichen Archiv deponiert oder als Inschrift an der Innenwand eines Hauses angebracht wurde. Die Veränderungen, die eine göttliche Mitteilung auf diesem Wege erfahren hat, lassen sich kaum mehr eruieren und sind nur in wenigen Fällen in den Quellen nachzuvollziehen. Doch ganz gleich, ob die Weitergabe eines Orakelspruchs mündlich oder schriftlich erfolgte, setzte mit ihr in jedem Fall der Vorgang der Interpretation ein.

Möglichkeiten und Grenzen des religionsgeschichtlichen Vergleichs, insbesondere auch die Ausweitung auf andere antike Kulturen (etwa die griechische oder römische), werden in der Forschung künftig weiter methodisch auszuloten sein, um ein möglichst genaues Bild von den Voraussetzungen zu erhalten, unter denen die biblischen Prophetenbücher entstanden sind. Gemeinsamkeiten und Unterschiede bestätigen den auch auf literarhistorischem Wege gewonnenen Eindruck, dass in den biblischen Schriften Reste einer den altorientalischen Beispielen verwandten Prophetie zu finden sind, die in einem ähnlichen Milieu entstanden und zunächst auch auf ähnliche Weise überliefert worden sein dürften.

Daneben aber ist nicht zu übersehen, dass die biblischen Bücher ansonsten formal wie inhaltlich eigene Wege gehen. Anders als die altorientalischen Parallelen entwickeln sie sich zu einer eigenen Gattung, die über Jahrhunderte tradiert und ständig literarisch weiter bearbeitet wurde. Inhaltlich unterscheiden sie sich sowohl von den altorientalischen Parallelen als auch von ihren eigenen historischen Wurzeln, indem die Interpretation und Aktualisierung der ursprünglichen Orakel im Zuge ihrer Aufzeichnung und Tradierung nicht der Stabilisierung oder Restituierung der Lebenswelt dienen, der sie entstammen, sondern auf Überwindung der bestehenden Ordnung zielen und eine von ihrem Gott dominierte neue Ordnung propagieren. Die Aufgabe der Forschung besteht darin, die beiden Weisen der Prophetie in den überlieferten biblischen Texten voneinander zu unterscheiden und für deren besondere Züge eine historisch plausible Erklärung zu finden.

5. *Unheil und Heil*

Einer der besonderen Züge der biblischen Propheten, vielleicht der wichtigste, besteht darin, dass sie von Hause aus Unheilspropheten sind und das Unheil, das sie kommen sehen, auf den Willen Gottes zurückführen. Die unbedingte Gerichtsprophetie ist in den Büchern der Propheten der Ausgangspunkt der Überlieferung und wird sowohl von der späteren Heilsprophetie als auch in den biblischen Prophetenerzählungen, zumindest in ihrer vorliegenden Textgestalt, vorausgesetzt. Nun hat auch die Vorstellung, dass das Unheil von einer Gottheit selbst gewollt oder gewirkt ist, ihre Parallelen in der altorientalischen Welt. Auch hier kann das Unglück einer sozialen Gemeinschaft als Auswirkung des Zorns oder der Abwesenheit der Götter verstanden werden. Interessanterweise findet diese Deutung in den altorientalischen Texten in der Regel nach Eintritt des Unheils statt und dient entweder dem Zweck, die Götter zu besänftigen und um die Beseitigung des Unheils zu bitten, oder blickt bereits auf die Wende zum Besseren und die Überwindung des Unheils zurück. In den biblischen Büchern der Propheten ist das jedoch anders. Hier erscheinen Unheil und Heil stets in der Ankündigung des Propheten und stehen tatsächlich oder der literarischen Fiktion zufolge noch aus.

Der Sachverhalt macht deutlich, dass der religionsgeschichtliche Vergleich gattungs- und traditionsgeschichtliche Differenzierungen auch im altorientalischen Bereich selbst verlangt. Die altorientalische Vorstellung vom «Zorn Gottes» ist jedenfalls nicht typisch für die altorientalische Prophetie. Gleichwohl gehört auch sie zu den allgemeinen Voraussetzungen, aus denen sich die biblische Prophetie entwickelt hat. Und so ist zu klären, welche Funktion die altorientalische Vorstellung in der biblischen Prophetie hat. Während für die biblischen Heilsweissagungen unstrittig ist, dass sie eine (bis heute) noch ausstehende Erwartung formulieren, werfen die altorientalischen Parallelen für die Deutung eines Unheils als Zorn Gottes die Frage auf, ob es sich bei den biblischen Unheilsweissagungen um echte Ankündigungen des historischen Propheten handelt oder um nachträgliche Deutungen der schriftgelehrten Tradition in Form der prophetischen Weissagung. Die Prophetenforschung spricht sich mehrheitlich für die erste Möglichkeit aus, ohne eine religionsgeschichtlich plausible oder historische Erklärung dafür zu geben. Der Vergleich mit der altorientalischen Prophetie, in der Kritik geäußert oder gar Unheil für das eigene Volk angekündigt wird, um im Namen der Gottheit davor zu warnen, und nicht, um es für unabwendbar zu erklären, spricht eher für die zweite Möglichkeit.

Die wichtigsten Daten, die für die zweite Möglichkeit in Betracht zu ziehen sind, sind der Untergang des Königreichs Israel 722–720 v. Chr. und der Untergang des Königreichs Juda 597–587 v. Chr. Auch wenn die beiden Ereignisse historisch keine allzu großen Spuren hinterlassen haben dürften, sondern für den Großteil der überlebenden und im Land verbliebenen Bevölkerung wohl bald überwunden waren, haben sie sich doch tief in das literarische Gedächtnis der biblischen Überlieferung eingegraben. So liegt die Vermutung nahe, dass die beiden Daten den Anlass dafür gaben, die Propheten der biblischen Bücher eine Katastrophe ankündigen zu lassen, die längst zurückliegt, um künftige Generationen mit dem Willen Gottes vertraut zu machen und vor Missachtung seines Willens zu warnen. Die künftige Prophetenforschung wird diese Möglichkeit ernsthaft zu prüfen haben. Falls sie sie verwirft, muss sie eine Alternative vorschlagen, die sowohl dem differenzierten religionsgeschichtlichen Vergleich als auch der historischen Plausibilität Rechnung trägt.

6. *Historischer Ort*

Eine viel diskutierte, aber nach wie vor ungelöste Frage ist die nach dem historischen Ort und den Trägerkreisen der biblischen Prophetenüberlieferung. Die Frage ist darum so schwer zu beantworten, weil sich die biblische Überlieferung von dem historischen Phänomen der Prophetie im Alten Orient und, wie es aussieht, auch von seinen Wurzeln in Israel und Juda selbst weitgehend gelöst und verselbständigt hat. Historisch reißt das Phänomen von Prophetie in Israel und Juda nicht ab, sondern existiert von der assyrischen bis in die hellenistisch-römische Zeit fort. Dies geht aus Einzelfunden, wie den Ostraka von Lachisch, und aus gelegentlichen Hinweisen in jüdischen und paganen Quellen klar hervor. In der biblischen und parabiblischen Literatur (einschließlich der Texte vom Toten Meer) werden aktuell auftretende Propheten oder Prophetinnen allerdings mit dem Stereotyp des «falschen Propheten» belegt. Erst das Neue Testament und die christliche Tradition sowie auf seine Weise der Islam kennen neben den «falschen» auch wieder legitime Propheten, die für ihre Sache eintreten. Doch für die biblische und die spätere rabbinische Tradition ist das Wort Gottes auch für ihre Zeit nur in den biblischen Schriften zu finden, die daher zum Gegenstand schriftgelehrter und zugleich inspirierter Interpretation werden. So kommt es mehr und mehr zur Trennung von aktiven Propheten und prophetischer (biblischer) Überlieferung in Israel und Juda.

Doch wer waren die Tradenten der biblischen Prophetenüberlieferung, und wo hatte sie ihren historischen Ort? Im Alten Orient erfolgte die Aufzeichnung von Prophetenorakeln, soweit wir anhand der uns bekannten Quellen sehen können, gewöhnlich im Umkreis von Hof und Tempel, das heißt in offiziellen Institutionen, und wurde von professionellen Schreibern vorgenommen. Dasselbe wird man für Israel und Juda annehmen dürfen, doch nicht ohne Weiteres auch für die biblischen Bücher der Propheten und ihre Rezeption, die sich mehrheitlich gegen ebendiese Institutionen aussprechen. Vielmehr scheinen für sie Autoren verantwortlich zu sein, die zwar ebenfalls aus der Schreiberschule oder aus Schreiberfamilien stammten und dort ihre Ausbildung erhalten und Zugang zu Archiven gehabt haben müssen, ihre Herkunft aber offenbar verlassen und sich in die Gegenwelt der Prophetenschriften und ihrer Auslegung begeben haben.

Mit der historischen Einordnung der literarischen Prophetie tut sich die Forschung schwer. Die biblische Fiktion des einsamen Rufers in der Wüste, der von König und Volk nicht gehört, sondern abgelehnt und verachtet wird und sich (nicht zuletzt darum) immer mehr gegen sein eigenes Volk und seine Institutionen (Könige, Priester, Propheten) richtet, kann jedenfalls nicht einfach beim Wort genommen und in die Geschichte projiziert werden. Die darauf aufbauende, beliebte Annahme von «Schülern» des Propheten, die ihres Meisters Botschaft getreulich aufgezeichnet und überliefert hätten, wirft mehr Fragen auf, als sie beantwortet. Und auch die viel zitierte Schreiberschule mit ihrem mündlichen oder literarischen Curriculum hilft hier nur bedingt weiter, da nicht erwiesen und eher fraglich ist, ob die biblische Überlieferung jemals zum Curriculum der Ausbildung in den Schreiberschulen Israels und Judas gehören konnte.

Sämtliche Erklärungen arbeiten mit Angaben der biblischen Überlieferung selbst oder mit kulturgeschichtlichen Analogien aus dem altorientalischen, neuerdings auch dem griechisch-römischen Raum, sehen dabei aber von den Eigenheiten der biblischen Überlieferung ab, die sich nur schwer in den historischen und institutionellen Rahmen der antiken Kulturen einfügen. Die entscheidende Frage lautet daher: Welches sind die Trägerkreise und Institutionen, in denen der Übergang von der im Alten Orient wie auch in Israel und Juda üblichen Prophetie zur biblischen Prophetie stattgefunden hat? Vielleicht wird man zur Beantwortung dieser Frage genauso viel historische Phantasie aufzubieten haben wie für die gängigen Thesen von dem schreibenden Propheten und seinen «Schülern», dem Curriculum der Schreiberschule oder den diversen Interessen- und Tradentenkreisen der israelitischen Gesellschaft, von denen wir so gut wie nichts wissen. Immerhin hat man für eine Institution, die jenseits der üblichen Institutionen (Tempel, Königtum oder Provinzverwaltung) mit der biblischen Überlieferung lebt, in den Texten vom Toten Meer ein historisches Beispiel, an dem sich die historische Phantasie vielleicht auch für die ältere Zeit orientieren kann. Familien, in denen die Schreiber ausgebildet und das Handwerkszeug von Generation zu Generation weitergegeben wurde, waren in der Regel mit den administrativen Institutionen und öffentlichen Bildungseinrichtungen eng verbunden und stellten für sie das Personal, können sich unter besonderen Bedingungen aber auch in Teilen oder ganz davon innerlich und äußerlich entfernt haben. Auch die unterschiedliche Bezeugung, Benutzung und Verbreitung der Prophetenbücher in Palästina und der Diaspora sowie in den hier anzutreffenden verschiedenen jüdischen Gemeinschaften und Parteien ist dabei zu berücksichtigen.

7. Textüberlieferung

Die Frage nach den Schreibern und Überlieferern der prophetischen Bücher führt zu einer letzten Frage, die auf der Tagesordnung der Prophetenforschung stehen sollte: Wie vollzogen sich die Textüberlieferung der biblischen Prophetenbücher und ihre literarische und theologische Rezeption? Die Bücher der biblischen Propheten sind nicht nur in einer, sondern in verschiedenen Textfassungen überliefert, von denen einige erheblich von der masoretischen Fassung abweichen. Für die Unterschiede bieten die antiken Versionen, besonders die griechische (Septuaginta), und die Handschriften vom Toten Meer reichlich Anschauungsmaterial. Die Unterschiede haben nicht nur eine textkritische Bedeutung, sondern zeugen vielfach von den fließenden Übergängen zwischen der Entstehung und der Überlieferung eines Textes, oder anders gesagt: zwischen Literar- und Textgeschichte. Aus diesem Grund gilt die Methode der Textkritik, die die Überlieferung und die sich darin vollziehende Veränderung eines Textes untersucht, heute schon lange nicht mehr allein der Herstellung eines (vermeintlich) ursprünglichen oder sagen wir lieber: des ältesten erreichbaren Textes, sondern auch der Erforschung der Literar- und Auslegungsgeschichte, die mit der Entstehung der Texte einsetzt und bis in die Textüberlieferung reicht. Mehr oder weniger nahtlos schließt daran die Benutzung der prophetischen Texte in Zitaten oder speziellen Auslegungswerken wie den Propheten-Apokryphen und Pescharim von Qumran an.

Gewöhnlich werden Entstehung, Textüberlieferung und antike Auslegung der biblischen Prophetenbücher separat behandelt und haben sich zu eigenen, teilweise hoch spezialisierten Wissenschaftszweigen entwickelt. Dagegen ist im Sinne der Professionalisierung der einzelnen Wissenschaftszweige nichts einzuwenden. Die Entwicklung hat allerdings dazu geführt, dass sich die verschiedenen Wissenschaftszweige untereinander so gut wie gar nicht mehr wahrnehmen, und, wenn sie es tun, meistens mit veralteten Thesen aus dem jeweils anderen Bereich arbeiten. Die Aufgabe der Forschung wird es sein, die Wissenschaftszweige wieder zusammenzuführen und ins richtige Verhältnis zu setzen. So kann der Literarkritiker, der die Entstehung eines Buches untersucht, von der Text- und Rezeptionsgeschichte lernen, wie der lebendige, schriftgelehrte Umgang mit den Texten aussieht, der sich bereits im literarischen Werden eines Prophetenbuches abgespielt haben dürfte, und in welche Richtungen die Tradition tendiert. Umgekehrt kann der Textkritiker, der die Überlieferung der Texte erforscht, oder der Spezialist für die Texte vom Toten Meer, der die antike Auslegung der biblischen Bücher studiert, von dem Bibelwissenschaftler lernen, an welchen Punkten der literarischen Entstehungsgeschichte eines Prophetenbuches die Überlieferung und Übersetzung eines Textes oder dessen Rezeption in besonderen Auslegungswerken einsetzt und welche Perspektiven im Laufe der Entstehungsgeschichte in der Textgeschichte oder der späteren Auslegung bestimmend geworden sind.

Dies alles hat zur Voraussetzung, dass man sowohl die Entstehungsgeschichte eines biblischen Prophetenbuches als auch die Textgeschichte und die Rezeption in Zitaten, Apokryphen oder Kommentaren als Stationen ein und derselben Auslegungsgeschichte ansieht, die auf einer vergleichbaren Hermeneutik beruht und mit ähnlichen Mitteln arbeitet. Teilt man diese Voraussetzung, so besteht das Ziel der Forschung darin, den Weg der inner- und außerbiblischen Auslegung von den Anfängen eines biblischen Prophetenbuches bis zu den verschiedenen Fassungen des Bibeltextes und dem Übergang in die Textgeschichte und die antike jüdische (sowie christliche und islamische) Rezeption nachzuzeichnen und damit die Entstehung eines wichtigen Bereichs der jüdischen Tradition zu rekonstruieren.

Literaturhinweise

Textausgaben außerbiblischer Quellen

Alter Orient

Galling, K. (Hg.), Textbuch zur Geschichte Israels (TGI), ³1979.

Kaiser, O. (Hg.), Texte aus der Umwelt des Alten Testaments (TUAT), 1982–1997.

Weippert, M. u. a., Historisches Textbuch zum Alten Testament (GAT 10), 2010.

Apokryphen und Pseudepigraphen, Josephus

Kümmel, W. G. (Hg.), Jüdische Schriften aus hellenistisch-römischer Zeit (JSHRZ), 1973 ff.

Michel, O./Bauernfeind, O., Flavius Josephus: Der Jüdische Krieg, 1959–1969.

Thackeray, H. S. J. u. a., Josephus, 1926–1965.

Qumran

Chalesworth. J. H. (Hg.), The Princeton Theological Seminary Dead Sea Scrolls Project, 1994 ff.

Garzia Martinez, F./Tigchelaar, E., The Dead Sea Scrolls Study Edition 1–2, ²2000.

Lohse, E., Die Texte aus Qumran, 1981.

Maier, J., Die Qumran-Essener: Die Texte vom Toten Meer, Bd. I–II, 1995.

Maier, J., Die Tempelrolle vom Toten Meer und das «Neue Jerusalem», ³1997.

Steudel, A., Die Texte aus Qumran II, 2001.

Rabbinische Literatur

Sefaria: https://www.sefaria.org/

Koran

Bobzin, H., Der Koran, 2010.

Paret, R., Der Koran, [2]1979.

Forschungsüberblicke

Becker, U., Die Wiederentdeckung des Prophetenbuches: Tendenzen und Aufgaben der gegenwärtigen Prophetenforschung, BThZ 21 (2004), 30–60.

Schmid, K., Klassische und nachklassische Deutungen der alttestamentlichen Prophetie, ZNThG 3 (1996), 225–250.

Gesamtdarstellungen

Barton, J., Oracles of God, 1986, [2]2007.

Blenkinsopp, J., A History of Prophecy in Israel, 1983, [2]1996; deutsche Ausgabe 1998.

Duhm, B., Die Theologie der Propheten als Grundlage für die innere Entwicklungsgeschichte der israelitischen Religion, 1875.

Duhm, B., Israels Propheten, 1916, [2]1922.

Ewald, H., Die Propheten des Alten Bundes, [2]1867–1868.

Hölscher, G., Die Profeten, 1914.

Koch, K., Die Profeten 1: Assyrische Zeit, 1978, [3]1995; 2: Babylonisch-persische Zeit, 1980, [2]1988.

Mowinckel, S., Psalmenstudien 3: Kultprophetie und prophetische Psalmen, 1923.

Mowinckel, S., Prophecy and Tradition, 1946.

Von Rad, G., Theologie des Alten Testaments 2: Die Theologie der prophetischen Überlieferungen, 1960, [4]1965.

Wellhausen, J., Prolegomena zur Geschichte Israels, [6]1905.

Wellhausen, J., Israelitische und jüdische Geschichte, [7]1914; Nachdruck [10]2004.

Zimmerli, W., Das Gesetz und die Propheten, 1963.

Sammmelbände

Ben Zvi, E. (Hg.), Utopia and Dystopia in Prophetic Literature, 2006.

Ben Zvi, E./Floyd, M. H. (Hg.), Writings and Speech in Israelite and Ancient Near Eastern Prophecy, 2000.

Day, J. (Hg.), Prophecy and the Prophets in Ancient Israel, 2010.

Fischer, I. u. a. (Hg.), Prophetie in Israel, 2003.

Floyd, M. H./Haak, R. D. (Hg.), Prophets, Prophecy, and Prophetic Texts in Second Temple Judaism, 2006.

Gordon, R./Barstad, H. (Hg.), «Thus Speaks Ishtar of Arbela»: Prophecy in Israel, Assyria, and Egypt in the Neo-Assyrian Period, 2013.

Grabbe, L./Bellis, A. O. (Hg.), The Priests in the Prophets, 2004.

Grabbe, L. L./Haak, R. D. (Hg.), «Every City Shall Be Forsaken»: Urbanism and Prophecy in Ancient Israel and the Near East, 2001.

Kaltner, J./Stulman, L. (Hg.), Inspired Speech: Prophecy in the Ancient Near East, 2004.

Köckert, M./Nissinen, M. (Hg.), Propheten in Mari, Assyrien und Israel, 2003.

Kratz, R. G., Prophetenstudien, 2011, Studienausgabe 2017.

Nissinen, M. (Hg.), Prophecy in Its Ancient Near Eastern Context: Mesopotamian, Biblical, and Arabian Perspectives, 2000.

Weippert, M., Götterwort in Menschenmund: Studien zur Prophetie in Assyrien, Israel und Juda, 2014.

Altorientalische und griechische Parallelen

Blum, E., Israels Prophetie im altorientalischen Kontext: Anmerkungen zu neueren religionsgeschichtlichen Thesen, in: I. Cornelius/L. Jonker (Hg.), From Ebla to Stellenbosch – Syro-Palestinian Religions and the Hebrew Bible, 2008, 81–115.

Charpin, D., Gods, Kings, and Merchants in Old Babylonian Mesopotamia (Publications de l'Institut du Proche-Orient ancien du Collège de France 2), 2015.

Hagedorn, A. C., Looking at Foreigners in Biblical and Greek Prophecy, VT 57 (2007), 432–448.

Huffmon, H. B., The Oracular Process: Delphi and the Near East, VT 57 (2007), 449–460.

Kratz, R. G., Prophetenstudien, 2011, Studienausgabe 2017.

Lange, A., Greek Seers and Israelite-Jewish Prophets, VT 57 (2007), 461–482.

Nissinen, M. (with contributions by C. L. Seow and R. K. Ritner), Prophets and Prophecy in the Ancient Near East, 2003.

Nissinen, M., Ancient Prophecy: Near Eastern, Biblical, and Greek Perspectives, 2017.

Nissinen, M., Reste altorientalischen Prophetentums in der Bibel, 2021.

Stökl, J., Prophecy in the Ancient Near East, 2012.

Prophet und Prophetenbuch

Carr, D. M., Writing on the Tablet of the Heart: Origins of Scripture and Literature, 2005.

De Jong, M., Biblical Prophecy – A Scribal Enterprise: The Old Testament Prophecy of Unconditional Judgment considered as a Literary Phenomenon, VT 61 (2011), 39–70.

Hertzberg, H. W., Die Nachgeschichte alttestamentlicher Texte innerhalb des Alten Testaments, in: Beiträge zur Traditionsgeschichte und Theologie des Alten Testaments, 1962, 69–80.

Jeremias, J., Hosea und Amos: Studien zu den Anfängen des Dodekapropheton, 1996.

Jeremias, J., Die Anfänge der Schriftprophetie, ZAW 93 (1996), 481–499.

Jeremias, J., Das Rätsel der Schriftprophetie, ZAW 125 (2013), 93–117.

Kratz, R. G., Prophetenstudien, 2011, Studienausgabe 2017.

Kratz, R. G., Das Rätsel der Schriftprophetie: Eine Replik, ZAW125 (2013), 635–639.

Nissinen, M., How Prophecy became Literature, SJOT 19 (2005), 153–172.

Nissinen, M., Das Problem der Prophetenschüler, in: M. Nissinen/J. Pakkala (Hg.), Houses Full of All Good Things, 2008, 337–353.

Rom-Schiloni, D., From Prophetic Words to Prophetic Literature: Challenging Paradigms That Control Our Academic Thought on Jeremiah and Ezekiel, JBL 138 (2019), 565–586.

Steck, O. H., Die Prophetenbücher und ihr theologisches Zeugnis, 1996.

Steck, O. H., Gott in der Zeit entdecken: Die Prophetenbücher des Alten Testaments als Vorbild für Theologie und Kirche, 2001.

Van der Toorn, K., Scribal Culture and the Making of the Hebrew Bible, 2007.

Prophetie in Qumran

Brooke, G. J., Prophecy, in: L. H. Schiffman (Hg.), Encyclopedia of the Dead Sea Scrolls 2, 2000, 694–700.

Brooke, G. J., Prophets and Prophecy in the Qumran Scrolls and the New Testament, in: R. A. Clements/D. R. Schwartz (Hg.), Text, Thought, and Practice in Qumran and Early Christianity, 2009, 31–48.

Brooke, G. J., Was the Teacher of Righteousness Considered To Be a Prophet?, in: K. de Troyer/A. Lange (Hg.), Prophecy After the Prophets?, 2009, 43–60.

Brooke, G. J. u. a. (Hg.), The Rise of Commentary: Commentary Texts in Ancient Near Eastern, Greek, Roman and Jewish Cultures, DSD 19/2 (2012), 249–484.

Charlesworth, J. (Hg.), Pesharim, Other Commentaries, and Related Documents, The Dead Sea Scrolls 6B, 2002.

Hartog, P. B., Pesher and Hypomnema, 2017.

Horgan, M. P., Pesharim: Qumran Interpretations of Biblical Books, 1979.

Kratz, R. G., Prophetenstudien, 2011, Studienausgabe 2017.

Kratz, R. G., Text und Kommentar: Die Pescharim von Qumran im Kontext der hellenistischen Schultradition, in: P. Gemeinhardt/S. Günther (Hg.), Von Rom nach Bagdad: Bildung und Religion von der römischen Kaiserzeit bis zum klassischen Islam, 2013, 51–80.

Lange, A./Pleše, Z., The Qumran Pesharim and the Derveni Papyrus: Transpositional Hermeneutics in Ancient Jewish and Ancient Greek Commentaries, in: A. Lange u. a. (Hg.), The Dead Sea Scrolls in Context, 2011, 895–922.

Nissinen, M., Transmitting Divine Mysteries: The Prophetic Role of Wisdom Teachers in the Dead Sea Scrolls, in: A. Voitila/J. Jokiranta (Hg.), Scripture in Transition, 2008, 513–533.

Nissinen, M., Pesharim as Divination: Qumran Exegesis, Omen Interpretation and Literary Prophecy, in: K. de Troyer/A. Lange (Hg.), Prophecy After the Prophets?, 2009, 43–60.

Jesaja

Barth, H., Die Jesaja-Worte in der Josiazeit: Israel und Assur als Thema einer produktiven Neuinterpretation der Jesajaüberlieferung, 1977.

Barthel, J., Prophetenwort und Geschichte: Die Jesajaüberlieferung in Jes 6–8 und 28–31, 1997.

Becker, U., Jesaja – von der Botschaft zum Buch, 1997.

Becker, U., Jesajaforschung (Jes 1–39), ThR 64 (1999), 1–37, 117–152.

Becker, U., Jesaja, Jeremia und die Anfänge der Unheilsprophetie, HeBAI 6 (2017), 79–100.

Berges, U., Das Buch Jesaja: Komposition und Endgestalt, 1998.

De Jong, M. J., Isaiah among the Ancient Near Eastern Prophets, 2007.

De Jong, M. J., Isaiah and the Emergence of Biblical Prophecy, HeBAI 6 (2017), 53–78.

Duhm, B., Das Buch Jesaja, HAT III/1, 1822, ^{4}1922 = ^{5}1968.

Ehring, C., Die Rückkehr JHWHs: Traditions- und religionsgeschichtliche Untersuchungen zu Jesaja 40,1–11, Jesaja 52,7–10 und verwandten Texten, 2007.

Elliger, K., Die Einheit Tritojesaja (Jesaja 56–66), BWANT 45, 1928.

Elliger, K., Deuterojesaja in seinem Verhältnis zu Tritojesaja, 1933.

Elliger, K./Hermisson, H.-J., Deuterojesaja (Jes 1–55), BK XI, 1978–2017.

Firth, D. G./Williamson, H. G. M. (Hg.), Interpreting Isaiah: Issues and Approaches, 2009.

Hanson, P. D., The Dawn of Apocalyptic, 1975, ^{2}1979.

Hermisson, H.-J., Deuterojesaja-Probleme: Ein kritischer Literaturbericht, Verkündigung und Forschung 31 (1986), 53–84.

Hermisson, H.-J., Einheit und Komplexität Deuterojesajas: Probleme der Redaktionsgeschichte von 40–55, in: Studien zu Prophetie und Weisheit, 1998, 132–157.

Hermisson, H.-J., Neue Literatur zu Deuterojesaja, ThR 65 (2000), 237–284, 379–430.

Höffken, P., Jesaja: Der Stand der theologischen Diskussion, 2004.

Kiesow, K., Exodustexte im Jesajabuch 1979.

Koenen, K., Ethik und Eschatologie im Tritojesajabuch, 1990.

Kratz, R. G., Kyros im Deuterojesaja-Buch, 1991.

Kratz, R. G., Prophetenstudien, 2011, Studienausgabe 2017.

Kratz, R. G., The Two Houses of Israel, in: I. Provan/M. S. Boda (Hg.), Go up to Zion, 2012, 167–179.

Kratz, R. G., Jesaja und die Belagerung Jerusalems, in: Mythos und Geschichte, 2015, 315–331.

Kratz, R. G., Die Komposition des hebräischen Jesajabuchs, in: F. Wilk/P. Gemeinhardt (Hg.), Transmission and Interpretation of the Book of Isaiah in the Context of Intra- and Interreligious Debates, 2016, 11–27.

Kratz, R. G., Too Many Hands? Isaiah 65–66 and the Reading of the Book of Isaiah, in: S. L. Birdsong/S. Frolov (Hg.), Partners with God, 2017, 169–187

Kratz, R. G./Schaper, J. (Hg.), Imperial Visions: The Prophet and the Book of Isaiah in an Age of Empires, 2020.

Kreuch, J., Unheil und Heil bei Jesaja: Studien zur Entstehung des Assur-Zyklus Jesaja 28–31, 2011.

Lau, W., Schriftgelehrte Prophetie in Jes 56–66, 1994.

Müller, R., Ausgebliebene Einsicht: Jesajas «Verstockungsauftrag» (Jes 6, 9–11) und die judäische Politik am Ende des 8. Jahrhunderts, 2012.

Nurmela, R., The Mouth of the Lord Has Spoken: Inner-Biblical Allusions in Second and Third Isaiah, 2006.

Ruszkowski, L., Volk und Gemeinde im Wandel: Eine Untersuchung zu Jesaja 56–66, 2000.

Schmid, K., Die Anfänge des Jesajabuchs, in: C. M. Meier (Hg.), Congress Volume Munich 2013, 2014, 426–53.

Schramm, B., The Opponents of Third Isaiah, 1995.

Sommer, B. D., A Prophet Reads Scripture: Allusion in Isaiah 40–66, 1998.

Steck, O. H., Bereitete Heimkehr: Jesaja 35 als redaktionelle Brücke zwischen dem Ersten und dem Zweiten Jesaja, 1985.

Steck, O. H., Studien zu Tritojesaja, 1991.

Steck, O. H., Gottesknecht und Zion, Gesammelte Aufsätze zu Deuterojesaja, 1992.

Stromberg, J., Isaiah After Exile: The Author of Third Isaiah as Reader and Redactor of the Book, 2011.

Sweeney, M. A., Form and Intertextuality in Prophetic and Apocalyptic Literature, 2005.

Van Oorschot, J., Von Babel zum Zion, 1993.

Vermeylen, J., Du prophète Isaïe à l'apocalyptique, Bd. I 1977; Bd. II 1978.

Watts, J. D. W., Isaiah 1–33, WBC 24, 1985.

Watts, J. D. W., Isaiah 34–66, WBC 25, 1987.

Wedel, U., Jesaja und Jeremia, 1995.

Willey, P. T., Remember the Former Things: The Recollection of Previous Texts in Second Isaiah, 1997.

Wildberger, H., Jesaja (Jes 1–39), BK X, 1972–1982.

Williamson, H. G. M., The Book Called Isaiah: Deutero-Isaiah's Role in Composition and Redaction, 1994.

Williamson, H. G. M., Isaiah: «Prophet of Weal or Woe?», in: R. P. Gordon/H. M. Barstad (Hg.), «Thus Speaks Ishtar of Arbela», 2013, 273–300.

Williamson, H. G. M., Isaiah 1–5, ICC, 2006.

Williamson, H. G. M., Isaiah 6–12, ICC, 2018.

Zapff, B. M., Jesaja 40–55, NEB 36, 2001.

Jeremia

Barstad, H. M./Kratz, R. G. (Hg.), Prophecy in the Book of Jeremiah, 2009.

Bezzel, H., Die Konfessionen Jeremias, 2007.

Biddle, M. E., A Redaction History of Jeremiah 2:1–4:2, 1990.

Herrmann, S., Jeremia: Der Prophet und das Buch, 1990.

Levin, C., Die Verheißung des neuen Bundes, 1985.

Liwak, R., Der Prophet und die Geschichte: Eine literar-historische Untersuchung zum Jermemiabuch, 1987.

Mowinckel, S., Zur Komposition des Buches Jeremia, 1914.

Najman, H./Schmid, K. (Hg.), Jeremiah's Scriptures, 2017.

Pohlmann, K.-F., Studien zum Jeremiabuch, 1978.

Pohlmann, K.-F., Die Ferne Gottes – Studien zum Jeremiabuch, 1989.

Schmid, K., Buchgestalten des Jeremiabuches, 1996.

Seitz, C. R., Theology in Conflict: Reactions to the Exile in the Book of Jeremiah, 1989.

Seybold, K., Der Prophet Jeremia: Leben und Werk, 1993.

Stipp, H.-J., Studien zum Jeremiabuch, 2015.

Thiel, W., Die deuteronomistische Redaktion von Jeremia 1–25, 1973.

Thiel, W., Die deuteronomistische Redaktion von Jeremia 26–45, 1981.

Wanke, G., Untersuchungen zur sogenannten Baruchschrift, 1971.

Weippert, H., Die Prosareden des Jeremiabuches, 1973.

Ezechiel

Hiebel, J. M., Ezekiel's Vision Accounts as Interrelated Narratives, 2015.

Hölscher, G., Hesekiel: Der Dichter und das Buch, 1924.

Klein, A., Schriftauslegung im Ezechielbuch, 2008.

Krüger, T., Geschichtskonzepte im Ezechielbuch, 1989.

Pohlmann, K.-F., Ezechielstudien, 1992.

Pohlmann, K.-F., Das Buch des Propheten Hesekiel (Ezechiel) Kapitel 1–19, ATD 22/1, 1996.

Pohlmann, K.-F., Der Prophet Hesekiel (Ezechiel) Kapitel 20–48, ATD 22/2, 2001.

Pohlmann, K.-F., Forschung am Ezechielbuch 1969–2004 (I–III), ThR 71 (2006), 60–90, 164–191, 265–309.

Pohlmann, K.-F., Ezechiel: Der Stand der theologischen Diskussion, 2008.

Rudnig, T. A., Heilig und Profan: Redaktionskritische Studien zu Ez 40–48, 2000.

Rudnig, T. A., Ezechiel 40–48, in: F. Pohlmann, Der Prophet Hesekiel/Ezechiel Kapitel 20–48, 2001, 527–631.

Schöpflin, K., Theologie als Biographie im Ezechielbuch, 2002.

Zimmerli, W., Ezechiel, BK 13, 1969.

Zwölf Propheten

Albertz, R. u. a. (Hg.), Perspectives on the Formation of the Book of the Twelve, 2012.

Beck, M., Der «Tag YHWHs» im Dodekapropheton, 2005.

Ben Zvi, E., Twelve Prophetic Books or ‹The Twelve›: A Few Preliminary Considerations, in: J. W. Watts/P. R. House (Hg.), Forming Prophetic Literature, 1996, 125–156.

Bergler, S., Joel als Schriftinterpret, 1988.

Bosshard, E., Beobachtungen zum Zwölfprophetenbuch, BN 40 (1987), 30–62.

Bosshard-Nepustil, E./Kratz, R. G., Maleachi im Zwölfprophetenbuch, BN 52 (1990), 30–32.

Bosshard-Nepustil, E., Rezeptionen von Jesaja 1–39 im Zwölfprophetenbuch, 1997.

Corzilius, B., Michas Rätsel, 2016.

Gärtner, J., Jesaja 66 und Sacharja 14 als Summe der Prophetie, 2006.

Hadjiev, T. S., The Composition and Redaction of the Book of Amos, 2009.

Hagedorn, A. C., Die Anderen im Spiegel: Israels Auseinandersetzungen mit den Völkern in den Büchern Nahum, Zefanja, Obadja und Joel, 2012.

Hallaschka, M., Haggai und Sacharja 1–8, 2011.

House, P. R., The Unity of the Twelve, 1990.

Jeremias, J., Die Anfänge des Dodekapropheton, in: Hosea und Amos 1996, 231–243.

Jones, B. A., The Formation of the Book of the Twelve, 1995.

Kessler, R., Nahum-Habakuk als Zweiprophetenschrift, in: E. Zenger (Hg.), «Wort JHWHS, das geschah …» (Hos 1,1): Studien zum Zwölfprophetenbuch, 2002, 149–158.

Köckert, M., Nahum/Nahumbuch, RGG 6, [4]2003, 28–31.

Kratz, R. G., Prophetenstudien, 2011, Studienausgabe 2017.

Kratz, R. G., Das Judentum im Zeitalter des Zweiten Tempels, [2]2013.

Levin, C., Das «Vierprophetenbuch»: Ein exegetischer Nachruf, ZAW 123 (2011), 221–235.

Lux, R., Prophetie und Zweiter Tempel: Studien zu Haggai und Sacharja, 2009.

Nogalski, J. D., Literary Precursors to the Book of the Twelve, 1993.

Nogalski, J. D., Redactional Processes in the Book of the Twelve, 1993.

Nogalski, J. D./Sweeney, M. A. (Hg.), Reading and Hearing the Book of the Twelve, 2000.

Perlitt, L., Die Propheten Nahum, Habakuk, Zephania, ATD 25/1, 2004.

Pfeiffer, H., Jahwes Kommen von Süden: Jdc 5, Hab 3, Dtn 33 und Ps 68 in ihrem literatur- und theologiegeschichtlichen Umfeld, 2005.

Redditt, P. L./Schart, A. (Hg.), Thematic Threads in the Book of the Twelve, 2003.

Roth, M., Israel und die Völker im Zwölfprophetenbuch: Eine Untersuchung zu den Büchern Joel, Jona, Micha und Nahum, 2005.

Schart, A., Die Entstehung des Zwölfprophetenbuchs, 1998.

Schart, A., Das Zwölfprophetenbuch als redaktionelle Großeinheit, ThLZ 133 (2008), 227–246.

Schwesig, P.-G., Die Rolle der Tag-JHWHS-Dichtungen im Dodekapropheton, 2006.

Steck,O. H., Der Abschluß der Prophetie im Alten Testament, 1991.
Steck,O. H., Die Prophetenbücher und ihr theologisches Zeugnis, 1996.
Steck,O. H., Gott in der Zeit entdecken: Die Prophetenbücher des Alten Testaments als Vorbild für Theologie und Kirche, 2001.
Sweeney, M. A., The Twelve Prophets, 2000.
Vielhauer, R., Das Werden des Buches Hosea, 2007.
Wöhrle, J., Die frühen Sammlungen des Zwölfprophetenbuches, 2006.
Wöhrle, J., Der Abschluss des Zwölfprophetenbuches, 2008.

Bildnachweis

Seite 29: © British Museum
Seite 31: © akg-images/Erich Lessing
Seite 33 links: © akg-images/Bible Land Pictures/Z. Radovan
Seite 33 rechts: © akg-images/De Agostini Picture Library
Seite 37: © Archives royales de Mari
Seite 57: © akg-images/Bible Land Pictures/Z. Radovan
Seite 60: © akg-images/Bible Land Pictures/Z. Radovan
Seite 176/177: © akg-images
Seite 181: © akg-images/British Library
Seite 189: © Roland and Sabrina Michaud/akg-images
Karten: © Peter Palm, Berlin

Zeittafel

18. Jh.	Altbabylonische Zeit. Prophetie von Mari.
um 1000	Entstehung der Reiche Israel und Juda und ihrer Nachbarstaaten. Saul, David, Salomo. Der Ägypter Wenamun erlebt einen Ekstatiker im Hafen von Sidon.
927–907	Jerobeam I. begründet die dynastische und kultische Selbständigkeit des Königreichs Israel.
9./8. Jh.	Assyrische Feldzüge nach Westen, Staaten in Syrien-Palästina werden tributpflichtig. Israel und Juda zwischen Assur und Ägypten.
880–845	Dynastie Omri in Israel; Juda mit Israel verschwägert (Atalja aus dem Haus Omri heiratet Jehoram von Juda, wird Mutter des Königs Ahasja und besteigt selbst den judäischen Thron). Eine antiassyrische Koalition syrisch-palästinischer Staaten wird 853 in der Schlacht von Qarqar zerschlagen. Propheten Elisa und Elia.
845–747	Dynastie Jehu in Israel. König Jehu, von Aram-Damaskus bedrängt, wirft sich Salmanassar III. von Assur zu Füßen und entrichtet Tribut.
um 800	Zakkur von Hamath besiegt eine (antiassyrische?) aramäische Koalition unter Barhadad, Sohn des Hasael, von Damaskus. Seher und Wahrsager verheißen den Sieg.
745–727	Tiglatpileser III. von Assur gewinnt die Vorherrschaft über ganz Syrien-Palästina.
734–732	Angriffe von Aram-Damaskus und Israel auf Juda: «syrisch-efraimitischer Krieg». Israel wird assyrischer Vasallenstaat, Ahas von Juda unterwirft sich Tiglatpileser III. und entrichtet Tribut. Propheten Jesaja, Hosea und Amos.
727–722	Salmanassar V. von Assur erobert Israel und belagert Samaria.

722–705	Sargon II. von Assur erobert 722 Samaria, Israel wird assyrische Provinz. Ende des Reiches Israel. Es folgen antiassyrische Aufstände in Syrien-Palästina. Anfang der Überlieferung in Jesaja, Hosea und Amos (und Micha?).
705–681	Sanherib von Assur erobert Juda und belagert 701 Jerusalem unter König Hiskia. Juda wird assyrischer Vasallenstaat.
8./7. Jh.	Bileam von Tell Dēr ʿAllā. Neuassyrische Prophetien für Asarhaddon und Assurbanipal.
696–640	Ruhephase für Juda unter Manasse, gefolgt von seinem Sohn Amon.
639–609	König Josia. Loslösung von assyrischer (und ägyptischer) Fremdherrschaft.
612	Fall Ninives, Ende des assyrischen Weltreichs. Prophet Nahum.
609	König Josia zieht gegen Pharao Necho II. von Ägypten und fällt bei Megiddo. Nachfolger wird sein Sohn Joahas, der auf Veranlassung von Ägypten durch Jojakim (Eljakim) ersetzt wird.
605	Schlacht von Karkemisch. Nebukadnezar II. von Babylon besiegt Necho II. und gewinnt die Vorherrschaft über Syrien-Palästina. Es folgen antibabylonische Aufstände und Verhandlungen mit Ägypten. Propheten Jeremia, Zefanja und Anonymus im Lachisch-Ostrakon Nr. 3.
597	Nebukadnezar II. erobert Jerusalem. König Jojakim wird nach Babylon deportiert und durch Zedekia (Mattanja) ersetzt.
587	Nebukadnezar II. erobert zum zweiten Mal Jerusalem. Stadt und Tempel werden geplündert und zerstört, die Bevölkerung deportiert. Ende des Reiches Juda. Anfang der Überlieferung in Jeremia.
6.–3. Jh.	Israel und Juda zwischen «Babel» und Ägypten in neubabylonischer, persischer und hellenistischer Zeit. Ausbildung der Überlieferung in Jesaja, Jeremia, Ezechiel und den Zwölf Propheten.
539	Kyros II. von Persien erobert Babylon und gewinnt die Vorherrschaft über Syrien-Palästina. Anfang der Überlieferung in Deuterojesaja.
520–515	Wiederaufbau des Tempels in Jerusalem unter Dareios I. Juda wird persische Provinz. Propheten Haggai und Sacharja, Anfang der Überlieferung in Haggai, Sacharja und Maleachi.

465–425 Artaxerxes I. entsendet Nehemia nach Juda zur Restaurierung der Mauer von Jerusalem.

336–323 Alexander der Große erobert sein Weltreich («333 bei Issos Keilerei»). Beginn des hellenistischen Zeitalters. Diadochen (Ptolemäer und Seleukiden) streiten um die Vorherrschaft über Syrien-Palästina. Tritojesaja, aramäisches Danielbuch.

301 Schlacht bei Ipsos. Palästina gerät unter die Herrschaft der Ptolemäer (Ägypten).

198 Schlacht bei Paneas. Palästina gerät unter die Herrschaft der Seleukiden («Assur» bzw. «Babel»).

2. Jh. Übersetzung der prophetischen Bücher ins Griechische (Septuaginta, abgekürzt LXX).

Das Sirachbuch (um 190 hebräisch, nach 132 griechisch) bezeugt das Corpus propheticum und die Kanonteile «Tora» und «Propheten».

Gründung der Siedlung von Qumran am Toten Meer. Kanon «Tora», «Propheten» und «David (Psalmen)». Handschriften aller biblischen Bücher (mit Ausnahme von Ester). Die Jesajarolle ist fast vollständig erhalten.

169–167 Antiochos IV. greift militärisch und religionspolitisch in Jerusalem ein.

166–164 Aufstand der Makkabäer. Reinigung und Wiedereinweihung des Tempels. Visionen des Daniel.

ab 160 Hasmonäer und hasmonäisches Königtum.

63 Pompeius erobert Jerusalem. Beginn der römischen Vorherrschaft über Syrien-Palästina.

70 n. Chr. Titus erobert Jerusalem und zerstört den Zweiten Tempel.

um 100 Die Septuaginta wird die Bibel der Christen. Fixierung des hebräischen Kanons.

Stellenverzeichnis

Altes Testament

Genesis
1: 129, 145
2–35: 24 f.
5,21–24: 145
6–9: 140
12,3: 195
15,6: 192
18–19: 192
20,7: 44
22: 193 f.
32,38–39: 89
35,10–11: 89

Exodus
2–15: 24 f.
15,20: 44
19–24: 25
20,2–6: 22, 94, 122
24,16–17: 107
29,43: 107
32–34: 25
34,6–7: 94
40,34–37: 107

Levitikus
26: 116
26,34: 113
27,34: 134

Numeri
12,6–8: 44
20–25: 24
22–24: 32, 44
27,18–23: 16

Deuteronomium
4,2: 63
5: 51
5,6–9: 22, 122
6,4–5: 122
6,6–9: 131
13: 41
18,9–22: 41
18,15.18: 16, 18, 44
28: 116
34,9: 44

Josua
1,7–8: 17, 132
2–12: 24

Richter
4,4–5: 42, 44
8,22–23: 53

1. Samuel
1–3: 45
3: 43
8: 45
8,7: 53
9–10: 41, 42 f., 45
12: 45
12,12: 53
13,7–14: 45
15: 45
16,1–13: 45
19,20–21: 43
22,5: 47

2. Samuel
7: 45–47
7,4: 43
7,16: 46
11–12: 45, 47
24: 47
24,11: 42

1. Könige
1–2: 45
1,8: 42
8: 195
11,26–40: 46
12,22–25: 47
13–14: 46 f., 85
13,11: 42
16,1–4: 46
17–19: 47–51
18,25–29: 43
19,15: 47
20: 47
21: 47–51
21,17–29: 46
22: 47
22,10–12: 43
22,17.19: 43

2. Könige
1–2: 45, 47–51
2,15: 42, 47–51
3–8: 47–51
8,7–15: 47
6,9: 34
9–10: 46, 76, 88
9,11: 43
10,32–33: 47
13,3.22–25: 31
13,14–21: 47–51
14,25: 94
15,8–31: 72
15,29: 69
16,5.7–9: 70
17,1–6: 72
17,3–6.24: 69
17,7–41: 46
17,13: 18
18–20: 16, 47, 51, 70
20,12–19: 47
21,1–18: 92
21,10–16: 18, 46
22–23: 95
22,8–10.14–20: 18, 42, 46
23,11–12: 95
23,29: 95
23,33–34: 95
24–25: 16, 95 f.

Jesaja
1–66: 118–134
1–39: 75–82, 118
1–12: 79 f., 131
1: 129
1,1: 58 f., 131
1,2: 129
1,24: 168
2: 188
2,12: 98
5: 79 f.
6–8: 77–79, 109
6,1: 43
6,3: 107, 115
7: 103, 203
7,1–9: 71
7,4: 34, 103
7,9: 191
7,17: 157
8,1–4: 55, 70 f., 203
8,5–8: 75, 103, 142
8,11: 154 f.
8,14: 157
8,16–18: 55, 131
9,7: 18
10,5–19: 94
10,23: 142
11,10–16: 126 f.
13–23: 71, 131
13,6.9: 98
22,5: 98
22,15–25: 71
24–27: 126, 129
27,13: 126
28–32: 131
30,8: 55
33–35: 131
34,8: 98, 126
34,16: 55, 128
35: 82, 126
35,5–6: 173
36–39: 16, 51, 103, 131, 203
40–66: 117 f., 131
40–55: 118–125, 126
40–48: 53
40,1–11: 126
40,3: 156 f.
40,5: 107, 170
40,8: 18
40,27: 173
41,8: 195
42,1: 131
44,26: 59
45,1: 59
45,3–4: 137
49: 126
49,6: 126
52,5–6: 109

53,7–8: 172
53,10–11: 18, 172
55,1–2: 172
55,10–11: 18
56–66: 118, 126–130
56,7: 195
59,18: 158
59,21: 125
59,29: 130
60–62: 124 f.
61,1–2: 172 f.
63–64: 143

Jeremia
1–52: 100–106
1,1–3: 58
1,9: 125, 131
1,10: 191
4–6: 98 f.
7,25–26: 18
15,16: 107, 131
20: 52, 203
22,10: 95
23: 41
23,1–8: 127
23,18: 59
25,11–12: 143
25,27–38: 127
26–29: 41, 52, 203
26,20–24: 97
27,5–11: 191
28: 43, 96
29: 55
29,10: 143
29,11: 59
29,26: 43
30,2: 55
31,29–30: 108
32: 52
36–45: 52, 203
36: 55, 206
38,4: 97
38,7–12: 189
39,15–18: 139
44,4–5: 18
46,10: 98
51,59–64: 55
52: 12

Ezechiel
1–48: 106–111
2,8–3,3: 55, 131
11,19–20: 105
13: 41, 44
13,5: 98
18: 108
30,3: 98
34: 127
36,26–27: 105
37: 189
37,15–28: 127
38–39: 127

Hosea
1–14: 82–90
1,1: 58, 131
5,8–11: 71 f.
6,8–9; 7,3–7: 72
9,7: 43
12,14: 16

Joel
1–4: 98, 117
4: 127

Amos
1–9: 82–90
1,1: 58, 131
3–6: 73 f.
3,7: 59
7,10–17: 52
8,2: 109

Obadja
1–21: 117
15: 98
15–21: 127

Jona
1–4: 94

Micha
1–7: 92 f.
1,1: 58, 131
4: 188
5: 127

Nahum
1–3: 93 f.
1,2–8: 168
2,12: 163
2,14: 168
3,1–8: 160 f.
3,5–6: 168

Habakuk
1–3: 117
2,2: 55

Zefanja
1–3: 97 f.
1,1: 58

Haggai
1–2: 114–116

Sacharja
1–8: 116 f.
9–14: 117, 127–130
13: 44, 128, 151
14,1: 98

Maleachi
1–3: 116 f.
3,1: 170
3,20–21: 146
3,22–24: 17, 31, 51, 133

Psalmen
1: 18, 129
29: 50, 122
47,3: 122
93: 50, 122, 124
95–97: 122

Daniel
1–12: 135–146
2–5: 152
3: 193
5: 161
6: 195
9: 153, 167, 171
9,2: 21
9,6: 18
11: 81

1. Chronik
17,14: 46
29,29: 14

2. Chronik
3: 194
20,7: 195
36,15–16: 18
36,20–23: 113, 138

Esra
1: 113, 138
1–6: 113 f., 116, 136
5,1: 133
6,3–5: 113
6,14: 133
7–10: 113
7,27: 113

Nehemia
1–13: 113
6; 151
6,7.10–14: 44
8: 113
9,7–8: 192

Neues Testament

Matthäus
1: 190
5,1–12: 172
5,17–18: 19, 172
11,5–6: 173
11,11–14: 20 f., 182
14,5: 182
21,11: 180
23,34–36: 19
27,46: 173

Markus
1,1–2: 170
6,15: 182
8,28: 182
9,2–13: 21, 180
11,32: 182
12,1–12: 19
14,24: 172

Lukas
1,17: 182
1,76: 182
6,20–23: 172
7,22–23: 173
16,29.31: 19
24,21: 173
24,27: 20

Johannes
1,45: 20
18,37: 180

Apostelgeschichte
2,1–13: 183
8,30: 172
21,10–11: 182
26,22–23: 20

Römerbrief
3,21–22: 20
4,10–11: 195 f.
7,12: 20

1. Korintherbrief
1,23: 173
11,25: 172
12,10: 182
13,2: 182
14: 183 f.
14,2: 182

2. Korintherbrief
12,1–4: 182

Galaterbrief
3,17–18: 195

1. Thesslonicherbrief
5,19–22: 183

2. Thessalonicherbrief
2,2: 182

Jakobusbrief
2,23: 195

Hebräerbrief
3,1: 180

Apokalypse des Johannes
4,1–2: 182

Apokryphen und Pseudepigraphen

1. Makkabäer
1: 140
4,36–59: 141
4,46: 132
9,27: 132
14,41: 132

2. Makkabäer
10,5–8: 141

Jesus Sirach
39: 202
38,34 (39,1): 18
44–49: 16, 132
48,1–11: 51

Jubiläenbuch: 144 f., 193, 195

1. Henoch: 138–140, 144 f.

4. Esra: 138 f.

Baruch und Epistula Ieremiae: 13

4. Baruch (Paralipomena Ieremiae): 189

Qumran

Damaskusschrift (CD)
III,2–4: 195
VII,10–13: 157
VIII,16: 155
XIX: 157
XIX,29: 155

1QS
VIII,14: 157, 170

1QpHab
II: 153
VI–VII: 152 f.
VII: 171
VII,7–8: 182

1QJes[a]: 148, 154 f.

1Q8 (1QJes[b]): 148

4QJer: 155

4Q169 (4QpNah): 160–165

4Q174: 155, 158

4Q175: 158

4Q176: 158

4Q177: 158

4Q252 ii 8: 195

4Q258 (4QS[d]): 156 f.

11Q13: 158

Mur88: 155

8Hev1: 155

Josephus

Bellum Iudaicum
II.8.12,159: 151

Antiquitates Iudaicae
XI,329–339: 127

Contra Apionem
I,37–41: 14

Rabbinische Literatur

Mischna
Pirqe AbotI 1a: 18, 175

Talmud
bBerakhot 55b; 57b: 175
bErubin 60b: 178
bBaba Batra 12a: 178 f.
bBaba Batra 14b–15a: 14
bBekhorot 45a: 178

Midrasch
Sifra Berchukotai 14,7: 178
Bereshit Rabba 42,3: 178
Tanchuma Jitro 11: 178

Koran

Sure 2: 195 f.
124 ff.: 194 f.
125: 194 f.
131: 195
135: 195
136: 190
140: 195
142–144: 195
259: 189

Sure 3
33–34: 190
65: 195
67: 195
68: 196
84: 190
97: 194

Sure 4
125: 195

Sure 6: 193
74–79: 193
79: 193
83 ff.: 190

Sure 7: 191 f.

Sure 11: 191 f.

Sure 14
35 ff.: 194

Sure 15: 192

Sure 19: 192 f.
21: 193
58: 190

Sure 21: 192 f.
71: 193

Sure 22
42–44: 192

Sure 26: 191–193

Sure 29: 191–193
26: 193

Sure 33
40: 190

Sure 37: 192–194
99 ff.: 193
102: 194
103: 194

Sure 38: 192

Sure 51: 191 f.

Sure 52
29–34: 196

Sure 53
37: 192

Sure 54: 191 f.

Sure 81
19–27: 196

Sure 87
19: 192

504 Seiten mit 48 Abbildungen und 4 Karten | Broschiert
(bp 6245) 978-3-406-77414-0

Die Bibel versammelt ganz unterschiedliche Schriften aus über tausend Jahren und wirkt doch wie ein Buch. Wie kam es zu diesem Wunderwerk? Konrad Schmid und Jens Schröter erklären, wie aus alten Erzählungen, Liedern, Weisheitssprüchen und Gesetzen, aus Briefen an frühchristliche Gemeinden und Erzählungen über Jesus in einem langen Prozess heilige Schriften von Juden und Christen hervorgingen, die heute überall auf der Welt gelesen werden.